Fischer TaschenBibliothek

Die Geschichte von Ada erstreckt sich über Jahrhunderte. Ihre Reise geht über viele Stationen, sie berührt die verschiedensten Lebenswelten: 1459 ist Ada Mutter im westafrikanischen Totope, 1848 wird Ada in London zur Computer-Pionierin, 1945 zur Prostituierten in einem KZ. Und 2019 ist sie eine junge Schwangere auf dem Berliner Wohnungsmarkt. Sie alle sind Ada, sie verschmelzen ineinander, verwandeln sich. Sie sind das Leben.

Mit einer bildreichen Sprache und unendlicher Imagination, mit Empathie und Humor zeichnet Sharon Dodua Otoo ein überraschendes Bild davon, was es bedeutet, Frau zu sein.

»Endlich geht es in der deutschen Gegenwartsliteratur wieder um etwas. Und dann auch noch witzig und ein wenig magisch erzählt!«

Thomas Neubacher-Riens, Niedersächsische Allgemeine

»Ein Schlüssel zu einer ganz neuen Welt.«

Denis Scheck, ARD/Druckfrisch

Sharon Dodua Otoo, geboren 1972 in London, ist Schriftstellerin und politische Aktivistin. Sie schreibt Prosa und Essays und ist Herausgeberin der englischsprachigen Buchreihe »Witnessed« (edition assemblage). Ihre ersten Novellen »die dinge, die ich denke, während ich höflich lächle« und »Synchronicity« erschienen zuletzt 2017 beim S. Fischer Verlag. Mit dem Text »Herr Gröttrup setzt sich hin« gewann Otoo 2016 den Ingeborg-Bachmann-Preis. 2020 hielt sie die Klagenfurter Rede zur Literatur »Dürfen Schwarze Blumen Malen?«, die im Verlag Heyn erschien. Politisch aktiv ist Otoo bei der Initiative Schwarze Menschen in Deutschland e. V., Phoenix e. V. und ist verbunden mit dem Schwarzen queer-feministischen Verein ADEFRA. »Adas Raum«, ihr erster Roman, erschien 2021 im S. Fischer Verlag. Im Sommer 2022 folgte »Herr Gröttrup setzt sich hin. Drei Texte«. Sie lebt mit ihrer Familie in Berlin.

Weitere Informationen finden Sie auf www.fischerverlage.de

Sharon Dodua Otoo

Adas Raum

Roman

FISCHER TaschenBibliothek

Aus Verantwortung für die Umwelt hat sich der S. Fischer Verlag zu einer nachhaltigen Buchproduktion verpflichtet. Der bewusste Umgang mit unseren Ressourcen, der Schutz unseres Klimas und der Natur gehören zu unseren obersten Unternehmenszielen.

Gemeinsam mit unseren Partnern und Lieferanten setzen wir uns für eine klimaneutrale Buchproduktion ein, die den Erwerb von Klimazertifikaten zur Kompensation des CO_2-Ausstoßes einschließt.

Weitere Informationen finden Sie unter: www.klimaneutralerverlag.de

Dieser Roman wurde gefördert durch den DEUTSCHEN LITERATURFONDS (Stipendium 2018) und die Guntram und Irene Rinke Stiftung (TAGEWERK-Stipendium 2019).

GUNTRAM
UND IRENE
RINKE
STIFTUNG

FSC
www.fsc.org
MIX
Papier | Fördert gute Waldnutzung
FSC® C083411

Erschienen bei FISCHER Taschenbuch

Hedderichstr. 114, D-60596 Frankfurt am Main

Umschlaggestaltung: KOSMOS – Büro für visuelle Kommunikation
Umschlagabbildung: Sita Ngoumou
Satz: Dörlemann Satz, Lemförde
Druck und Bindung: CPI books GmbH, Leck
Printed in Germany
ISBN 978-3-596-52331-3

Für Tyrell
… endlich!

Se wo were fi na wosan kofa a yennkyi
Sankofa, Adinkra Symbolsprache der Asante

Kehr' um und hole es dir! Es ist nicht verboten umzukehren, um zu holen, was du vergessen hast. Lerne aus deiner Vergangenheit.

Die ersten Schleifen

Ada

Totope, März 1459

In der längsten Nacht des Jahres klebte Blut an meiner Stirn, und mein Baby starb. Endlich. Als es nur noch wimmern konnte, berührte Naa Lamiley seine Wange. Schön, dachte ich, dass das seine letzte Erinnerung sein wird. Sie lag direkt neben ihm, das Kind in unserer Mitte, und ihr Kopf ruhte an meinem. Naa Lamileys Augen schimmerten, als sie mir versicherte, dass es nicht mehr allzu lange dauern würde, »so Gott will«. Sie flüsterte, hauptsächlich weil alle unsere Mütter auf der anderen Seite des Zimmers schliefen, aber Naa Lamileys Stimme wäre ihr sowieso versagt. Zusammen hatten wir die letzten drei Nächte an der Seite meines Babys gebetet und geweint. Ich hörte sie kaum und verstand sie noch weniger. Während sie es streichelte, hatte sie mich angesehen, als würde sie sich über meine Irritation wundern, wobei der Satz »Woher willst du das wissen?« meine Lippen nicht verließ. In einer Situation, die ohnehin nicht auszuhalten war, war dies ein besonders abwegiger Moment. Naa Lamiley wusste *immer* Bescheid. Ich wollte ihr gegenüber in jenem Moment, in dem es buchstäblich um mein eigenes Fleisch und Blut ging, nicht wieder einmal so ahnungslos wirken. Die Notlösung: mich an der Stirn zu kratzen. Kratzen und dabei vergessen, dass ich Blut unter den Fingernägeln hatte.

Die wenigen Kerzen, die Naa Lamiley aufgetrieben und neben der Türöffnung aufgestellt hatte, flackerten.

»So ist es doch auch bei Kofi gewesen«, hauchte sie, als würde sie meinen Sohn beim Sterben nicht stören wollen. Schande über mein Haupt. Das war gar nicht so lange her. Die anschließende Stille, hauptsächlich meiner Scham und ihrem Mitleid geschuldet, begleitete uns durch seine letzten qualvollen Atemzüge. Die Kerzen weinten.

Für die Aufbahrung hatte Naa Lamiley draußen auf dem mondhellen Hof eine winzige Unterlage aus Palmblättern vorbereitet. Sie legte ein weißes Tüchlein dazu. Es gab kein Grab. Der Junge hatte nicht einmal einen Namen, war er doch erst fünf Tage alt. Aber immerhin ist er länger geblieben als mein erstes Kind. Auch ein Junge. Direkt nach der Geburt hatte er seine Augen aufgemacht, sich umgeschaut, und offenbar missfiel ihm das, was er sah. Der Kleine verließ uns, noch bevor ich ihn in den Arm habe nehmen können.

Naa Lamiley drückte meine Hand einmal kurz,

stützte sich auf die Knie und stand auf. Ich wollte auch, aber mit großer Mühe schaffte ich es nur zur Hälfte, gerade noch in die Hocke. Es wurde Zeit, ihn nach draußen zu tragen – ich blieb am Boden. Sie beugte sich über eine der Flammen – ich blieb am Boden Sie blies die Kerze aus, dann die nächste, und noch eine, schließlich hob sie die Babyleiche auf und trug sie aus unserem Zimmer hinaus. Ich blieb am Boden. Die Dunkelheit tröstete mich.

Durch die Türöffnung konnte ich beobachten, wie Naa Lamiley mein Baby in den Armen wiegte, wie sie seinen Körper sanft auf die Palmblätter legte, wie sie seinen Kopf liebevoll richtete, seine Lippen zupresste. Wie sie ihre Tränen wegblinzelte. Ich lehnte mich an die Wand zurück, schloss meine Augen und döste weg.

Bei Sonnenaufgang – sein Körper war noch warm – pflichteten die älteren, spuckenden, zahnlosen Frauen einander bei, dass ich die gesamte Angelegenheit am besten schleunigst vergessen sollte. Sie saßen nebeneinander auf der Bank direkt vor unserem Zimmer und überwachten den Morgenablauf. Die, die am schlechtesten sehen konnte, nickte bedeutsam in Naa Lamileys Richtung, während sie sprach: Ich sei noch jung und könne, so Gott will, gewiss noch drei gesunde Kinder hintereinander gebären.

»Oder«, kicherte Mami Ashitey und legte eine

Pause vom Fegen ein, »vielleicht alle drei zur gleichen Zeit!« Und als wäre dies der beste Witz aller Zeiten, prusteten sie gemeinsam los. Ihre Brustkörbe bebten, bald rollten die ersten Lachtränen. Ich biss mir auf die Lippe. Wussten sie nicht, dass die Prophezeiung besagte, dass ich, die Frau, die sie alle Ada nannten, nur *ein* Kind ins Erwachsenenalter begleiten würde?

Naa Odarkor, die dabei war, die Unmengen an Garnelen zu frittieren, die später zum Markt gebracht werden sollten, warf ihren Fächer auf den Boden und sprang von der Kochstelle hoch. Die Zahnlose, die am schlechtesten hören konnte, musste von ihr gestützt werden, da sie so kräftig lachte, dass sie beinahe von der Bank gefallen wäre.

Schleunigst vergessen? Ich kämpfte um jede Erinnerung an ihn! Ich hielt mit aller Kraft an dem säuerlichen Geruch meines Sohnes fest. Sein Murmeln klang in meinen Ohren nach, als hätte er gerade erst aufgehört, an meiner Brust zu saugen. Und ich sehnte mich wieder danach, o! Meine prallen Busen drückten mir fast die Luft weg. So rissig und offen wie meine Brustwarzen auch waren, wünschte ich mir nichts sehnlicher, als die Qual der einschießenden Milch gegen die Folter des Stillens auszutauschen. Naa Lamiley schüttelte ihren Kopf und knabberte an ihrem rissigen Daumennagel, während die Zahnlosen mich erneut auslachten – aber es stimmte wirklich, dass ich immer noch spüren konnte, wie er mich angestarrt hatte, als ich ihn in den Armen hielt. Als würde er versprechen, dass er für immer bei mir bleiben würde. Oder vielleicht, dass ich ohne ihn nie wirklich gelebt hatte.

»Eh-eh!«

»Er ist nicht dein MANN, o!«

Ich drehte mich weg. Darf ich also nur um einen Menschen trauern, mit dem ich einmal zusammen lag? Pfft!

Ich wollte kein Grab. Es sollte nicht noch einmal einen verlassenen, zugewachsenen Ort geben, um den sich keine Person kümmern würde, nachdem wir alle fort sein würden – und das sollte bald sein, wir warteten lediglich auf das Zeichen. Kein Grab. Aber ein Ritual sollte es geben, Naa Lamiley wusste welches.

Erst am frühen Abend, nachdem die Feuerstelle angefacht, die Suppe gekocht und die Yamswurzeln gestampft worden waren, erst nachdem wir alle gegessen hatten, erst dann würde eine meiner Mütter sich »um das Baby kümmern«. Es sei denn, ich könnte mich mit ihm wegschleichen, während die Zahnlosen – umgeben von gerupften Federn und ausgenommenen Hühnern – noch miteinander angeregt diskutierten. Ich würde zum großen Wasser laufen, mich dessen Rand nähern und den winzigen, besänftigten Körper in die Wellen gleiten lassen. So habe ich es mir gewünscht.

Da ich mich selber nicht auf dem Markt zeigen wollte – es war zu früh –, schickte ich Naa Lamiley los, um die zwei oder drei Yamswurzeln zu holen, die wir für das Ritual brauchten. Sie nickte – erst müde, dann entschlossen – und verschwand mit einem Korb voller geräuchertem Fisch. Ich drohte auch zu verschwinden. Vor meinen Augen breitete sich eine einnehmende Schwärze aus. Ein Loch. Wenn ich einmal hineinfiel, würde ich ihm nie wieder entkommen können.

Die Zahnlosen beruhigten sich und die Hühner, sie hörten auch auf zu gackern und zu flattern. Mami Ashitey kicherte noch immer, gleichzeitig stolperte sie herum und wedelte mit ihren Armen in der Luft.

»Naa?«, rief sie. Ihr rechtes Auge tränte.

Naa Odarkor schüttelte den Kopf. Sekunden vorher hatte sie genau beobachtet, wie Mami Ashitey sich mit ihrer staubigen Hand über die Augen gewischt hatte. Ich hätte den Fremdkörper entfernen sollen – es wäre auch besser gewesen, denn Naa Odarkors Finger zitterten so –, aber es war zu früh. Ich ertrug Naa Odarkors liebevollen Blick auf ihre Frau nicht, die Zärtlichkeit ihrer Berührung, die Geringfügigkeit von Mami Ashiteys Schmerz. Schon als ich wegschaute, war es vorbei.

Allmählich nahmen alle ihre Tätigkeiten – das Fegen des Hofes, das Fächeln der Flammen oder das Kauen von Kotsa – wieder auf. Dass die Zahnlosen

Kotsa überhaupt noch in den Mund nahmen! Selbst ich benutzte den Kauschwamm nur nach dem Essen, oder gelegentlich um einen üblen Geschmack von meiner Zunge zu entfernen. Die Greisinnen? Wenn sie auch nur einen einzigen Zahn zu teilen gehabt hätten, wäre das viel gewesen. Sie kauten aber tagein, tagaus, als würden sie vergeblich versuchen, ein Stück Knorpel kleinzukriegen!

Mein Baby war mit einem weißen Tüchlein bedeckt und wäre sowohl vor dem aufgewirbelten Staub als auch vor der ausgerotzten Spucke vollkommen geschützt gewesen. Ich hätte einfach auf Naa Lamiley warten müssen. Jahrhunderte später werde ich selbst immer noch nicht wissen, was in mich gefahren war. Das Armband war jedenfalls schon aufgeknotet. Ich hielt es in meiner rechten Hand und zählte die Goldperlen mit meinem Daumen ab.

Dreißig, einunddreißig, zweiunddreißig … vor dreiunddreißig Mondphasen, als ich gemerkt hatte, dass der Streifen unter meinem Bauchnabel wieder anfing, nachzudunkeln, ließ ich nichts unversucht. Zunächst betete ich zu Jehova, Gott der Weißen, denn mir wurde erzählt, er sei eifersüchtig, und ich dachte, er würde es mir bestimmt hoch anrechnen, dass ich mich mit meinem Anliegen zuerst an ihn wendete. So hatte ich meine Augen geschlossen, meine Hände ineinandergefaltet und meine Lippen eifrig bewegt. Noch auf meinen Knien kam mir der

Gedanke, dass es vorteilhaft wäre, gleich als Nächstes der Küstengottheit Ataa Naa Nyɔŋmɔ zu huldigen, da die Kombination des männlichen »Ataa« und des weiblichen »Naa« sicherlich noch mächtiger wäre als die Einseitigkeit Jehovas. Letztendlich habe ich Ataa Naa Nyɔŋmɔ lediglich *ein* Lied auf Ga anbieten können. Meine Stimme schaffte die hohen Töne nicht ganz, aber immerhin war ich textsicher. Anschließend hatte ich das Armband umgelegt, in der Hoffnung, dass die Goldperlen diesmal die Verstorbenen überzeugen könnten, mein ungeborenes Kind zu schützen. Das war zumindest das Thema eines hastigen Gebets auf Arabisch, das mir meine erste Mutter vor langer, langer Zeit beigebracht hatte. In der Stille nach dem du'ā' kitzelte ich meinen hervorstehenden Bauchnabel und war zuversichtlich, dass meine Bemühungen auch Allah erfreuen könnten. Die ganze Mühe war umsonst. Das Baby starb trotzdem.

Was war so falsch an mir, dass meine Kinder nicht kamen, um zu bleiben? Ich sah nichts, denn meine Wimpern waren zu schwer von Tränen und Schmerz, aber mit den Fingern und den Lippen konnte ich immerhin leise beten. Und gerade als ich die Perlen des Armbands noch einmal von vorne zählte, dämmerte es mir: Mein Sohn musste nicht, so wie sein Bruder vor ihm, komplett nackt nach Asamando zurückkehren. Die Goldperlen, die ohnehin nicht mir alleine gehörten, sollten seine Taille verzieren. Und der Gedanke, dass das Armband auf diese Weise endlich zu meinen Vormüttern zurückkehren würde, tröstete mich ein wenig. Ich setzte mich zu ihm. Die Länge der Schnur reichte nicht ganz aus, darum zog ich vorsichtig drei Fäden aus dem Saum meines Umhangs. Mit den Spitzen meiner Fingernägel befestigte ich sie an der Schnur. Das weiße Tüchlein, das in der leichten Brise wehte, hatte eine winzige Wölbung, die beinahe unschuldig aussah. Ich fasste das Hügelchen an. Hart war es. Wie ein Stein war es.

»Oh!«, stöhnte ich, als ich meine Hand zurückzog. Meine linke Hand schon wieder. Die Zahnlosen waren entsetzt. Mit zwei Schritten war Mami Ashitey an meiner Seite. Zunächst schlug sie mich einmal kräftig und war enttäuscht, weil die Zweige des Reisigbesens für ihre Begriffe zu weich waren. Dann fluchte sie, während sie das Teil in der rechten Handfläche umdrehte, und prügelte mit dem Stiel auf mich ein. Ihre Bewegungen waren schnell und präzise, als hätte sie diesen Vorgang ihr Leben lang einstudiert.

»O Mami!«, meine Hände zirkulierten über meinem Kopf. »Bitte stopp, o! Bitte STOPP!«

Bestimmt hatte sie mich gehört – sie tat nur so, als würde das Geschrei der anderen Zahnlosen mein eigenes übertönen. Naa Odarkor nickte bei jedem Schlag und unternahm keine Anstrengung, um ihre Frau davon abzuhalten, mich zu bestrafen.

Bald traf Mami Ashitey mich mit dem Besen am

Knie, an einer besonders empfindlichen Stelle, so dass mein Bein nach vorne schnellte. Es passierte einfach – Schlag. Tritt. Und folglich lag das weiße Tüchlein, unter dem mein Sohn bis dahin friedlich geruht hatte, neben einer steifen Babyleiche. Astaghfirullah.

Einige aufgeregte Hühner.

Vier zahnlose Greisinnen, darunter eine mit Besen.

Eine junge Frau, an der Stirn blutend.

Ein kürzlich verstorbenes Kind.

So in etwa hat er uns vermutlich registriert, der weiße Mann vom Meer –

Stratford-le-Bow, März 1848

ich blickte auf ihn zurück.

Während er sich anzog. Zunächst die Strümpfe, anschließend die Hosen, nie andersherum. Dann erst sein Unterhemd, zweimal ausgeschüttelt. Er befürchtete, das Oberhemd würde sonst nicht richtig sitzen. Die Spitzen seiner eleganten Finger umkreisten die Hemdknöpfe, einen nach dem anderen. Und er zitterte vor Wut. *Cher Charles*.

Ich hätte den Streit mit ihm vermeiden können, wenn ich ihm uneingeschränkt recht gegeben hätte.

Das pflegte ich meist zu tun, denn es war äußerst strapaziös, gerade in jenen Zeiten, Dispute mit Männern wie Charles zu führen. Männer, die sich eigentlich für »die Guten« hielten, doch – zwischen den Schwarzen auf der einen Seite und den Frauen auf der anderen – nicht mehr wussten, woher die nächste Anfechtung ihrer gottgegebenen Autorität kommen würde und deswegen vorauseilend an allen Fronten kämpften. Seine Gewissheit, dass *er mir* irgendetwas Gescheites zum Thema Wahrscheinlichkeitsrechnung sagen konnte, war denkbar lächerlich. Korsette haben wohl nicht nur auf Frauen eine einengende Wirkung. Ich behielt die Frage »Liebling, was geht in deinem Köpfchen eigentlich vor?« für mich und zählte gedanklich bis zehn.

Er hielt eine meiner Berechnungen für die »Analytische Maschine« in der Hand. Seine Lesebrille balancierte auf der Spitze seiner Nase.

»Hmm.«

Er tippte mit dem Zeigefinger auf eine der Zeilen. Eventuell war es da schon ungeschickt gewesen, nicht auf ihn reagiert zu haben.

»Hier hast du einen Fehler gemacht«, sagte er. »Da fehlt ein Komma.«

Ich hatte die Stelle angeschaut, ohne meinen Kopf zu bewegen – dann zurück zu ihm. Ich entschied mich für die Antwort:

»Danke, mein Schatz.«

Ich hatte mich an den Schreibtisch gesetzt, meine Schreibfeder in die Hand genommen, sie in das Tintenfass getunkt und: *»Sobald eine analytische Maschine existiert wird sie notwendigerweise der Wissenschaft die zukünftige Richtung weisen«* um das fehlende Komma ergänzt.

Er nickte, nahm seine Lesebrille ab und reinigte sie mit seinem Baumwolltaschentuch.

»Und was heißt überhaupt in diesem Zusammenhang *analytisch*?«

Ich erinnere mich, zu ihm hochgeschaut zu haben, und dass ich seinen ernsten Blick fehlinterpretiert hatte. Gewiss war mein darauffolgender Vortrag ein wenig lang geraten. Seine Augen waren glasig, als ich zum Ende kam:

»Irgendwann werden wir sogar Musik damit komponieren können!«, hatte ich geschwärmt. »Die Anwendungsmöglichkeiten sind unbegrenzt!«

Was hinderte ihn daran, sich einfach mit mir zu freuen? Was für ein armer Mensch, dachte ich. Wie er beleidigt mit seinem Spitzbart gespielt hatte, während er mir entgegnete:

»Wenn das, was du beschreibst, wahr wäre, *wäre* es schon von einem Wissenschaftler entdeckt worden!«

Hätte ich an der Stelle weiterhin geschwiegen, hätten wir uns noch einmal hinlegen können, noch eine Weile nebeneinander in die Wärme meines Bettes. Nur irgendwann ist auch der allerletzte Funken künstlicher Bescheidenheit verpufft.

»Ja«, nickte ich. »Recht hast du. Und dieser Wissenschaftler bin ich.«

Seine Wangen leuchteten. Als Antwort auf die Frage, wie ich das denn meinen würde, hatte ich zur Seite geschaut und meinen Blick gesenkt. Selbstverständlich reichte ihm das als Entschuldigung nicht. Ich stand vom Schreibtisch auf, als er sich wegdrehte und mit großen theatralischen Gesten seine Hosen anzog.

Ich weiß, ich hätte etwas sagen sollen. Ich bemühte mich auch um einen passenden Satz. Aber ich wollte ihm nicht zeigen, wie sehr ich mich über seinen Ausbruch amüsierte. Meine Stirn begann zu jucken, genau in dem Augenblick, als sein Vertrauen zu mir ein weiteres Stück zerbröckelte. Der zigmalige Anfang vom Ende.

Im Stillen beobachtete ich, wie etliche Stimmen sich in seinem Kopf stritten. Einige brüllten und gaben vernichtende Töne von sich. Sie verurteilten seine »besondere Freundschaft« mit mir aufs Schärfste. Einige andere, die zwar leise, doch versöhnlicher waren, versuchten sich herauszureden, indem sie von der überwältigenden Anziehungskraft der unerwiderten Liebe jammerten. Die mächtigsten Stimmen gehörten allerdings eindeutig denen der Unterlippe. Sie konzentrierten sich auf meine Rechthaberei: »Unverschämt« und »unerhört« und »unsäglich« waren nur die Worte, die mit »U« anfingen.

»Ach, Charles …«

Er liebte es, wie ich seinen Namen aussprach: Charles. Zwischen meinen Lippen, mit dem ausschließlich für seinen Namen reservierten französischen Akzent, klingt er wie ein Gedicht, gar wie ein Lobgesang. Einmal hatte Charles mich »*Notre Dame*« genannt. Seine Augen waren geschlossen, als er mir über den Unterarm streichelte und seinen Kopf auf meine Schulter lehnte. Ich räusperte mich – nur einmal – und sicherte damit, dass er davon augenblicklich und endgültig absah.

»… lass uns bitte nicht über mathematische Belanglosigkeiten streiten.«

Ich stellte mich hinter ihn. Mein Atem kitzelte die Stelle zwischen Kragen und Haaransatz, an dem seine blasse Haut noch frei lag. »Erzähl mir lieber von David«, meine Lippen berührten seinen Nacken. »Was ist mit ihm? Und mit seinem neuen Vater, Murd- …?«

Natürlich wusste ich, wie er hieß. Bei jedem unserer Rendezvous las Charles mir aus seinen jüngsten Manuskripten vor. So zwang er die Realität der Straßen Londons immer wieder in mein Schlafzimmer hinein. In jenen Momenten pflegte ich meine Augen zu schließen. Ich ließ seine Handlungen um mich herum schweben und, getragen von seinen Visionen, durch seine Stimme, an meinem Verstand vorbei bis tief in mein Herz dringen. Auf diese Weise lernte ich all seine literarischen Figuren schätzen – besser gar als meine eigene Familie. Den putzigen David, der Murdstone als Stiefvater wahrlich nicht verdiente, hätte ich sofort adoptiert. Dass England unzählige *echte* Waisenkinder hatte, war ein Gedanke, den ich leicht zu verdrängen wusste. Wir thematisierten selten meine Herkunftsfamilie. Oder seine sieben Kinder. Oder meine drei. Nur wenn es absolut nicht zu vermeiden war, redeten wir über die sonderlichen Gestalten, mit denen wir jeweils verheiratet waren.

»Edward Murdstone.«

»Murdstone«, nickte ich und küsste ihn noch einmal auf dieselbe Stelle. »Wieso muss diese Figur so schrecklich, so *grässlich* sein?«

Ich spürte, wie sein Herz zu explodieren drohte. Ich roch, wie der Schweiß sich auf seiner Oberlippe sammelte. Charles, dachte ich, leg dich doch wieder zu mir hin. Wir hätten über Literatur und Poesie und weitere unwesentliche Dinge sinnieren können. Wir hätten gelacht und uns gleichzeitig berührt. Wir hätten geschwiegen und uns gleichzeitig gefehlt. Denn solange wir nichts Grundsätzliches über unsere »besondere Freundschaft« besprachen, waren genau diese seltenen, frühmorgendlichen Stunden für ihn heilsam. Neben mir. Da gehörte er hin. Selbstverständlich unterschätzte er, wie viel Kraft ihn dieser Tanz um die unangenehmen Themen kostete, *cher Charles*. Er umkreiste sie in immer kleiner werdenden Schlingen, gelangte in letzter Zeit viel zu nah an sie heran und verbrannte sich. Die Geborgenheit, die er bei mir spürte, war unglücklicherweise für ihn das Gefährlichste an der gesamten Angelegenheit.

Jedoch, noch bevor die konziliante Seite in meinem Kopf heimisch werden konnte, meldete sich meine trotzige Seite: Warum sollte ich Charles Aufmerksamkeit schenken? Nur weil er stets seine Gefühle mit mir teilen musste? War er doch Geschichtenerzähler! Seine Berufung war es, zu verführen und zu verwirren. Was sollte ich einer Person abgewinnen, die den lieben langen Tag damit verbringt, Menschen zu manipulieren, und dafür Geld annimmt? Unwahrheiten und Übertreibungen in die Welt zu setzen und ausgerechnet *dafür* belohnt zu werden? Von seiner Besessenheit für die Lage der Armen ganz zu schweigen.

Meine Arme strichen leicht seine Hüfte. Es bestand kein Grund zur Eile. Wer sollte mich denn vermissen? Meine Freundinnen? Eventuell. Aber nur, wenn sie wüssten, was ich gerade machte. Meine Mutter? Von wegen! Sie freute sich bestimmt, mit ihren Enkelkindern in Ockham zu sein, *gerade* weil ich nicht da war. William? Nun ja. Seitdem er vor zwei Monaten nach Frankreich aufgebrochen war, hatte ich nur selten ein Zeichen von meinem Ehemann erhalten, stets ohne Hinweis auf eine baldige Rückkehr. Keine Ahnung, was er dort machte. Vielleicht vermisste mich Lizzie. Die treue Seele. Sie hatte sich gestern Vormittag schon verzogen, ohne dass ich sie darum hatte bitten müssen. Sie scheint erstaunlich oft schneller zu erkennen, was ich brauche, als ich es selbst tue. Meine Mutter hatte recht gehabt – eine bessere Zofe würde ich nie finden.

»Ich gehe meinen Bruder besuchen«, hatte sie gezwinkert – etwas zu vertraut für meinen Geschmack –, »bin morgen rechtzeitig zum Mittagessen wieder da.«

Bis dahin hatte ich allerdings noch gut neun Stunden Zeit und einige unangebrachte Ideen, wie Charles und ich sie zusammen verbringen könnten. Geduldig und erwartungsvoll spielte ich mit seinen Hemdknöpfen. Meine Finger zupften daran, fast hatte ich einen geöffnet und dann –

Puff!

Er befreite sich geschwind aus meiner Umarmung, die Krawatte blieb aufgeknotet. Wie ich ihn kannte, sollte es wieder das letzte Treffen zwischen uns sein, und ich sollte ihn – Herrgott, nur einmal bitte! – endlich als entschlossen erleben. Als er die Tür öffnete, blickte er auf meinen Schreibtisch. Seine Augen verengten sich, seine Nasenlöcher flackerten, er verfluchte mich in farbenfrohen Ausdrucksformen. Ich hörte ihn nicht und verstand ihn noch weniger. Seine Stimme verklang hinter der Kopfrechnung:

$$h = \frac{1}{2} g t^2 \rightarrow t = \sqrt{\frac{2h}{g}} = \sqrt{\frac{2 \cdot 5{,}75}{9{,}8 \, \frac{\mathrm{m}}{\mathrm{s}^2}}} = \sqrt{1{,}17 s^2} \approx 1{,}08 s$$

(Oder: Wie lange es gedauert hätte, bis ein Buch auf dem Straßenpflaster gelandet wäre, wenn Charles eins aus dem Fenster geworfen hätte, Luftwiderstand vernachlässigt, linke Hand auf Schulterhöhe, 5,75 m über Niveau Bürgersteig.)

Er stampfte die Treppen hinunter, und ich eilte zum Fenster. Wenige Momente später sah ich, wie er die Straße überquerte, wie er in der Stille der Morgendämmerung verschwand. Ich trauerte ihm nicht nach. Ich kannte die Sache mit Charles' angestrebter Entschlossenheit bereits, es war noch nie überzeugend bei mir angekommen. Künstler eben.

Die Flamme der Kerze am Fensterbrett tanzte vor sich hin, vollkommen gleichgültig gegenüber dem, was gerade geschehen war. In der Glasscheibe wirkte meine Reflexion wie ein Gespenst. Durch die Haare wehten nackte Äste, durch den Schlafrock leuchtete die schwächliche Straßenlaterne. Darüber musste ich lächeln. Gerade ich, die weder an Gespenster glaubte noch an Religion, an Priester, an Hellseherinnen. Ich glaube allein an Zahlen, denn sie lügen nie. Das Gespenst lächelte zurück –

danach verschwand es.

Ich weiß also nicht mehr, wie sich Schmerz anfühlt. Ein gestoßener Ellenbogen. Liebeskummer. Brennen im After. Das alles würde darauf hindeuten, dass mein Körper mir gehörte. Aber was für ein seltsames Konzept! Ich kann damit nichts anfangen. Das Zeichen, dass ich ein Leben zur Welt bringen könnte, ist weg. Es ist, als würde meine Gebärmutter mit mir schimpfen: »Du passt ja überhaup'neh' uff! Deine Verjang'heit haste verlor'n, deine Jehng'waht hamse dir jeklaut – ick jeh' jetz' und nehm' deine Zukumft ma' mit!« Selbst das Armband meiner Mutter ist weg. Reichsbesitz. Wie ich es auch bin. Mir gehört gar nichts mehr.

In der Sammlung von Momenten flüchte ich meistens in einen rötlichen, schwebenden Raum hinter den Augenlidern. Von dort kann ich das Geschehen aus so etwas wie einer wissenschaftlichen Distanz betrachten. Ich kann. Aber ich will es nicht. Ich will es nie.

Falls das Geschehen nachts passiert und ich mein Gesicht zum Fenster drehen darf, schaffe ich es oft zum Mond. Ich verweile dort, hüpfe leichtfüßig herum und lecke neugierig den Boden. Wie Puderzucker würde es schmecken. Wunderschön. Falls es frühmorgens passiert und ich die Haare offen tragen darf, schüttele ich den Kopf und stelle mir vor, dass sie unendlich lang und aschblond wären. Und sie würden nach Kirschbäumen und Lavendel duften. Traumhaft. Nachmittags würde ich zur Leichtathletin und laufe schneller als Lichtgeschwindigkeit! »Übermensch!«, würden sie sich freuen, wäre ich arisch. »Mannweib!«, würden sie sich empören, wäre ich afrikanisch. Abends, wo es im Fünfzehn-Minuten-Takt geregelt ist und höchstens insgesamt zwei Stunden dauern soll, denke ich mir Kochrezepte aus. Kulinarische Kreationen mit Spargel in sommerlichen Zeiten oder mit Pfifferlingen, wenn die Temperaturen Richtung Herbst wandern. Das erzähle ich Bärchen, denke ich, denn Linde und ich tauschen gerne Rezepte aus. Obwohl wir nur sehr langsam zunehmen, nennt sie mich Dicke und ich sie Bärchen. Ich erlaube mir, Gefühle für sie zuzulassen, weil ich ohne sie keinen weiteren Tag in der Siebenunddreißig überleben würde. Ansonsten habe ich keine Empfindungen.

Darum ist es möglich, dass einer von den Gestreiften im Zimmer steht, ohne dass ich mich wundere wie lange. Oder überhaupt: wie. Es ist phänomenal. Sie kommen – alle fünfzehn Minuten –, und ich merke es nicht. Er wirkt nicht älter als sechzehn. Sogar noch schmächtiger als ich – und das gibt mir zu denken …

ich sehe ihn durch das Zimmer fliegen, ein Abdruck
des Fußes in seinem Hintern –
die Faust würde seine ohnehin schiefe Nase zertrümmern –
die Fingernägel würden davon rot geschminkt werden –
die vertrockneten Lippen würden sich langsam auf
dem Gesicht ausbreiten, während
die Hände sich um seinen Hals wickelten. Enger. Er sähe
die Lippen an, während er ränge. Als Letztes würde er
das schrille, unendliche Lachen hören –
ich hätte alles aus nächster Nähe betrachtet –
ich hätte mir sehnlich gewünscht, dass
ich für diese schöne Hinrichtung
meinen Tastsinn zurückbekommen könnte …

Ich setze mich auf die Bettkante. Er kann, merke ich, noch Schmerz empfinden. Nur deswegen spreche ich ihn an

»Wir haben Namen für euch«, hauche ich, als er seine Hosen aufmacht. Hastig. Er hat ja nur fünfzehn Minuten, augenblicklich vielleicht gerade noch dreizehn. ›Wir haben Namen für euch. Das wird euch überraschen. Auch wir können zählen.«

Jetzt hängt sein Penis, voller Trauer und peinlich berührt, zwischen seinen Beinen. Was macht er da, überlege ich. Er soll zwischen *diesen* Beinen sein. Ich mache die entsprechenden Körperteile breit. Sein Penis regt sich nicht, und die fünfzehn Minuten sind gleich um. Der Gestreifte gerät in einen *Täter oder Opfer? Doch Täter? Bin auf jeden Fall viel mehr Opfer als sie. Oder?*-Kreislauf. Ich kenne den Blick. Tja, denke ich. So viel Opfer kannst du nicht sein, wenn dir noch dein Pimmel gehört. Und da ich keinen Besitz habe, kann ich nicht einmal recht oder unrecht haben. Ich schaue es also einfach an: ein Weder-Täter-noch-Opfer, ein Weder-gut-noch-böse, ein Weder-Mann-noch-Kind, ein Nichts.

Eine Pupille erscheint, umrandet von Blaugrau, in dem Loch der Tür, die mir und meinen Besuchern so etwas wie eine Privatsphäre vorgaukelt. Ich sehe die schwarze Pupille, kurz bevor einer gegen die Tür donnert. Ich höre es und verstehe es. Selbstredend weiß ich, dass die da draußen sich einen Spaß daraus machen, uns beim Geschehen zu beobachten, aber der Junge schaut die tiefschwarze Pupille an, seine Augen weit aufgerissen. Süß. Er zieht seine Hosen über die Hüften und knotet sie um seine Taille so fest, als würde er die Hose nie wieder ausziehen wollen. Er verschwindet, noch bevor ich mir seine Nummer ganz einprägen kann. Die ersten Ziffern: neun, null, acht.

Der Nächste kommt herein. Was für ein rotes Gesicht! Er ist nassgeschwitzt und stinkt nach totem Fisch. Ich beachte ihn kaum, sitze einfach weiterhin am Rande des Bettes. Wegen der fehlenden Handlung von Neun-Null-Acht gibt es keinen Grund, irgendetwas zu waschen oder zu desinfizieren, frisch zu machen oder geradezurücken.

»Dzień dobry«, sagt der Nächste und schließt die Tür hinter sich. Es ist kurios. Obwohl ich keine Vergangenheit habe, erkennen erstaunlich viele, dass über mir ein verblasster Bezug zu Polen hängt. Ich weiß nicht, woran das liegt. Es passiert mir aber so oft, es kann kein Zufall sein. Ich antworte nicht. In der Sammlung von Momenten ist nichts »Gutes«, und ich denke nicht in so großen Einheiten wie einem ›Tag‹.

Der Pole setzt sich neben mich auf das Bett. Er ist größer und älter als der Schmächtige. Ich merke, dass er seine Hand auf das Bein legt und den Schenkel streichelt. Seine Handfläche ist klebrig. Er räuspert sich, küsst mich auf die Wange und fragt, wie er mich nennen darf. Ich höre Stöhnen und Quietschen von nebenan. Ich verstehe alles.

»Jak masz na imię?«, wiederholt er. Die verdammte tiefschwarze Pupille erscheint wieder im Loch. Der Nächste hat Glück. Ich werde nicht versuchen, ihm weh zu tun. Ich lege mich einfach hin und fixiere diese gottverdammte tiefschwarze Pupille, ohne zu blinzeln.

»Będę cię nazywał Ada«, flüstert er, während er sich zu mir legt. Mit der Spitze seiner Zunge ertastet er das Ohrläppchen. Nenn mich, wie du willst, denke ich. Ja, mach mit diesem Körper alles, was du willst.

Diese Kerze brennt noch.

Unter den Zahnlosen

Totope, März 1459

Egal wie fest Mami Ashitey mich in der Hand hielt, wie schnell sie ihren Arm bewegte, oder wie oft sie mich umdrehte, gelang es ihr nicht, Ada mit den Schlägen zu verletzen. Was mich freute.

1459 hatte ich es mir nicht aussuchen können, zu welchem Gegenstand ich werden sollte, aber als Reisigbesen behielt ich immerhin einen gewissen Spielraum. Zu jener Zeit, an jenem Ort war meine Rolle weitestgehend unkompliziert. Ich lag für gewöhnlich draußen in einer schattigen Ecke, neben vier oder fünf Tontöpfen und mehreren Holzkohlehaufen. Es wurde zwar mehrmals am Tag nach mir gegriffen, aber die Fläche zwischen den drei Häuschen auf dem Grundstück war überschaubar. Selbst eine Person, die die größten Bemühungen unternahm, sich vor weiteren Aufgaben zu hüten, benötigte höchstens zwei Arbeitslieder, um den Staub, den Hühnerkot und die Fischschuppen zusammenzufegen und zur Müllhalde zu bringen. Naa Lamiley schaffte es meist in wenigen Atemzügen. Und weil es normalerweise ihre Aufgabe war, alles sauber zu halten, hatte ich damals viel Leerlauf.

Es war in einer jener Ruhephasen, als ich sonnentrunken vor mich hinträumte, dass Mami Ashitey mich in die Hand nahm. Sie fegte und lachte und fegte-lachte, und ich ahnte nichts Böses. Ich erinnere mich, dass meine Zweige noch steif und gerade waren – ich legte Wert darauf. Die Zahnlosen erzählten sich gerne gegenseitig, dass ich deswegen so gut aussah, weil ich aus Palmwedeln gefertigt wurde, während die anderen Besen aus Kokosnussblättern gemacht waren. Und bis zu jenem Morgen hatte es keinen Grund gegeben, die Frauen von etwas anderem zu überzeugen.

Mami Ashitey pausierte. Ich merkte, wie sehr sie sich ärgerte, weil sie mich fester umklammerte. Ein leichtes Grollen drang zwischen ihren Lippen hervor. Im nächsten Augenblick flog ich durch die Luft und zielte auf Adas Schulter.

»Was stimmt mit dir nicht?!«, hörte ich Mami Ashitey schreien. Ihre Augen blinzelten, ihr Mund verzerrt.

»Lern! Das! Doch! Endlich!«, jedes Wort wurde mit einem Schlag betont.

Naa Odarkor nickte ihrer Frau zu, ihre sonst ruhige Stirn von zusammengekniffenen Augenbrauen gezeichnet. Obwohl sie generell als die Nachsichtigere von den beiden galt, war es inzwischen sogar für

Naa Odarkor ergebnissicherer, Ada mit dem Stock auf den Oberarm zu schnippen, statt beim Essen, beim Kochen oder beim Begrüßen sie immer wieder zu ermahnen, nur die rechte Hand zu benutzen.

»Sei still!«, hatte sie dann stets gedroht, »sonst gebe ich dir *wirklich* einen Grund zum Weinen, o!«

Die Frauen Totopes kümmerten sich um Ada, als hätte Mami Ashitey sie aus den eigenen Lenden gepresst. In deren Augen war ihre Prügelstrafe der glühende Beweis dafür.

Ich sah es nicht ein, für einen solchen Zweck so missbraucht zu werden, darum verlangsamte ich mich immer wieder, als ich kurz davor war, Ada zu treffen. Und während Mami Ashitey versuchte, ihre Liebe zu Ada noch deutlicher zum Ausdruck zu bringen, näherte sich ein Fremder dem Grundstück.

*

Guilherme Fernandes Zarco, ein schlechtgelaunter, weil vor zwei Jahren in Konkurs gegangener portugiesischer Kaufmann, war am selbigen Morgen vom Deck der *São Cristóvão* heruntergekrochen und mit großer Mühe zum Festland geschwommen. (Woher ich das weiß, werde ich euch erst später verraten. Ich hoffe auf eure Geduld. Lasst uns zunächst bei Guilherme bleiben.) Als er am Rande des Meeres auf das Schiff zurückblickte, war es ihm vorgekommen, als würden die frisch geflickten Bramsegel direkt aus dem tiefen Blau des Wassers ragen. Bis auf die wehenden Tücher gab es nur Weite und Leere, Rauschen und Rascheln, gewundenes Blau und schillerndes Grün, das Sonnenlicht blinzelte wie Diamanten über die Oberfläche des Wassers. Ein endloses Shhh… Es hatte alles so schön friedlich gewirkt – aber oh, war er am Leiden.

Vor einigen Tagen hatte er bei einer Wette – bis auf die Kleidungsstücke, die er trug, und seinen Krummsäbel – alles verloren. Aus seinem letzten Hemd hatte er eine Art Sonnenhut gebastelt, der seine Glatze, seine Ohren und sogar die Spitze seiner überproportional langen Nase schützte. Alles andere, vor allem seine Schultern, Brustkorb, Unterarme und Beine, waren der gnadenlosen Hitze ausgesetzt. Bei der Annährung der *São Cristóvão* an die *Costa do Ouro* hatte seine Haut so geglüht, als wollte sie die anderen sogenannten Entdecker warnen: »Bleibt nicht hier! Lebensgefahr!«

Jede unnötige Bewegung Guilhermes bedeutete für jenen Mann, der sie verursacht hatte, eine harte Strafe – oder, falls der Schuldige nicht zu greifen war, dann für den nächststehenden Stellvertreter. Er war eine wandelnde Säule des Schmerzes und: Warum, warum, warum *zur Hölle* war er nicht an Bord liegen geblieben? Warum hatte er überhaupt zugestimmt, sich auf diese Reise zu begeben? Ein zweites Mal Afrika?! Er knirschte mit den Zähnen, als er sich wieder an die Gläubiger erinnerte. Guilherme verdrängte gerne, dass er sich, um ihnen zu entkommen, wieder auf hohe See hatte begeben *müssen.*

Von der Küste lag die Siedlung, in der Ada wohnte, jenseits des Regenwaldes, weniger als eine halbe Gehstunde entfernt. Selbstverständlich hatte Guilherme das nicht wissen können. Er vermutete, dass jene Menschen, die ihre Fischernetze am Strand ausbreiteten, nicht allzu weit weg sein könnten. Er kniete sich nieder und rieb eine Ecke des Netzes zwischen seinen Fingern. Es war steif und warm, offenbar gut gepflegt. An einigen Stellen glänzten frisch gestrippte eingewobene Baumfasern aus kräftigem Grün. Aber wo waren die Boote? Er schirmte seine Augen ab, und runzelte die Stirn. Nach links war nichts zu sehen, nach rechts lediglich ein ausgeblichener Einbaum. Aus der Ferne sah er aus wie ein Stück Brennholz.

Am liebsten wäre Guilherme sofort zur Siedlung aufgebrochen. Es war nicht abzusehen, wie lange es noch dauern würde, bis seine Kollegen – zumindest diejenigen, die noch genug Kraft hatten, um schwimmen zu können – den Strand erreichen würden. An der Wasseroberfläche dümpelten ihre Köpfe, ihre Arme schafften es kaum so weit. Und wo war Afonso? War er überhaupt von der *São Cristóvão* gesprungen? Sobald Guilherme die winzige Gestalt unter den ringenden Schwimmern entdeckte, wandte er sich von deren Anblick ab und steckte seinen Säbel viele Male in den Sand. Wenn sie so unnütz waren, sofort ertrinken zu müssen, wollte er es nicht mit ansehen.

Es gab aber keinen Grund für diesen Gedanken. Die Seemänner waren zu jener Zeit besonders motiviert gewesen, weil sie glaubten, ihre Mission fast erreicht zu haben. Sie waren auf der Suche nach einem gewissen Mansa Uli II. und schätzten, es könne sich nur noch um Stunden handeln. Am frühen Morgen hatten sie sich alle bereits gegenseitig zu ihrem sicheren Erfolg gratuliert. Alle außer Guilherme. Er hatte die Arme dicht vor der Brust verschränkt und die Lippen fest zusammengepresst – denn die Lumpen waren von jener abstrusen Idee nicht abzubringen.

Ihre Besessenheit war das direkte Ergebnis der Überzeugungskraft eines gewissen Diogo Gomes de Sintra, »Seefahrer, Entdecker und Autor«. Der vor kurzem in Ungnade gefallene Zollwächter hatte sie überhaupt erst dazu gebracht, sich der Fahrt nach Afrika anzuschließen, indem er ihnen versprach, dass sie mit mehr Gold beladen zurückkehren würden, als sie sich jemals hätten vorstellen können. Seine Behauptung, dass ein Mansa der Herrscher des ganzen Kontinents sei, war eine ungünstige Verschönerung einer ansonsten sehr nah an der Wahrheit entlang erzählten Lüge. Laut Gomes war Mansa Uli II. außerdem fast genauso vermögend wie Mansa Musa, bekanntlich der reichste Mensch aller Zeiten.

Darum waren die Männer, die sich nacheinander an den Strand schleppten, nicht davon zu überzeugen, dass, selbst wenn Afrika tatsächlich ein einziges Land wäre, sein König nicht unbedingt mit einem einfachen Kapitän wie Gomes Handel treiben würde. Und selbst wenn das irgendwie doch möglich gemacht werden könnte – denn nichts ist so beständig wie der Wandel –, wäre der Mansa mit Sicherheit nicht auf einer mickrigen Insel oder ärmlichen Küstenregion am Rande seines Reiches zu finden.

Monate später würde Gomes zähneknirschend Guilherme recht geben. *Jahre* später, gegen Feierabend seines Lebens, würde er in seinen Memoiren seine gesamte Entdeckerkarriere in ein vorteilhafteres Licht rücken lassen. Und Jahrzehnte später würde die Geschichte gänzlich vergessen, dass Diogo Gomes de Sintra, »Seefahrer, Entdecker und Autor«, nie die Suche in der Küstenregion aufgegeben und den Einzug ins Landesinnere vollzogen hätte, ohne Guilherme und seine unverwechselbare Hartnäckigkeit.

»Lançar âncora!«, hatte allerdings der unverbesserliche Kapitän an jenem verhängnisvollen Morgen gerufen. Woraufhin ein drittes Mal wahllos irgendwo im Golf von Guinea geankert wurde.

Der erste Seemann erreichte die Küste, als Guilhermes Säbel knochentrocken glänzte. Es dauerte allerdings einige Minuten, bis alle Männer vor ihm standen – Afonso blieb im hinteren Teil der Gruppe. Erst dann wurde Guilherme ausgerichtet, dass Gomes aus »gesundheitlichen« Gründen an Bord bleiben würde. Guilherme hatte ein abfälliges Schnauben unterdrückt, denn es war kein Geheimnis, dass Gomes in der Nacht aus lauter Frustration das letzte Fass Wein geleert hatte.

Guilherme drehte sich auf der Stelle um und marschierte los. Er bewegte sich, als wäre er der rechtmäßige Besitzer des ganzen Landes. Die restlichen Seefahrer, alle das erste Mal auf dem Kontinent, konnten bei seinem achtlosen Lauftempo kaum mithalten, seine Haltung würden sie sich erst aneignen müssen. Bald verlor er sie, und das war ihm auch recht so. Er schlug sich alleine durch das summende Dickicht, hinter ihm krachten zerschlagene Sträucher und verstümmelte Bäume zu Boden. Verstörte Papageien klagten in kreischenden Tönen, als sie in nahegelegenen Baumkronen Schutz fanden.

Auf dem Staubpfad, der von dem Wald zur Siedlung führte, gelang es Guilherme, seine Atmung zu besänftigen. Schweißperlen kühlten seine Stirn und glänzten auf der Brust. Die anderen hatte er wohl weit hinter sich gelassen, ihre Stimmen waren jedenfalls nicht mehr zu hören. Er bewegte sich weiter in Richtung der Siedlung und blieb am Rande des ersten Grundstücks stehen. Da sah er, wie Mami

Ashitey dabei war, Ada mithilfe des Reisigbesens zurechtzuweisen. Er schirmte seine Augen mit der rechten Hand ab, dankbar für die Ablenkung – das Gekreische und Geplapper. Sein Blick schweifte über ein Gelände, das ihm vertraut vorkam.

Drei Häuschen, die um eine rundliche Fläche angeordnet waren. Die kurvenförmigen Lehmwände, die Kleidungsstücke, die auf den Reetdächern trockneten, und die frisch gekehrte Terrasse. Das Licht, friedlich und klar, unbeeindruckt von dem bisschen Rauch, der von den Kochstellen aufstieg; die Klänge, schrill und rhythmisch; entspannte Brisen, die ihn streichelten und umarmten. Und jede Menge Fisch. Geräucherte Heringe, getrocknete Sardellen und frittierte Garnelen, fertig für den Marktstand, schimmerten und dufteten.

Er hatte nur »sehr deutlich« flüstern wollen, aber als er sich umdrehte, um wenigstens nach Afonso zu schauen, gelang es ihm nicht, sich zu beherrschen. Zu hartnäckig spürte er den Hunger im Magen, zu peinigend die Hitzewellen auf seinem Gesicht, zu lange, seitdem er etwas in einem ganz normalen Geräuschpegel von sich gegeben hatte:

»AFOONSOOO!«, schrie er.

Wurde auch Zeit, dachte ich. Es war wichtig, dass Ada und Guilherme sich kennenlernten, noch bevor die heftigen Regenfälle ausbrachen.

So wurden die Zahnlosen auf seine Anwesenheit

aufmerksam gemacht. Sie schauten Guilherme mit großen Augen und offenen Mündern an. Mami Ashitey hielt mich, mitten im Schwung, hoch über ihren Kopf, ihr Blick auf den weißen Mann gerichtet. Ada verstummte.

Guilherme nahm seine provisorische Bedeckung vom Kopf herunter und schaute zu Boden. So erhaschte er einen Blick auf die Perlen des Armbandes, das Ada noch in der Hand hielt. Perfekt, dachte ich. Jetzt geht es endlich los. Die goldene Farbe der Perlen strahlte nicht wie gewohnt, prächtig und leicht angeberisch, sondern glich eher derjenigen des bescheidenen Mondscheins. So eine Qualität hatte er noch nie gesehen, nicht einmal in den Minen Obuasis. Er machte einen Schritt nach vorne.

»Eh-eh!«

Mehr verstand er nicht.

Mami Ashitey zog ihre Augenbrauen hoch.

Das verstand er sofort.

Guilherme schaute noch einmal, um sicherzugehen, dass seine Jungs ihn nicht mittlerweile eingeholt hatten – natürlich nicht, wo waren sie bloß? –, und fuhr dann fort. Mit einer eher halbherzigen Bewegung deutete er mit dem rechten Zeigefinger auf die eigene Brust:

»Guilherme Fernandes Zarco.«

Es passierte nichts. Er hustete. Immer noch nichts. Er zeigte noch mal auf sich:

»Eu – Guilherme Fernandes Zarco. GIL-JER-ME.«

Die Kiefermuskeln der Zahnlosen bewegten sich wieder auf und ab; Naa Odarkor, die neben dem Fisch hockte, nahm ihr Messer fester in die Hand. Guilherme atmete durch gespitzte Lippen aus. Obwohl Männer wie er sich nicht zum ersten Mal an der *Costa do Ouro* aufhielten, konnten jene Frauen immer noch nicht richtig sprechen.

Als Guilherme Luft holte, um neu anzusetzen, platzte eine Klangflut aneinandergereihter Laute aus Mami Ashitey heraus. Sie gestikulierte, rhythmisch und hektisch, als würde sie ihn fragen, warum er keine Person mitgebracht habe, die seiner und auch ihrer Mundart mächtig sei – zumindest entschied er sich, ihre diversen Hand- und Fingerbewegungen so zu interpretieren.

Vergeblich schaute Guilherme ein letztes Mal nach Afonso. (Es war aber auch nicht vorgesehen, dass er bereits auf dieser Seite erscheint.) Das Sich-Umdrehen kam bei Mami Ashitey noch schlechter an. Ihr Ton wurde forscher, die einzelnen Silben schossen aus ihrem Mund heraus. Die restlichen Zahnlosen stimmten ein. Guilhermes Blick schweifte von einer Greisin zur nächsten. Er sah, wie ihre dünnen Augenbrauen die Stirn hoch und runter tanzten, wie ihre grauen Köpfe sich hin und her drehten, wie ihre feinen Lippen kaum mit der Geschwindigkeit der furiosen Worte mithalten konnten. Vor allem merkte er, dass es nicht wirklich um Ärger ging, sondern eher um eine übertriebene Nervosität. *Irgendetwas drohte.*

Das unbedeckte Baby zog allmählich die Fliegen an – sie tanzten um seine Nase herum. Mami Ashitey schlug Ada noch einmal, um der Sache ein deutliches Ende zu setzen, und stellte mich zurück in die Ecke. Während sie sich dann über die Leiche beugte, nach den Fliegen klatschte und das weiße Tüchlein aufhob, rieb sich Ada diskret am Kopf.

Es wurde kräftig ausgeschüttelt, das Tuch. Und er wurde gründlich gemustert, der Guilherme. Wenige Zoll vor seinen Füßen landete der Rotz, von Mami Ashitey auffällig ausgespuckt. Er schäumte auf dem rötlichen Staubboden frech vor sich hin und verschwand, Bläschen um Bläschen. Guilherme tat so, als hätte er den Vorgang nicht bemerkt. Die Babyleiche bekam aber ein wenig von der Spucke ab. Ein zweites Mal bückte sich Mami Ashitey, diesmal um Adas Kind mit dem Tuch zu bedecken. Als sie sich aufrichtete, sah Guilherme Tränen in ihren Augen. Zunächst waren es vereinzelte Tropfen, die umgehend auf dem heißen Boden verschwanden. Oder irrte er sich? Der strahlende Himmel war im Begriff, etwas Imponierendes vorzubereiten, so viel war gewiss. Hinter dem delikaten Blau versteckten sich hauchdünne kohlschwarze Streifen.

Und dann: Der Regen prasselte, so dass Guilherme kaum seine eigene ausgestreckte Hand erkennen konnte. Das Wasser lief rot und rasend um die Kochstellen, zwischen den Steinen, über die Ameisen, unter die Pfützen. Den Übergang von einem zögerlichen »War da was?« zu einem hastigen »Schnell weg, o!« bekam er nicht mit. Die Hühner, die Ziegen und die Eidechsen waren verschwunden, die Zahnlosen hatten sich gegenseitig in eines der Häuschen geholfen, das Essen wurde fast komplett gerettet – lediglich ein Fischkopf schaffte die Flucht vom Hof ins Trockene nicht und lag auf dem Matschboden, verloren und beleidigt.

Ada hatte sich nicht von der Stelle geregt. Der Sturmregen klatschte gegen ihre Augen, ihr Kinn, ihre Wangen, dennoch blieb sie neben ihrem Sohn sitzen. Bald würde er komplett frei sein, dachte sie. Die Perlen des Armbandes sollten ihn auf der letzten Reise schützen. Nur hatte sie Mühe, das Armband an ihn zu binden, denn das Tuch klebte an seinem Körper wie eine zweite Haut. Und als Guilherme – Hoffnung im Herzen – mit wenigen Handzeichen signalisierte, dass er das Kind hochheben konnte, um das Binden zu erleichtern, nickte sie. Und als Guilherme – Leiche im Arm – mit wenigen Kopf- und Schulterbewegungen signalisierte, dass er wusste, wo es eine gute letzte Ruhestätte gab, nickte sie noch einmal, dankbar dafür, dass Ataa Naa Nyɔŋmɔ, oder wer auch immer, Guilherme zu ihr geschickt hatte.

Wahrscheinlich war es Erleichterung, die ich spürte, als Ada sich auf die Beine kämpfte, denn somit war meine Aufgabe für diesen Teil der Geschichte erledigt. Ada stolperte hinter Guilherme her, und er trug ihren Schatz von den Häuschen weg.

Und die Zahnlosen waren nicht die einzigen Lebenden, die diese seltsame Szene aus einem trockenen Versteck beobachteten.

Stratford-le-Bow, März 1848

Den Kopf eines Löwen zu verkörpern war für mich keine leichte Sache, da ich noch nie ein Lebewesen gewesen bin. Es half weder, dass ich aus Messing gegossen war, noch dass ich einen schweren Ring in meinem stolzen Maul trug, ich wollte niemals ein Tier sein und darum auch nicht annähernd wie ein Tier aussehen.

1848 wurde die Form des Löwenkopfs für den Türklopfer von 37 Battersea Road gewählt. Es ging darum, gewisse Eigenschaften wie Stärke, Schutz und Macht auszustrahlen. Sachen, von denen ich nichts wusste. Auch hier war der Gegenstand, zu dem ich werden sollte, ohne meine Zustimmung festgelegt. Ich hatte noch nicht angefangen, das gewohnte Verfahren in Frage zu stellen.

Meine Möglichkeiten, Einfluss auf das Geschehen zu nehmen, begrenzten sich auf die täglichen Berührungen mit den feinen Gästen. Die mit Reithandschuhen hatten oft gar keine Chance und hielten mich für defekt. Die mit fingerlosen bestickten Handschuhen aus Seide mussten mehrmals klopfen, bis sie von der übermüdeten Zofe Beachtung fanden. Das war amüsant, aber auf Dauer auch anstrengend, und ich sehnte mich danach, wieder ein ausdrucksloser Besen zu sein.

Von der Haustür aus hatte ich einen ausgezeichneten Blick auf Charles' wütenden Abgang. Und nicht nur ich. Es wirkte vielleicht für Außenstehende so, aber es war kein Zufall, dass Adas Ehemann Sekunden vorher in Battersea Road angekommen war. Er blieb noch einige Minuten an der Ecke zu Nummer 37 stehen, lange nachdem sein Konkurrent im Nebel verschwunden war und – auf einmal war ihm nicht mehr nach Schlaf. Sein Hunger war verschwunden, ebenso das noch vor wenigen Momenten recht dringliche Bedürfnis, eine Gosse oder einen Baum zu finden. Der jüngste Vorgang hatte endgültig den Rahmen gesprengt: Er hatte Dickens gesehen.

Gleichwohl hatte es Lord William King nicht nötig, dem Hornochsen hinterherzuhetzen. Er würde ihn nicht zur Rede stellen, die Zeit für eine freundliche Aussprache war vorbei. Er würde ihn nicht verfluchen, es war sogar zu spät, um ihm den Handschuh ins Gesicht zu schlagen – eine wahrlich schöne

Vorstellung, die William für einen Augenblick ein Lächeln über die Lippen zog. Er streichelte die Pistole in seiner Jackentasche.

Bis nach Paris hatten ihn sämtliche Nachrichten über seine Ehefrau erreicht, unter anderem, dass sie eine »unredliche Freundschaft« mit einem Romancier unterhielt. Wäre es lediglich bei ein oder zwei geflüsterten Kommentaren geblieben, hätte er das Ganze als ein weiteres Ada-Gerücht abtun können. Er hätte bei der nächstbesten Gelegenheit den Kerl zur Seite genommen und ihm nahegelegt, dafür zu sorgen, dass das Gerede endlich aufhörte. Für so eine zivilisierte Lösung war es aber eindeutig zu spät. Er hatte den Schwindler mit eigenen Augen *gesehen*.

Zehnmal ärgerte sich William darüber, dass er seine Gedankengänge nicht besser unter Kontrolle hatte, zehnmal spürte er den gleichen Stich im Magen. Beim elften Mal schlug er mit der rechten Faust gegen die Wand und schaffte es, nicht aufzuschreien. Die Haut über seinen Knöcheln zerriss, er freute sich über den äußerlichen Schmerz. Wie ironisch, dass er es unversehrt aus der Katastrophe namens Frankreich geschafft hatte, um sich hier im schlummernden England eine Platzwunde zu holen. Die Tünche der Fassade wurde durch einen frischen roten Schmiss aus der Ruhe gebracht. Er schaute sich die blutende Faust an und schnaubte. Beizeiten würde er sich um Mr. Charles Dickens kümmern. First things first. Wo war Ada?

Da die Mathematik ihr Grund zu leben war, nahm William an, dass sie zu dieser unerträglich frühen Stunde schon am Schreibtisch saß. Insgeheim vermutete er, dass sie weniger Gräfin, eher eine Art menschenähnliche Rechenmaschine war. Fast wünschte er sich zu erleben, wie diese Frau – seine Frau, die Mutter seiner Kinder – weinend, vielleicht sogar flehend, aus dem Haus hinter Dickens hergelaufen wäre, dass ihr jener skrupellose Mistkerl wenigstens etwas bedeutete. Dass sie tatsächlich die Fähigkeit innehatte, tiefgehende Emotionen wie Begehren oder Inbrunst oder Hass für andere zu empfinden; dass sie überhaupt ein Herz aus Fleisch und Blut besaß.

Der Mond verblasste bereits, aber der Nebel war noch nicht so dicht. William stutzte, erkannte Sekunden später, dass es lediglich die Schatten waren, die noch trotzig in den Gassen spielten. Einige Vögel – waren das bereits die Mehlschwalben? – zwitscherten. Wie konnten sie nur so fröhlich sein? War es doch die perfekte Zeit, eine dramatische Szene hinzulegen! So lange gegen Nummer 37 mit meinem Mundring zu hämmern, bis die benachbarten Familienväter in ihren gestärkten Nachthemden an den Türschwellen erschienen!

William schüttelte den Kopf. Nein, er war die Rücksicht in Person, er würde so etwas seinen Leidensgenossen nicht antun. In wenigen Stunden würden sie ordentlich angezogen, gut vorbereitet und frohen Mutes die Häuser verlassen müssen. Selbstverständlich erst, nachdem sie ihre verunsicherten Frauen getröstet hatten. Die neuesten Ereignisse in Paris sorgten sogar in weiblichen Köpfen für Unruhe. Auch sie lasen die Schlagzeilen. Auch sie konnten eins und eins zusammenzählen. Nein. *William* würde gewiss nicht jene Familienväter um ihren kostbaren Schlaf bringen. Es waren die »Guten« wie Dickens, die keine Sensibilität für seinesgleichen hatten. Dieser Held der Zahnlosen war im Grunde noch schlimmer als ein reiner Egoist. Mit seiner »Kunst« gaukelte er doch allen nur vor, sich für die Rechte der Armen einzusetzen. Sicherlich erregte Dickens die Gemüter. Aber sonst? Wen interessierte Oliver Twist wirklich? Selbst die stursten Chartisten mussten wissen, dass der durchschnittliche Arbeiter in Großbritannien es viel besser hatte als in sämtlichen anderen Ländern Europas. Nicht einmal die Versammlungsfreiheit hätte er in Frankreich gehabt! Paris brannte zu Recht!

William griff etwas zu fest nach meinem Ring und schlug damit dreimal gegen die Haustür. Ich wusste, dass er mit Lizzie rechnete. Wo sollte sie sonst sein? Er erwartete ihre schläfrigen Fußstapfen auf der Wendeltreppe und plante, ihr erst nach einer bedeutungsschweren Pause zu sagen, sie solle ihre Herrin holen. Wenige Momente später hörten wir allerdings, wie Ada selbst die wenigen Treppen vom ersten Stock bis zur Eingangshalle herunterhüpfte. Williams ungehorsames Herz übersprang einen Schlag.

»Du kommst aber nur rein, wenn du mir versprichst, dass du diesmal nicht wieder wegrennst …«, grinste Ada, als sie die Tür öffnete. Sie setzte an, weiter zu sticheln, jedoch blieben ihr bei Williams Anblick die Worte im Hals stecken. Sekundenlang starrte sie ihn an. Es stand ihm ins Gesicht geschrieben: Dieser Mann – ihr Mann, der Vater ihrer Kinder – hatte Charles gesehen.

Sie erblasste. Nach etwa einer halben Minute räusperte er sich.

»Ich renne nicht weg«, sagte er. »Es regnet gleich.«

Ich spürte, wie jedes einzelne Haar auf Adas Körper sich aufrichtete. Aus seiner letzten Nachricht war kein Hinweis hervorgegangen, dass er so bald zurückkehren würde. Manchmal hatte sie sogar gedacht, er wäre in den Pariser Flammen umgekommen – und war erschrocken, weil sie weder Trauer noch Scham dabei empfand. Seine Erscheinung raubte ihr die Sprache.

»Woher …? Wie …? Seit wann bist du …?«

Ich rechnete es William hoch an, dass er so gefasst bleiben konnte. Er sagte nur:

»Wo ist dein Armband, Ada?«

Somit waren wir unverzüglich zur Sache gekommen, wofür ich dankbar war, denn der Sturm hatte sich bereits mit den ersten Tropfen angekündigt. 1848 besaß Ada selbstverständlich sehr viele Armbänder. Glücklicherweise war es nicht ihre Art, mit einer unnötigen Fragerei Zeit zu schinden. Sie wusste, dass es um das Hochzeitsgeschenk von William ging. Ein exquisites Armband, das aus mehreren Perlen bestand, die alle eine vorzügliche, doch seltene weißgoldene Farbe hatten. Ein Armband, das er von seiner Mutter geerbt hatte. Gemäß der Tradition hatte sie es von ihrem Ehemann, Williams Vater, an ihrem Hochzeitstag erhalten.

Und William wusste, dass Ada wusste, dass er wusste: Sie hatte keinen blassen Schimmer, wo das teure Armband war.

Kohnstein bei Nordhausen, März 1945

In der sogenannten Sonderbaracke gab es anfangs keine festgelegten Zimmer. Alles andere, was sich in oder um das Arbeitslager Dora befand, war beziffert, gemessen und lückenlos erfasst. Von außen war sie kaum zu unterscheiden von jenen anderen Holzhütten auf dem kahlen Gelände: zehn Komma fünf Meter breit, dreiundzwanzig Komma fünfundsiebzig Meter lang, einstöckig, »*unaccommodating*«, hätten die Tommys dazu gesagt. Ohne die Blumen in den Fenstern wäre sie überhaupt nicht auffällig gewesen. Sämtliche Insassinnen weigerten sich, ihre Unterkunft auch »Sonderbaracke« zu nennen. Obwohl Ada mit »Zur Hölle« eine viel passendere Bezeichnung gefunden hätte, einigten sie sich – inspiriert von der Verwaltungsnummer – auf den Namen »Siebenunddreißig«.

Bei ihrer Ankunft hatten sie – noch waren sie Frauen – jede eine sechsstellige Zahl zugeteilt bekommen. Diese wurde sogar auf die Unterwäsche genäht und sollte für die gesamte Zeit des Aufenthalts nicht geändert werden. Kleidung, Frisuren, Mahlzeiten, Pausen, Stellungen – alles war vom Lagerkommandanten festgelegt und angeordnet worden. Nur die Belegung der Zimmer nicht. Ada landete allerdings des Öfteren in dem linken Zimmer am Ende des Ganges, wo, falls sie zur richtigen Zeit ihre Augen geöffnet hatte, die Abenddämmerung besonders schön erschien. So oft befand sie sich dort, dass es schließlich den Namen »Adas Raum« erhielt. Ausgerechnet dieses Zimmer war ich.

Friederike Lindauer, Linde, oder Bärchen für Ada, oder 972621 für die Arbeitsstatistik, war eine von acht – noch waren sie Frauen –, die im März 1945 zahllosen Gefangenen »zu Willen sein« durften. »Besser als Ravensbrück« war die einhellige Einschätzung. In Siebenunddreißig gab es wenigstens besseres Essen, wärmere Kleidung und überhaupt die Möglichkeit, sich zu waschen.

Bei ihrer Ankunft in Dora hatte Linde sich auf einen dünnlippigen Glatzkopf eingelassen, allein, weil er über Umwege auch aus Göttingen kam. Er hieß Waldemar, schuftete seit Anfang des Jahres im Krematorium und roch so entsetzlich, wie er aussah. Er nutzte alle ihm gebliebenen Mittel, um sie für sich alleine zu gewinnen. Weil er es konnte. Seine heikle Position innerhalb der Lagerhierarchie erlaubte ihm, sagen wir mal, gewisse Privilegien. Zwischen unzüchtigen Kommentaren und einem erzwungenen Zungenkuss versicherte Walde, dass er höchstpersönlich dafür sorgen konnte, dass es Linde in der Sonderbaracke gutgehen würde. Er grinste, nachdem sie das Wort »gut« ungläubig wiederholt hatte, seine Zahnlücken unterstrichen die Verwahrlosung seines mageren Gesichts. Siebenunddreißig war sicherlich weniger grausam als jene drei Tage im Ravensbrücker Stehbunker, aber das Positivste, was Linde zu dem Ort, an dem sie sich befand, sagen konnte, wäre weit entfernt von »gut« gewesen. Sehr, sehr weit. Dennoch ließ sie sich auf einen fragwürdigen Deal mit dem Kapo ein, um überhaupt eine Chance zu haben, die Hölle von Dora zu überleben. Sie erfreute sich seiner zahlreichen Mitbringsel, sie befriedigte ihn mit der Hand oder mit dem Mund, je nach Bedarf, und sie bekam seine sonstigen Untaten nur im entferntesten Sinne mit.

Eines Tages schenkte Walde Linde ein ungewöhnliches Armband. Sie waren in dem Zimmer direkt neben mir, als sie es nahm.

»Was sind das für Perlen?«

»Hoho!«, lachte Walde. »Das schon wieder! Willst wieder über alles Bescheid wissen, nech?«

»Lass mich in Frieden«, stammelte sie. Selbst nach all diesen Jahren hatte sie es nicht fertiggebracht, ihre Sprache an diesen Ort anzupassen. Im Lager redete außer Linde sonst keine von »Frieden« oder »Ruhe.«

Als sich Waldes Lachen in einen fiesen Husten verwandelte, wog Linde den Schmuck in ihrer Hand. Er fühlte sich zwischen ihren Fingern schwer an. Belastet irgendwie.

»Keine Ahnung«, keuchte Walde schließlich. »Hab's aus der Effektenkammer mitgehen lassen …«

Dann stimmte ihr Gefühl natürlich.

»… und? Gefällt es dir?«

Er verschwand, nachdem sie genickt hatte. Offenbar war ihm entgangen, dass sie zögerte. Wie immer blieb ihm keine Zeit für Nuancen.

Linde legte das Armband an. Auf ihrem kindlichen Handgelenk wirkte die silberne Farbe der Perlen deplatziert. Sie dachte an den Ort unter dem Bett, an die eine wacklige Diele, die ihre Schätze verdeckte. Es wäre klüger und auf jeden Fall sicherer gewesen, das wiedergestohlene Armband sofort zu verstauen, um die Perlen erst nachts, bei Kerzenlicht und Mondschein, zu bewundern. Aber ihr gefiel jener Moment zu sehr: Man hat sich um sie bemüht. Man hat sein Leben riskiert, um ihr eine kleine Freude zu bereiten. Betäubt von Glücksgefühlen und Träumereien wurde sie nachlässig. Sie vergaß, dass sie längst keine Frau mehr war.

Aber Gott hat es gut mit ihr gemeint. Linde trug ausnahmsweise ein langärmliges Kleid, das ihr etwas zu groß war. Die Manschetten tanzten um ihre Fingernägel herum, als mehrere SS-Offiziere, wie herbeigeflucht, auf einmal in ihrem Zimmer standen. Identisch wie die Messingknöpfe an der Vorderseite ihrer Jacken waren sie: starre Kinne, eiserne Wangen und stählerne Pupillen.

Die weiblichen Sechsstelligen hatten sich auf dem Appellplatz zu sammeln. Wortlos, mit lediglich einer hochgezogenen Augenbraue, wurde es Linde noch erlaubt, ihre Schuhe anzuziehen. Auf die Schnelle schaffte sie es nur, die Füße in die Öffnungen hineinzuschieben. Sie richtete ihren Blick auf den Boden und humpelte an den Offizieren vorbei, die bitte, bitte, bitte nicht hören sollten, wie ihr Herz bis zum Hals pochte. Gerade als sie über die Türschwelle schritt, räusperte sich einer. Völlig unerwartet, denn sie hatte doch Nichts. Zu. Verbergen. Als sie zur Seite schaute, stürzte sie in seine Augen: ein wässriges, fast durchsichtiges Blau. Wäre sie lange genug stehen geblieben … Aber der Offizier daneben, ein ängstlicher Mann, der die Grausamkeiten Doras nicht mehr ertrug und sich später erschießen würde, schlug ihr den Gewehrkolben gegen die Rippen. Fest genug, dass es ihr das Leben rettete. Linde verschwand nach draußen.

Warum ich 1945 unbedingt ein KZ-Bordellzimmer werden musste, wollte mir zu der Zeit nicht einleuchten. Meine Wände waren so dünn, jeder Schrei, jedes Stöhnen ging durch mich hindurch. Ich war verdammt, alles zu bezeugen, aber nichts verhindern zu können. Alles zu verschleiern, aber nichts je vollständig tilgen zu können. Da gefiel mir meine kurze Tätigkeit als Türklopfer eindeutig besser. Jedoch mussten Fakten geschaffen werden: Die Übergabe des Armbands war, möglichst noch vor dem Sturm, dringend zu sichern. Also wurde Linde zum Appellplatz geschickt.

Draußen, der Wind! Er biss alle Sechsstelligen in die Ohrmuschel und peitschte ihre Wangen. Er brachte keine Heilung, nicht einmal Hoffnung darauf, sondern lediglich ein Versprechen auf Frostregen am Abend. Adas Gesicht war bereits ein strahlend schneeweißes geworden, als Linde sie in der Gruppe aufgespürt hatte. Den weiblichen Sechsstelligen wurde befohlen, an den Gefangenen mit ausgestreckten Armen vorbeizumarschieren.

»Bärchen«, flüsterte Ada. »Was sollen wir hier?«

Linde blickte zum Himmel, ohne ihren Kopf zu bewegen. Es hieß zwar, es solle »den Mädchen« erspart bleiben, dem öffentlichen Erhängen beizuwohnen, aber wie hätte sie Ada so etwas Lächerliches sagen sollen? Und seit wann wurden sie auf das Niveau »Mädchen« hochgestuft?

»Sie wollen sich wohl um unsere Weiblichkeit kümmern«, sagte Linde schließlich und war dankbar dafür, dass Ada nicht nachhakte.

Die aufmerksam Lesenden unter euch werden sich möglicherweise fragen, wie ein KZ-Zimmer überhaupt ein Geschehen bezeugen kann, das vor den Toren Doras stattfindet. Recht hättet ihr. Ich muss euch um noch ein wenig Geduld bitten. Richtig ist, dass die Sechsstelligen an jenem Morgen vor dem Tor standen und sich tatsächlich bemühten, wegzuhören. Dennoch sahen sie alle vor ihrem inneren Auge, wie die Leichen, wie stolze Reichsfahnen, im Winde flatterten. Alle, außer Ada und Linde. Sie tauschten, wie fast immer, Rezepte aus:

»Kaiserschmarrn!«

»Aber mit oder ohne Vanillesoße, Bärchen?«

»Egal. Hauptsache Rum!«

Fast gleichzeitig hielt ein Mercedes Benz W 138, Baujahr 1937, an dem Kontrollpunkt neben der Einfahrt zum Lager. Der frisch polierte schwarze Wagen glänzte, als hätte man versucht, den gesamten seit Kriegsbeginn angesammelten Dreck von ihm zu entfernen. Ein feiner, ernst aussehender, uniformierter Mann, saß auf dem hinteren Sitz des Fahrzeuges und schaute gleichgültig aus dem Fenster. Zwei SS-Offiziere sprachen den Fahrer in Staccatotönen an. Er ließ sich von ihrer cholerischen Art nicht beeindrucken, alle an ihn gerichteten Fragen wurden sachlich und gelassen beantwortet:

– Sie seien auf dem Weg in den Stollen.
– Sie hätten alle erforderlichen Unterlagen dabei.
– Selbstverständlich könne der Kofferraum durchsucht werden.

Und während die zwei Offiziere sich rund um das Automobil wichtigmachten, starrte der Fahrer durch die Frontscheibe in die Ferne. Sein Blick war geruhsam und unerschütterlich, somit passte er wie angegossen in die verräterische Landschaft: prächtige Felder, so weit das Auge sehen konnte, stolze Rotbuchen, die über den Horizont ragten, und eine hartnäckige, vorgetäuschte Friedlichkeit. Die einzige Regung seinerseits war, dass er sich diskret die Nase rieb.

»Wusste ich doch!«, zischte Linde.

»Hmm?«

»Schau mal, der ist neu hier.«

Ada schielte auf die steife Person hinter dem Steuerrad. Ihr fiel nichts Besonderes auf. Er war ein Mann, der seine Befehle ausführte, wie jeder andere hier auch.

»Er riecht unsre Luft zum ersten Mal …«, flüsterte Linde weiter und verstummte, als die SS-Offiziere mit ihrer Inspektion des Wagens fertig wurden.

– Ein ordnungsgemäßer Zustand sei bestätigt worden.

– Es könne gleich weitergehen.
– Es fehle nur ein Stempel.
Der Fahrer presste seine Lippen so lange zusammen, bis sie zwei dünne Linien wurden und seine Wangen verblassten.

Im März 1945 hatte der Gestank Doras eine besondere Qualität erreicht. Die Fäulnis hing in der Luft, klebte an der Haut, floss durch die Atemwege. Es roch nicht direkt nach Tod. Es roch auch nicht nach Folter oder gar Mord, denn das sind Angelegenheiten, die nur selten – und definitiv nicht über menschliche Sinne – wahrnehmbar werden. Nein, das, was mit Angst und Verzweiflung auf dem Appellplatz angefangen hatte – ein Duft, der 1943 vor allem am Eingangstor klebte –, war inzwischen weit über die Zäune Doras hinausgeweht. Eine immerwährende, entsetzliche Wolke hing über jeder einzelnen in und um Kohnstein lebenden Person – ja auch über denjenigen, die später behaupten würden, sie hätten von nichts gewusst.

Einige Wochen vor ihrer Verhaftung hatte sich Linde Hals über Kopf verliebt – für ihre bereits verheirateten Freundinnen eine große Überraschung. Bis dahin hatte Linde bloß wenige kleine Affären gehabt, in der festen Überzeugung, dass sie für den Rest seines Lebens mit ihrem pflegebedürftigen Vater würde zusammenwohnen müssen. Gewöhnlich blieb die Papierrolle, die an ihrer Wohnungstür hing, über Jahre hinweg unbenutzt. Und dann, eines Tages, als sie erschöpft und hungrig von der Arbeit nach Hause kam, sah sie eine hingekritzelte Botschaft. Sie erkannte die Handschrift nicht und kaute an ihrem Daumennagel, während sie las. Und noch einmal las. Sie traute ihren Augen nicht.

Rainer war der Besitzer eines Lokals, das nur wenige Schritte von der Gänseliesel entfernt lag. Genau wie er auf dem Zettel an der Haustür angekündigt hatte, stand er am folgenden Tag um Punkt dreizehn Uhr neben jener Brunnenfigur mit drei roten Rosen in der Hand.

»Ich wusste nur«, würde er später erklären, »dass ich dich einmal alleine sehen musste.«

Von dem Moment an waren sie unzertrennlich. Sie träumte davon, als gestandene Wirtin täglich an der Seite ihres Ehemannes zu arbeiten, und er kratzte seine gesamten Ersparnisse zusammen, um den bescheidenen Ring an ihren Finger stecken zu können. Lindes Vater war auch wunschlos glücklich. Er öffnete alle paar Tage eine neue Flasche des guten Schnapses, erzählte einen Kalauer nach dem anderen und lachte von allen Versammelten jedes Mal am lautesten. Selig war er, selig! Bis er Linde eines Abends ohrfeigte, nachdem er erfahren hatte, dass der Rainer »Halbjude« sei und dass seine einzige Tochter auf dem besten Wege war, zur »Rassenschänderin« zu werden.

Manche Sachen sollen nicht übers Knie gebrochen werden. Die Wohnungssuche zum Beispiel. Oder die Hochzeitsplanung. Junge Paare nehmen sich zu Recht für solche Entscheidungen alle Zeit, die sie brauchen. Dafür müssen andere Sachen in Windeseile passieren. So erging es Linde und Rainer. Ihm wurde umgehend die deutsche Staatsangehörigkeit aberkannt, sein Geschäft wurde beschlagnahmt, und sie saß in Polizeigewahrsam, noch bevor sie ihren Verlobten fragen konnte, was ein Halbjude überhaupt sei.

An den Gedanken, dass sie Rainers schöne Schrift nie wieder lesen würde, hatte Linde sich relativ schnell gewöhnt. Die Erkenntnis, dass sie nach Siebenunddreißig nicht mehr als Ehefrau taugen würde, kam ebenfalls innerhalb ihres ersten Monats in Dora. Und der für Außenstehende befremdliche Geruch gehörte für sie auch zum unveränderlichen Alltag. Nur an der Reaktion von Menschen wie dem Fahrer merkte sie überhaupt, dass ihr Geruchssinn nachgelassen hatte.

Vermutlich fing deswegen ihre Nase an zu jucken. Sie wartete den am wenigsten auffälligen Moment ab, hob die linke Hand und hielt sich mit ihrem Ärmel die Nase und den Mund zu. Sie nieste. Der Gleichgültige auf dem Rücksitz im Auto hätte sie unmöglich hören können, dennoch schaute er im entscheidenden Augenblick in ihre Richtung. Es glänzte um

Lindes Armgelenk. Er sah es. Und sie wusste, dass er es gesehen hatte. Dieser qualvolle Moment zwischen Einsicht und Strafe: fast schlimmer als die zu erwartende Folter an sich, denn die Phantasie erkennt die Grenzen des Möglichen nicht …

Lindes Augenlider erstarrten.
Die Zeit kroch
so langsam wie
jene ewigen Sekunden
im Ravensbrücker Stehbunker.

So langsam wie
die erste Minute,
die sie dort
in der Scheiße
stand, im Dunkeln.

So langsam wie
das Gefühl vom
Ersticken
Erfrieren
Einschlaf…
»Wieder kackst du!«
die Frau links,
die leise weint,
ein brauner Fluss
bemalt ihr Bein,

die Frau rechts
mit ihrer Schulter
in Lindes Rücken,
ein schleichender Tod
bedeckt ihre Träume,
und das, bis
die Morgenglocke ertönt.
Die zweite Minute –

so langsam wie
die erste.

Schließlich richtete er seinen Blick zurück auf die diversen, noch unsortierten Unterlagen neben ihm auf dem Rücksitz – lange genug, damit Linde ihre Hand Stück für Stück herabgleiten lassen konnte. Erst als ihr Gelenk wieder vom Ärmel bedeckt war, konnte sie einatmen. Die kalte Luft betäubte ihre Kehle. Linde schaute zu Boden, konzentrierte sich auf das Murmeln unter den Sechsstelligen, das Zwitschern von vorbeifliegenden Vögeln … alles, was ihr immer noch pochendes Herz übertönen konnte. Die Schüsse vom Appellplatz verstummten – Mittagsruhe also. Gleich würden die Sechsstelligen den Befehl erhalten, den steinigen Weg zurückzugehen, vorbei an den Gestreiften, die weiterhin mit ausgestreckten Armen und schmerzverzehrten Gesichtern ausharren würden.

Sekunden bevor der Wagen in den ersten Gang geschaltet wurde und das Brummen des Motors sich änderte, erhaschte Linde den Austausch zwischen Ada und dem Mann auf dem Rücksitz. Beide starrten einander ausdruckslos an. Sie hielten Augenkontakt, auch nachdem der Fahrer langsam anfuhr. Das Auto hinterließ frische Spuren im Matsch.

»Dicke?«, flüsterte Linde, als nur noch die Auspuffgase in der Entfernung zu sehen waren, als das Grau des Tages sich langsam auflöste.

»Dicke, kennst du ihn?«

Adas Blick blieb unverändert, ihre Augen verglasten.

»Nein, Bärchen«, antwortete sie schließlich. »Noch nicht.«

Unter den Betrogenen

Stratford-le-Bow, März 1848

Ich hatte Lizzie zu mir gerufen – nicht auf die gewöhnliche Art und Weise, wie ihr mit euren schrillen Zungen. Ich hatte sie auch nicht mit einem stumpfen Klopfen zu mir geholt. Sie schlief diesmal nicht unweit der Eingangshalle, am Fuß der Wendeltreppe, wie sie es sonst immer tat, wenn ihre Herrin sich heimlich mit Mr. Dickens traf. Es wäre egal gewesen, wie oft er mit dem Mundring gegen die hölzerne Haustür geschlagen hätte – sie hätte den Klang nicht gehört. Lizzie hatte einen bemerkenswert leichten Schlaf, es ist wahr, doch am Tag davor, kurz nachdem sie Lady Ada das Frühstück serviert hatte, hatte ich gesehen, wie sie 37 Battersea Road verließ. Ja, selbst ich mit meinem störrischen Kopf und meinen Augen aus Messing, selbst ich erkannte ihren Schmerz.

Es hatte ruhig angefangen, wie an jedem anderen Morgen auch. Lizzie hatte die Vorhänge im Schlafzimmer aufgezogen, nachdem sie das Frühstückstablett mit einem Lächeln auf das Bett ihrer Herrin gestellt hatte. Ihre Augen schweiften durch das Zimmer – die Blumen könnten bald ausgetauscht werden, ansonsten war alles in bester Verfassung. Die Teekanne blies noch Wölkchen aus der Tülle, und Sonnenlicht strömte durch die offenen Fenster. Lady Ada wurde geweckt und hatte gedankenverloren an einer Käsescheibe geknabbert, als Lizzie ihren Mantel zuknöpfte.

»Bin morgen rechtzeitig zum Mittagessen wieder da«, zwinkerte sie. Um Lady Ada und ihrem »besonderen« Gast ein wenig Privatsphäre zu erlauben, hatte Lizzie einen Übernachtungsbesuch bei ihrem Bruder eingerichtet.

»Was soll ich zum Kochen mitbringen?«

Lady Adas Antwort darauf war unsäglich. Lizzie hatte ihre Herrin nur mit offenem Mund anstarren können – und das sollte etwas heißen, denn die beiden hatten in letzter Zeit so viel zusammen durchgemacht. Oder hatte Lady Ada nicht ihre erheblichen Spielschulden endlich Lizzie gegenüber offenbart? Hatte Lizzie nicht den eigenen Ruf mehrmals riskiert, um die teuersten Schmuckstücke ihrer Herrin zu verpfänden? Hatte Lady Ada nicht erst am Abend zuvor unter Tränen ihre Verzweiflung Lizzie anvertraut? Hatte sie nicht Lizzie erlaubt, sie in den Arm zu nehmen? Wie eine richtige Freundin? Hatte Lizzie sich so getäuscht?

Obwohl Lizzie es geschafft hatte, ihren Mund wieder zu schließen, weigerte sich alles in ihrem Körper, das Offensichtliche zu akzeptieren. Kurz bevor sie das Haus verließ, hatte Lizzie ihren Zeigefinger auf die untere Lippe gelegt und vergeblich nach einem Stück Nagel gesucht, das sie hätte abbeißen können. Aus Versehen hatte sie stattdessen etwas Haut abgenommen.

»Mist!«

Sie schüttelte ihre rechte Hand so kräftig wie es nur ging, wurde dennoch ihr mieses Gefühl nicht los.

Hatte Ada wirklich »Kartoffeln« gesagt, höre ich euch fragen. Die feine Lady Ada? Nach all diesen Jahren? Nach all dem Leid, nach all der Trauer? Leider ja.

Es bestand kein Zweifel daran, dass Ada um die Knollenfäule, die Irland befallen hatte, wusste. Die Berichte waren allgegenwärtig, die armseligen Neuankömmlinge auch. Die Straßen Londons waren überlaufen von Kindern, die Orangen verkauften, und Jungen, die Backfisch klauten, und Frauen ohne Geld, die auf öffentlichen Plätzen schliefen, und Männern mit Geld, die vor geschlossenen Kneipen warteten. Knochengestalten, alle, lediglich mit Haut und Haar und Lumpen bedeckt.

Es wäre für Ada am allereinfachsten gewesen, die gesamte Misere nicht wahrzunehmen. Wie ihre Claras, Lucys und Henriettas hätte auch Ada von Salon zu Salon schweben, ihre Tage mit Klavierspielen,

Briefeschreiben oder Blümchensticken verbringen können, ohne sich Sorgen zu machen über Dinge, die sie nie am eignen Leibe erleben würde. Aber aufgrund ihrer »besonderen Freundschaft« wusste Ada leider zu viel. Sie bemühte sich sehr, doch das Erzählte war nicht ungehört zu machen. So musste sie sich mit der zweiteinfachsten Lösung zufriedengeben: ihr Herz totzustellen.

Ada war bekannt, dass Lizzie vor ungefähr zwei Jahren aus Irland nur eine große Tasche und einen kleinen Bruder hatte mitbringen können. Sie wusste auch, dass Lizzies Eltern zu schwächlich gewesen waren, um die Flucht nach England mitanzutreten. Und wie hätte Ada vergessen sollen, dass »Ma und Pa« einige Wochen später im Armenhaus verhungert waren? An dem Tag, an dem Lizzie die Nachricht erhielt, hatte sie sich von ihren Pflichten im Haushalt entschuldigt und vergeblich versucht, ihr Schluchzen zu dämpfen. Die Wände waren verräterisch dünn.

Wo die restlichen Geschwister verblieben waren? Ada hatte damals nicht nachgefragt. Tatsächlich hatte sie weder in dem Moment, noch in den Tagen und Wochen danach, Worte des Trostes gefunden. Nicht aus Boshaftigkeit. Das scheinbare Desinteresse am Privatleben ihrer Zofe war nicht vorsätzlich. Ada hatte 1848 nur noch nicht gelernt, dass nicht alle Probleme sich mit einer mathematischen Formel lösen ließen. Den Scherz über Kartoffeln machte sie, weil Ada das Schamgefühl, das sich in ihr breitmachte, weder einordnen noch eindämmen konnte. Es raubte ihr den ruhigen Schlaf, es nagte an ihrer Contenance, es ließ sie stolpern und stottern. Einmal hatte sie deswegen vor Lizzie weinen müssen. Sicherlich, sehr unangenehm. Aber hätte sie nur einen weiteren Moment ausgehalten

und innegehalten,

wäre es auch Ada klar geworden, dass Lizzies Leid unermesslich größer als ihr eigenes war. Ein langer Weg stand Ada bevor.

Aber es war Lizzie, die an dem Morgen das Haus verließ.

Noch auf der Eingangstreppe hatte sie ihre Haube fixiert und mit zusammengebissenen Zähnen geschimpft:

»Ich Rübe!«

Einfach weg, dachte sie, und ging, bevor ihre Herrin auf weitere Schnapsideen kommen würde. Durch das Tor, auf die Straße, weder nach rechts noch nach links geschaut – und den Schornsteinfeger fast mitgenommen.

»Oi!«

Der Jugendliche hatte es geschafft, seine gesamte Ladung unter Kontrolle zu halten – alles, bis auf die eine Bürste, die sekundenlang wippte, bevor sie schließlich doch von seiner Schulter fiel.

»Oi!«, schrie er noch einmal. »Hebst du das auf?«

Er deutete auf die Bürste, die in einen Haufen Mist gefallen war. Lizzie schaute von der Bürste zurück zum Jungen und schnaubte. Sie hatte zunächst angesetzt, einfach weiterzugehen. Seinen Wortschwall hatte sie nicht einmal mit einer Erwiderung würdigen wollen. Aber als der Junge ihre Eltern verfluchte – da landete ihre rechte Handfläche in seinem Gesicht.

»Noch ein Wort!«, drohte sie, ihre Zeigefinger stramm vor seiner Nase. »Noch ein Wort. Ein Wort! Und ich verspreche, es ist das letzte aus deiner Drecksfresse!«

Ganze vier Schritte stolperte er zurück. Dabei schaute er sich in der Hoffnung auf Beistand um. Doch keiner sah zu. Pferdehufe klipp-klapperten weiterhin, Kinder zankten weiterhin, Erwachsene eilten weiterhin aneinander vorbei. Ratten klauten, Katzen jaulten, und weiße Männer mit schwarzbemalten Gesichtern freuten sich am Applaus für ihren nachgeahmten Spiritual-Gesang. Erst als Lizzie die Straßenecke erreicht hatte, schimpfte er ungehemmt los, der Schornsteinfeger. Er stellte die Bürsten an eine Wand und murmelte etwas über die »dreckige Irin«. Je größer die Entfernung zwischen Lizzie und ihm, desto bunter seine Flüche.

Die Beleidigungen prallten von ihr ab. Was konnte der Engländer ihr noch antun, was andere ihr nicht bereits angetan hatten? Wie so viele in London, die sich gezwungen sahen, ihre ursprüngliche Heimat zu verlassen, fühlte sich Lizzie um ihr Menschsein betrogen. Mehr war von diesen – wie hatte Ma sie immer genannt? – Sassenachs! Genau. Lizzies Augen wurden feucht. Mehr war von ihnen nicht zu erwarten.

Am liebsten hätte sie sich in der Battersea Road nie wieder blicken lassen. Verständlich. Trotzdem hatte ich sie zurückgerufen. Aber geräuschlos. Durch ihren nagenden Zweifel habe ich an ihr Gewissen appelliert. Sie sollte weder zu früh noch zu spät in der Battersea Road eintreffen, darum rief ich sie erst, als sie bei Alfie war.

Lizzies Bruder, benannt nach seinem Pa, war unfassbar dürr. Es war, als hätte sich sein Körper geweigert, sich von dem Schrecken jener Hungersnot zu erholen, die sein erstes Leben verwüstet hatte. Alfie nannte es sein erstes Leben. Tatsächlich war es bis dahin überhaupt kein Leben gewesen. Hin und wieder konnte er eine einzige verschwommene Erinnerung wachrufen – wie er auf einem Feld hockte und ein paar Handvoll noch mit Matsch bedeckte Grasbüschel in den Mund stopfte. Das Bild kam ihm allerdings immer seltener in den Sinn und würde in wenigen Jahren sogar gänzlich ausbleiben.

Alfies »zweite Geburt« geschah nach einer stürmischen Überquerung des Kanals, als er seinen Fuß auf Südwales setzte. Er schätzte sein eigenes Alter auf sechzehn, vielleicht siebzehn Jahre, aber immer, wenn er musste, gab er sein Geburtsjahr mit 1845 an – ausgehend von jenem eisigen Novembertag in Newport, an dem er tränenüberströmt seinem himmlischen Vater für die zweite Chance dankte, die ihm und seiner ältesten Schwester geschenkt worden war.

Alles, was er hatte, war Lizzie.

Aber seitdem sie angefangen hatte, für Lady Ada zu arbeiten, verbrachte Lizzie die meiste Zeit in Ockham, gute vier Stunden weit weg von Alfies … und hier fehlt ein Wort. Es kann unmöglich von einem Zuhause gesprochen werden. Immerhin gab es, dort wo er wohnte, so etwas wie ein Dach über seinem Kopf, aber sonst fehlte alles, was ein Zuhause haben sollte. »Sein« Zimmer teilte er mit drei Familien, darunter sieben grunzende Kinder und zwei Schweine. Es gab kein Bett, nicht einmal so etwas wie eine feste Ecke. Die seltenen Briefe, die er von seiner Schwester bekam, nahm er überallhin mit.

Lizzie erreichte den Church Street Market, als die Abendsonne begonnen hatte, Spuren von Rosa und Orange in den Horizont zu tupfen. Sie wartete, wie angekündigt, am Markteingang direkt neben dem Fischstand von Charlie Huckle.

»Alles in Ordnung, Lizzie?«, grinste er, als er in den Eimer voller lebender Aale griff.

»Könnte schlimmer sein, Charlie Huckle«, antwortete sie. Aber die Wahrheit war, dass sie sich genauso miserabel fühlte, wie das arme Tier, das gerade gepackt und auf dem Holztisch ausgestreckt wurde. Charlie Huckle – so hieß er stets, niemals nur »Charlie« oder »Huckle« – wischte sich über die Stirn, bevor er sein Messer kräftig auf den Tisch schlug.

»Aye«, nickte er. »Schätze, viele würden dir zustimmen, Lizzie.«

Die Innereien wurden entfernt und samt frisch getrenntem Kopf weggeschabt. Der Mund des Aals bewegte sich noch, so als ränge er nach Luft.

Lizzie schaute Charlie Huckle gerne bei der Arbeit zu. Es war sowieso kaum möglich, andere Menschen auf dem Markt zu sehen. Diejenigen, die mehr als drei Marktstände entfernt waren, verschwanden in dem üblichen dichten, gelblichen Nebel. Lizzies Meinung nach übertrieb es Charlie Huckle ein wenig mit dem Kleidungsstil, aber sie sagte ihm das nicht mehr. Über die Jahre hatte sie sich an die schwarze Melone, die stets leicht zur Seite auf dem Kopf balancierte, gewöhnt. Sein wogendes Haar wurde immer weißer, im Gegensatz zu seiner Schürze, die dermaßen mit Blut und Kot bedeckt war, dass es sich für ihn nicht mehr lohnte, die Hände daran abzuwischen.

Charlie Huckle sang oft und gerne, während er arbeitete. Hauptsächlich für die Straßenkinder. Sie freuten sich, wann immer er ihre Lieblingslieder über freche Burschen und zornige Mütter anstimmte.

Besonders, weil er dabei die Stimme so lustig verstellte – er erreichte die hohen Töne einer kreischenden Hausfrau mühelos. Manchmal schenkte er ihnen auch einen Fischschwanz oder eine Handvoll Muscheln, manchmal auch nicht. Gutgelaunt war er immer.

Augenblicklich war er in einen Kampf um die Kontrolle des noch zappelnden Aals verwickelt, die Kinder mussten sich einen Moment gedul-

»Um Gottes willen!«

Lizzie schrak von der Holzbank hoch. Aus heiterem Himmel war ihr eine schmale männliche Hand auf die Schulter gefallen. Sie drehte sich um und fasste sich ans Herz: Alfie.

Alfie!

Lizzie gab eine Reihe ihrer buntesten Ausdrücke von sich, einige so bildlich, dass sogar Charlie Huckle einen Moment lang aufhörte zu singen. Durch ihr rotes Gesicht, ihre aufgerissenen Augen, und das, was er beim Lippenlesen verstand, bekam Alfie eine recht gute Vorstellung davon, was sie ihm entgegenbrüllte. Er grinste, als sie den Kopf schüttelte und die Lippen spitzte. Und je breiter das Grinsen, desto weniger konnte sie den Zornesblick aufrechterhalten. Schließlich zog Lizzie ihren Bruder an sich, drückte ihre Wange auf seine und warf ihre Arme um seinen kargen Körper.

Kaum zu glauben, dass er noch schlimmer roch

als bei ihrem letzten Besuch. Er trug das gleiche schäbige Hemd, aber die wenigen Stellen, an denen es keine Löcher gab, waren jetzt mit Kohlenstaub bedeckt. Vor stürmischen Tagen und bitterkalten Nächten schützte ihn seine Jacke, die immer noch viel zu klein war, und die immer noch fadenscheinige Stellen an den Ellenbogen hatte, mehr schlecht als recht. Die »neue« Hose hatte er offensichtlich von einem Mann geerbt, der doppelt so breit war wie er; ein abgenutztes Stück Seil musste für einen provisorischen Gürtel reichen.

Alfie lachte und drehte eine Pirouette, bevor er ihr einen zerknitterten Zettel überreichte. Während sie las, wurden ihre Augen immer größer.

»*Lord King?* Bist du wirklich sicher?«

Sie wiederholte das Handzeichen für »wahr?«, dabei zitterten ihre Hände. Alfie nickte, aber so langsam, dass Lizzie es verpasste. Sie tippte ihm auf die Schulter.

»Alfie?«

Er seufzte, rieb sich die Augen, justierte ein Paket geräucherten Schellfisch unter seinem Arm und signalisierte mit den Händen: »Ich würde das Arschloch überall erkennen.«

Eigentlich arbeitete Alfie bei einem Kohlenauslieferer, aber seit die Unruhen in Frankreich ausgebrochen waren, machte sein Chef ein einträgliches Zusatzgeschäft mit dem Transport von verzweifelten

Menschen. Die, die aus finanziellen Gründen keinen Sitz im Zug bekamen, störten sich nicht an den Kohlensäcken; und die, die es sich nicht leisten konnten, im Zug erkannt zu werden, erst recht nicht.

Manchmal fuhr Alfie mit zwei Kollegen mehrere Stunden Richtung Dover und kehrte am Ende des Tages mit weitaus mehr Fahrgästen, als er sicher transportieren konnte, zurück. Seit Wochen wimmelte die Strecke nach London von Flüchtenden. Jung, alt, krank, aber selig, erschöpft und dankbar, in Familiengruppen, in Paaren oder einzeln – sie sahen alle aus, als hätten sie nur knapp die Apokalypse überlebt. In dem ganzen Trubel hatte für Alfie eine Person besonders herausgestochen. Er war an einer Raststätte in Maidstone mit seiner überheblichen Ausstrahlung kaum zu verkennen.

»Aber warum ist er nicht mit dem Zug gefahren?«

Alfie hatte mit den Schultern gezuckt, was Lizzie ärgerte, denn es hatte gewirkt, als hätte er keine Lust, mit ihr weiterzureden. Doch er hatte einfach kurz nachgedacht, während sie den Markt verließen. Offenbar sei Lord King ohne jegliches Gepäck, von einer Kutsche zur nächsten geflitzt. Alfie hätte ihn ignoriert, nur einer von den Jungs habe »William King – Surrey« auf das Stück Papier geschrieben, das Lizzie in der Hand hielt, und es Alfie unter die Nase geschoben.

»Surrey?«

Alfie nickte. Demnach war Lord King davon ausgegangen, dass seine Frau in Ockham sei. Etwas Zeit hatte Lizzie also noch.

»Und ihr wolltet ihn nicht mitnehmen?«

Alfie lachte.

»Mitnehmen? Ich würde nicht auf ihn pissen, wenn er in Flammen stehen würde.«

Die Zeichen für »Feuer« hatte er besonders in die Länge gezogen und dabei seinen Fisch fast auf den Boden fallen lassen.

»Hast du gesehen, wer ihn mitgenommen hat?«

Lizzies Bewegungen waren nicht so flüssig und sicher wie die ihres Bruders. Im Gegensatz zu ihm kommunizierte Lizzie fast nie mit Gebärden. Während sie gemeinsam die New Road überquerten, überlegte sie, ob sie das Zeichen für »mitnehmen« richtig gemacht hatte. Ein Junge, der mitten auf der Straße mit offenem Mund vor dem Geschwisterpaar stehen geblieben war, hätte im Normalfall ein hässliches Fingerzeichen von Alfie kassiert, diesmal aber wurde der Gaffer kommentarlos zur Seite gestoßen. Alfie war auf seine Schwester fokussiert. Er kniff seine dunklen Augen zusammen.

»Warum um alles in der Welt kümmert es dich?«, fragte er.

Lizzie hatte weggeschaut, denn sie konnte es sich selber nicht erklären. Sie hatte keine Ahnung, dass ich sie rief. Letztendlich schob sie ihren Unmut darauf, dass sie sich, trotz allem, immer noch um ihre Herrin sorgte. Sollte Mr. Dickens noch bei ihr sein, wenn Lord King dort ankäme, konnte Lizzie sich nicht vorstellen, dass Lady Ada aus der Konfrontation unversehrt herauskommen würde.

»Lord King kann echt rasend werden.«

Alfie hatte daraufhin noch einmal mit den Schultern gezuckt. Das passierte oft, wenn es um die Kings ging. Wie Alfie sie hasste. Nicht nur, weil sie aus England waren – obwohl das Grund genug gewesen wäre –, sondern vor allem wegen ihrer Verlogenheit. Als Adlige hatten sie Blut an ihren Händen, gleichzeitig hielten sie sich für zivilisiert. Und sie handelten, als bestünde darin kein Widerspruch. Es war Lizzie nicht möglich, Alfie ihre Angst zu erklären, sie wusste nur, sie musste dringend zurück.

»Was ist mit dem Treffen?«, fragte er.

Lizzie fluchte. Selbstverständlich war es ihr entfallen. Mir aber nicht. Es lief alles nach Plan.

»Geh bitte für mich dahin«, appellierte Alfie. »Unsere einzig realistische Chance ist, uns strategisch zu verhalten.«

»Strategisch, ja – aber mit den Engländern?«

»Mit den *Arbeitern*«, korrigierte er.

Alfie strich seiner Schwester über den Arm und packte sein Abendessen in seiner Jackentasche weg. Eine Gruppe von Kleinkindern torkelte über den Portland Square. Ein barfüßiger Junge mit einem besonders schmutzigen Mund blieb vor Alfie stehen und winkte ihm zu. Lizzie schüttelte den Kopf.

»Du träumst. Wir haben selber nichts.«

»Wir haben wenigstens Essen!«

Seine Hände flogen von seiner Brust zum Mund, der kleine Junge machte es ihm nach. Lizzies Finger konterten:

»Trotzdem kriegen wir von hier aus keine verdammte Revolution in Irland organisiert!«

»Was zur …?« Alfies Wangen wurden so rot wie seine Augen. »Wir *müssen* helfen!«

Beide hatten recht, fand ich. England *war* mit dem Missbrauch Irlands zu lange davonkommen; der Aufstand war längst überfällig. Dass es Alfie *sowohl* um die Zukunft, *als auch* um die Gerechtigkeit ging; das alles leuchtete mir ein.

Andererseits war da Lizzies Erschöpfung. Die bereits aufgebrachten Kosten waren eindeutig zu hoch; es müsste endlich um Schadensbegrenzung gehen. Einige Schlachten würden nie zu gewinnen sein. Vergeblich blinzelte Lizzie ihre Tränen zurück.

»Nein! Nicht wir müssen helfen!«, brüllte sie. »*Sie* müssen fliehen!«

Ein Säugling kreischte. Lizzie schaute hinter sich und sah, wie eine junge Frau, die das verstörte Baby in ihren Armen wog, Lizzie mit flammenden Augen anstarrte. Lizzie wandte sich wieder Alfie zu:

»Wenn Ma und Pa das auch gemacht hätten, wären sie nicht auf irgendeinem gottverlassenen Drecksfeld in der eigenen Scheiße verreckt!«

Ihre rechte Hand zur Faust gemacht, fuhr sie mit dem ausgestreckten Daumen über den Hals. Sie bereute es sofort. Nun tanzten sämtliche kleine Kinder um sie herum und zogen geballte Fäuste und ausgestreckte Daumen an ihren eigenen Hälsen vorbei. Alfie bewegte sich erst nach einigen Sekunden wieder.

»Geh hin.«

»Alfie …«

»Für mich. Was soll ich denn da? Wir wissen beide, dass Hörende nur mit anderen Hörenden rechnen.« Er hielt seine Hände Lizzie entgegen.

Lizzie nickte. Erst müde, dann entschlossen. Alles, was sie hatte, war Alfie.

So kam es, dass Lizzie am späten Abend noch an einer langwierigen Sitzung des Chartistischen Frauenverbandes teilgenommen hatte – bis alle anwesenden Männer mindestens eine der anderen Wortmeldungen kommentiert hatten; bis alle Argumente pro und contra des Frauenwahlrechts ausgetauscht worden waren; und bis ein grauhaariger, an seinem kräftigen Akzent erkennbarer deutscher Flüchtling mit seinem nicht enden wollenden Referat zur Entmenschlichung des Proletariats durch die industrielle Revolution Großbritanniens endgültig den Rahmen gesprengt hatte. Selbst wenn sie es gewollt hätte, hätte sie Alfies Wunsch nicht nachkommen können.

Erst nach Mitternacht, als das Treffen endlich vorbei war, konnte sie meinem Ruf folgen und die lange Strecke quer durch London zurück zur Battersea Road antreten.

*

Lizzie stand also gegenüber vom Haus, leicht versteckt, und hatte gepfiffen. Zweimal kurz und schrill, wie mit ihrer Herrin verabredet, weil es ein Notfall war. Zunächst schien es Lizzie, als wäre ihr Zeichen sofort vernommen worden, denn als Lady Ada zum Fenster kam, hatte sie ihren Kopf leicht zur Seite gedreht und sämtliche gegenüberliegende Grundstücke intensiver abgesucht. Aber noch als Lizzie ihre Hände aneinanderrieb, noch als die winzigen Wolken, die aus ihrem Mund stiegen, in der Morgendämmerung verpufften, noch als sie ungeduldig von einem Fuß auf den anderen stapfte, driftete Lady Ada vom Fenster weg, als wäre nichts gewesen. Hatte sie das Signal nicht gehört? Oder nicht verstanden? Oder gar ignoriert?

Mit den Zähnen riss Lizzie kleine Stücke vom Rand ihres rechten Daumennagels ab. Sie hätte noch einmal gepfiffen, diesmal kräftiger und schriller, und dadurch die zarten Melodien der Straße zerstört, aber gerade rechtzeitig sah sie, wie Lord King aus der Gasse neben dem Haus hervortrat und sich der Eingangstür näherte. Himmel, war er hager geworden! Kantig und rau. Seine Haarspitzen streiften seine Wangen, klebten an den Ohren, seine Augen waren dunkel und leer. Noch nie hatte Lizzie ihn ohne einen perfekt gepflegten Oberlippenbart gesehen. Jetzt hing er erschöpft herunter. Als er sich die Treppen zum Haus hochschleppte, bemerkte sie die kahle Stelle am Hinterkopf, die er sonst stets bemüht war, mit seinen spärlichen Haarsträhnen zu bedecken. Im Hintergrund grollte der ankommende Sturm.

Weniger als dreißig Sekunden später ging die Haustür auf. Lizzie drehte sich weg und lief ein paar Schritte weiter, bis zur Straßenecke. Warum sie nicht früher gekommen war, warum sie nicht sofort in die Battersea Road geeilt war, fragte sie sich. Sie machte sich solche unnötigen Vorwürfe. Mit beiden Handflächen presste sie ihre Augen zu.

»Ich Rübe!«

Die Luft roch nach einer herben Mischung aus feuchtem Laub und geschwollenen Wolken. Als die ersten Tropfen fielen, schaute sie über ihre Schulter auf die Haustür zurück. Sie sah mich, aber ansonsten war der Eingang leer. Lord und Lady standen nicht mehr auf der Türschwelle. Damit war alles klar. Höchste Zeit, das Armband aus dem Versteck auszugraben.

Eine Zeitlang hatte es Walde gut gefallen, dass manche seinen Namen zu »Al« verkürzten, denn er hatte den gar nicht so heimlichen Wunsch gehegt, in die Staaten auszuwandern, um dort eine glänzende Karriere als Gangster zu machen. Sein großes Vorbild: Al Capone. Gern glaubte Walde, dass Capone und er bestimmte Qualitäten hätten, die sie zu Seelenbrüdern machten. Zum Beispiel hatten sie beide ein rundliches, aufgedunsenes Gesicht, welches von gegeltem schwarzem Haar umrandet war. Und die dunklen, fetten Augenbrauen, die fast zusammengewachsen über ihren versunkenen Augen hingen – sie sahen fast identisch aus! Sie waren sogar beide am gleichen Tag zur Welt gekommen, kurz vor der Jahrhundertwende, an einem bitterkalten Januarmorgen – der eine in New York City, der andere in einer rastlosen Stadt namens Vilnius. Walde hatte damals den Namen »Al« mit Stolz getragen, und 1945 hätte er sicherlich immer noch darauf gehört, hätte er dieses eine Vertrauensproblem nicht. Denn wie Walde selbst, kam der Entertainer Al *Jolson* auch ursprünglich aus Litauen. Wirklich. Walde war aber nicht davon zu überzeugen.

Er war noch nicht so lange in Göttingen gewesen, höchstens eine Woche, als er das erste Mal die Frage: »Al? Wie der Bursche in *Der Jazzsänger*?«

hörte. Damals schuftete er vom Morgengrauen bis spät abends am Markt, meistens beim Fischhändler, und sicherte sich somit wenigstens eine Mahlzeit am Tag. Deswegen hatte er noch nicht einen Fuß in ein Lichtspieltheater setzen können. Phantasiewelten interessierten ihn nicht, aber jene Filmplakate, die 1929 vor allem in der Barfüßerstraße hingen, waren ihm doch aufgefallen. Die Karikaturen des Jazzsängers mit erhobenem Kopf, ausgestreckten Armen und offenem Mund gehörten zu seinen markantesten Eindrücken jener Zeit. Er war irritiert von der einheitlichen Schwärze des Haares und Körpers, das leuchtende Rot der Lippen, das strahlende Weiß der Augen, Zähne und Handschuhe, alles vor dem gelblich-orangenen kreisförmigen Hintergrund.

Als er das zweite Mal auf seinen Namen angesprochen worden war, wurde er stutzig. Es war kein eindeutiger Hohn, sonst hätte Walde sofort zugeschlagen, dennoch hing das Grinsen auf den Lippen seines Gegenübers etwas zu lang, um wirklich unschuldig gemeint zu sein. Walde nahm sich vor, jenen Film endlich mit eigenen Augen zu sehen, und eilte nach seiner Schicht direkt dorthin. Leider gelangte er viel zu spät in die hinteren Reihen, als die Filmvorführung fast zu Ende war. Er sah, wie ein Mann mit schimmernder Haut, schwarzen Haaren und dicken, hellen Lippen über die Bühne stolzierte, seine Arme ausbreitete und einer aufgeregten Frau in der ersten Reihe eine Kusshand zuwarf. Das Publikum war von Jolson begeistert. So musikalisch! So ein begnadeter Tänzer! Ja, woher denn hätte Walde wissen sollen, dass der Schauspieler kein waschechter Afrikaner war?

Danach duldete er keine auch noch so harmlos gemeinte Andeutung über sein Aussehen. Selbst wenn er seine arische Herkunft hätte nachweisen können, wirkte Göttingen im Laufe der dreißiger Jahre auf ihn bestenfalls zwiespältig. Jüdische Menschen, die sich davor deutsch genannt hätten, diskutierten in leisen Tönen miteinander über Auswanderung. Und vermeintlich leichtgläubige Menschen, die sich weiterhin deutsch nannten, taten, als bekämen sie es nicht mit. Da Walde nie erfahren würde, wer sein leiblicher Vater war, wollte er keine Risiken eingehen. Nicht in der Öffentlichkeit und schon gar nicht in seiner Stammkneipe.

Darum lag der Witzbold mit dem zerbrochenen Bierglas im Hals quer im Eingangsbereich. Bewegte er die Lippen, strömte Blut heraus. Sekunden vorher hatte er noch »Maaammy, maaamy …« gelallt und seinen Arm um Waldes Schulter gelegt.

»Geschieht dir RECHT!«, schrie Walde, und gab dem Sterbenden noch einen kräftigen Tritt in den Magen. Bei der Verhaftung hatte er vorsichtshalber seinen vollen Namen angegeben: Waldemar Jósef Zieliński.

Er galt als der meistgefürchtete Kapo Doras. Noch

am Abend nach der Massenhinrichtung hatte er hinter Siebenunddreißig einen Gefangenen brutal zusammengeschlagen, nicht weil er aus der sogenannten Küche Kekse geklaut hatte, aber weil er – der Esel! – sich hatte erwischen lassen. Es war aber nicht Waldes Absicht gewesen, den Keksdieb zu töten, er hatte lediglich an ihm ein Exempel statuieren wollen. Jetzt hatte Walde ein mathematisches Problem.

In der Woche zuvor hatte ein opportunistischer Blockschreiber falsche Zahlen in eine unwesentliche Kolumne gekritzelt. Nur, es sollte sich herausstellen, dass sie gar nicht so unwesentlich war. Koçak, so hieß der Bursche, hatte wirklich Pech, dass sein »Fehler« sofort entdeckt wurde. Während des Zählappells weigerte sich Koçak, irgendwelche schwächlich aussehenden Gefangenen aus den hinteren Reihen herauszupicken und zu erschießen, weswegen er von dem Lagerkommandanten höchstpersönlich erwürgt wurde.

»Die Zahlen müss'n stimmen!«, hatte er dabei gebrüllt.

Walde erinnerte sich an die Szene nur zu gut und ließ die Leiche des Keksdiebs nur vorübergehend hinter der Sonderbaracke liegen. Er schaute bei Linde vorbei – er brachte ihr die Kekse, sie brachte ihn zum Stöhnen –, bevor er zu seiner eigenen Baracke zurückkehrte. Er sagte ihr nicht, woher er die Kekse hatte. Keine Fragen, keine Lügen.

Etwa eine Stunde später riss Walde irgendeinen Versager von einer Pritsche und befahl, ihm zu folgen. Sie gingen so zügig, wie der Sturm es erlaubte. Über ihnen: die Wolken prachtvoll und geschwollen, ihre dunklen Unterseiten von den Suchscheinwerfern der Wachttürme angeleuchtet. Unter ihnen: flüssiger Matsch, der an den Waden klebte und bestialisch stank.

Walde rutschte aus und fluchte auf Polnisch, als würde er nicht darauf vertrauen, dass Deutsch die Kraft haben könnte, die Abgründe seiner Laune auszudrücken. Immerhin milderte die halbe Flasche Kirschschnaps, die durch seine Venen floss, die fiesesten Kanten der Kälte ab.

Endlich bei der Sonderbaracke angekommen, steuerte Walde die Rückseite an. Ein wenig Licht fiel aus einem der Fenster, so war der zunächst undefinierbare Haufen relativ leicht zu finden. Walde schubste ihn mit seinem linken Fuß an. Die Leiche rollte zur Seite, fiel auf den Rücken, das Gesicht von Blut und Bräunlichem bedeckt.

»Hochziehen.«

Der Versager trat näher an den Toten heran, packte ihn unter den Achseln …

»HOCHziehen, habe ich gesagt!«

Sie schafften es schließlich gemeinsam, die Leiche hochzuheben, den linken Arm um Waldes Schulter, den rechten Arm um die Taille des anderen. Als sie sich auf den Weg über den Appellplatz zurück zur Baracke machen wollten, rutschte Walde erneut aus.

»Kurwa!«

Der Kopf der Leiche kippte nach vorne und knallte fast gegen das Fenster. Ein frauenloses Kreischen durchbohrte Waldes Ohren.

»Arghh! KURWA!«

Ein schnelleres Fortkommen war kaum möglich, denn die Leiche kooperierte nicht. Warum sollte sie? Die bevorstehende Zusammenkunft mit Linde, Ada und den SS-Offizieren sollte gewährleisten, dass das Armband an den richtigen Ort gelangte. Wenn es für Walde zu einfach gewesen wäre, hätten sie sich alle verpasst. Lediglich ein paar Schritte schafften die Gefangenen. Weil der Versager stehen geblieben war, hatte Walde ihn angespuckt. Aber als Walde dann selber hochschaute, blieb er wie angewurzelt stehen. Der Weg wurde von einer Gruppe SS-Offizieren blockiert.

Totope, März 1459

Warum Afonso gleich mit den ersten fetten Regentropfen Schutz suchte, wusste er nicht. Warum ausgerechnet bei den Greisinnen? Wusste er auch nicht. Er verwarf die Idee, als er Senhor Guilherme mit der Person, die auf dem Boden saß (einer Frau?), sah. Am Rande des Grundstücks hatte Afonso sich am

Hals gekratzt, so lange, bis die Haut unterm Kinn aufriss. Er entschied sich, das Vorbeiziehen des Sturms unter einem der Bäume abzuwarten, denn er konnte schwer einschätzen, wie Senhor Guilherme auf sein plötzliches Erscheinen reagieren würde. Die zahlreichen Narben, die Afonsos Rücken zierten, entstammten Senhor Guilhermes Peitsche und waren, so glaubte Afonso, seinem eigenen Handeln geschuldet. Er hatte sich stets freiwillig den qualvollen Strafen ausgeliefert, weil er dachte – ja, weil er *wusste* –, dass er die Schläge verdient hatte. Widerstand wäre zwecklos gewesen. Es gab kein Versteck, weder physisch noch psychisch. Senhor Guilherme war überall. Afonso hatte diese Tatsache nie auch nur ansatzweise hinterfragt. Alles änderte sich bei der Ankunft in Westafrika.

Als Kapitän Gomes und seine Besatzung nach Monaten auf hoher See erstmalig auf dem Trockenen gestanden hatten, klärte sich schnell anhand des fehlenden Gefolges, dass keiner von den anwesenden Fischern der gesuchte Mansa war. Darum wurde gar nicht erst versucht, Afonso als Dolmetscher einzusetzen. Sein Glück.

Aber selbst, wenn er ihre Mundart gekonnt hätte, hätte er keinen Ton von sich gegeben. Und auch lange nach der Begegnung hing sein Mund offen. Die dunklen winzigen Locken auf ihren Köpfen glichen seinem eigenen Haar! Er strich sich selbst möglichst unauffällig über den Kopf. Die leuchtenden Augen der Männer hätten seine eigenen sein können. Ebenso die schimmernde Haut, die glänzenden Zähne, die markanten Handflächen. An der Küste einer kleinen afrikanischen Insel wurde Afonso mit zahlreichen zwanzig Jahre älteren, glücklichen, vor allem selbstbewussten Ichs konfrontiert. Er war versucht, sich ihnen zu Füßen zu werfen.

Gomes hatte das alles nicht mitbekommen. Zurück an Bord der *São Cristóvão* ließ er kurzerhand im Logbuch eintragen, dass die »unbewohnte« Insel dem Königreich Portugal gehöre.

»São Tomé!«, grölte er, Weinflasche in der Hand. »So soll sie heißen. Zu Ehren des heiligen Thomas!«

»Zu Ehren des heiligen Thomas!«, grölten die Männer zurück.

Die zweite Insel wirkte noch unscheinbarer als die erste. Diesmal hatten sich die selbsternannten Entdecker einfach im Vorbeisegeln, und wieder zugunsten eines europäischen Heiligen, auf den Namen Santo Antão geeinigt. Und Afonso kam ein zweites Mal glimpflich davon. Bei der nächsten Landung ging ihm das Glück aus.

Guilherme hatte Gomes endlich davon überzeugen können, vor dem Festland zu ankern. Die Siedlung in der Nähe von Èkó wirkte vielversprechend, denn sie war von einer beeindruckend breiten Lehmmauer geschützt, mehrere bewaffnete Männer hielten am Eingangstor Wache. Es konnte einem verziehen werden, zu glauben, dass ein König von ganz Afrika sich hinter der Mauer aufhalten würde. Eine lange, breite Straße, umsäumt von zahlreichen Essensständen und Marktfrauen – die einen mit Gewürzen und Kräutern, die anderen mit Stoffen und Kaurimuscheln und Goldmünzen –, führte vom Eingangstor zum Haus des Oloyes.

»Ein was?«, fragte Gomes.

»O-LO-YE«, wiederholte Guilherme. »So was wie ein Fürst.«

Gomes drehte sich zu Afonso und suchte in seinen Augen nach Bestätigung. Der Junge schaute ausdruckslos zurück.

Somit endeten die Verhandlungen genauso unvermittelt, wie sie begonnen hatten. Denn ohne die Möglichkeit sich zu verständigen, und ohne die Kraft, mit Gewalt vorzugehen, mussten Gomes und seine Männer am Eingangstor bleiben und schließlich mit leeren Händen zum Schiff zurückkehren. Afonsos prägendste Erinnerung an den Ort, den Gomes später nach seinem eigenen Geburtsort »Lagos« umtaufen würde, war, wie lange er für seine »Schweigsamkeit« ausgepeitscht wurde.

»Betrüger!«, nannten sie ihn. Und einiges Schlimmeres, was ich hier nicht wiederholen mag.

Die Portugiesen segelten fort und ankerten schließlich etwas weiter östlich von Èkó. Als Afonso am folgenden Morgen durch Guilhermes Fuß aus dem Schlaf geschubst wurde, ahnte er, dass die weitere Erkundung des Festlandes für ihn nur schlecht enden konnte. Aus dem Grund hatte Afonso sich um eine immer größer werdende Entfernung zwischen sich und seinem Master bemüht.

»AFOONSOOO!«

Die Stimme war ihm bekannt vorgekommen, nur war sie etwas höher als üblich, beinahe piepsig, und schlotterte leicht. Afonso blieb vorsichtshalber neben einem baumartigen Gewächs stehen.

Normalerweise hätte er gewusst, dass die Stimme Senhor Guilherme gehörte, und er hätte umgehend reagiert. Atemlos und mit klopfendem Herzen wäre Afonso dorthin geeilt, wo auch immer sie ihren Ursprung hatte. Doch diesmal nicht. Diesmal erstarrte Afonso angesichts der Verzweiflung, die er in der sonst eisenharten Persönlichkeit erkannte: Hatte Senhor Guilherme etwa Angst?

Die Eidechsen zögerten. Wie? Der Wind kam plötzlich aus einer anderen Richtung. Kann? Die Hintergrundgeräusche knisterten verdächtig. Ein? Einige Ameisen eilten einen alten Eimer entlang. Allwissender? Auf den Boden platschte noch ein fetter Regentropfen. Angst? Es juckte ihn am linken Bein, direkt unterm Knie. Haben? Er kratzte. Und um sich zu vergewissern, dass er nicht träumte, kratzte er sich noch einmal.

KNACKS!

Er drehte sich um, so schnell, dass er beinahe ausrutschte. Wo kam die Frau her? Wie aus dem Nichts erschienen, stand sie plötzlich vor ihm. In wenigen Sekunden schaffte er es, drei Ave-Marias hintereinander zu stammeln. Gleichzeitig erkannte er, wenn sie ihm etwas Schlimmes hätte antun wollen, wäre es längst passiert. Sie war einen Kopf kleiner als er, ihre Haut glänzte intensiver als seine. Ihre Fingernägel waren auffällig kurz. In ihren Armen hielt sie drei dermaßen dünne Yamswurzeln, dass sie sich für sie eigentlich hätte schämen müssen. Nichtsdestotrotz – hätte sich die Möglichkeit irgendwie ergeben – hätte Afonso sie auf der Stelle, sogar mit Schale, verschlungen. Sekundenlang studierte sie sein Gesicht, besonders lange schielte sie auf die Stelle direkt über seiner linken Augenbraue, da wo die Narbe war.

»Damfo?«

Der Klang des Wortes brannte irgendwo hinter seinen Augen, in einer Ecke, in die er sich seit seiner Kindheit nicht mehr hin traute. Und woher die Nässe auf ihren Backen? Als er hochschaute, dämmerte ihm, dass seine eigenen auch nass waren. Tränen überall, sogar vom Himmel.

Sie ließ die peinlichen Yamswurzeln auf den Boden knallen, nahm Afonso in ihre Arme. Sie schaukelte ihn, sie lachte, sie sang, sie weinte. Der Sturmregen war ihr wohl egal. Sie drückte ihn einfach noch fester.

»Bist – wer?«

Allein jene zwei Wörter füllten seinen Körper mit einem Durcheinander an Gefühlen, Impulsen und Fragen. Sie waren die ersten von nur wenigen halbverschwommenen Wörtern, in einer Sprache, in der er zwar gelegentlich träumte, aber seines Wissens nie fließend gesprochen hatte. Er hatte es geschafft, aus diesen zwei einzelnen Wörtern einen Satz zu formen und durch seinen Mund zu pressen. Einen Satz, den er sich nur deswegen zu formulieren traute, weil er eines der Lieder der Frau, die ihn augenblicklich über den Kopf und den Rücken streichelte, wortwörtlich verstanden hatte. Und dann summte sie etwas in seine Brust. Eine Wärme breitete sich in ihm aus, von der Stelle, an der ihr Kopf seine Haut berührte, bis zu den Kanten seiner Zehennägel, den Winkeln seines Mundes, den Spitzen seiner Haare.

»Bitte …«, presste er hervor. Dieses Wort lockerte sich zügiger aus seinem Gehirn, als die zwei davor, aber immer noch zu langsam. Egal. Auch wenn er für den Rest seines Lebens nur in Ein- oder Zwei-Wort-Sätzen sich würde äußern können, wollte er nur noch so sprechen. Ihre Arme lösten sich von seinem Hals.

»Naa Lamiley«, lächelte sie. Und dann erzählte sie weiter, vieles verstand er nicht. Der Satz: »Du erkennst mich nicht, oder?« traf ihn allerdings unerwartet und machte ihn sprachlos. Eine erschütternde Frage. Erkennen? Wie denn?

Warum konnte die Frau vor ihm so entspannt sein? Der peitschende Regen musste ihr mindestens genauso sehr weh tun wie ihm. Er half ihr, die drei erbärmlichen Yamswurzeln aufzuheben, und suchte nach einem Ort, wo er im Trocknen sein und die dünnste anbeißen könnte. Naa Lamiley deutete mit ihren Augen in eine völlig andere Richtung.

»Bra!«

Afonso erstarrte. Alles in seinem Körper schrie: »Los!«, aber seine Füße folgten nicht. Nicht ausgerechnet dorthin, wo Senhor Guilherme sich aufhielt. Unfähig, ihr das zu erklären, konnte er sie nur mit seiner rechten Hand zurückziehen.

»Was jetzt?«, hatte sie sicherlich gesagt. Außer dem Wüten des Sturms und einem Dröhnen in seinen Ohren hörte Afonso nichts. Dass ihre Lippen sich bewegten, war für ihn gerade noch zu erkennen, alles andere verschwamm. Seine zitternde Hand umklammerte ihre, genau in dem Moment, als es dem Wind gelang, aus stolzen, emporragenden Palmen lächerliche Grashalme zu machen. Eine unsichtbare, unberechenbare Kraft war im Begriff, die rätselhafte Gegend zu verwüsten, und hier war Afonso: Ein Junge, der in Lissabon ein kleines Pferd auf seinen bloßen Händen hatte tragen können, es aber nicht schaffte, eine einzelne Frau von seinem Willen zu überzeugen. Naa Lamiley hielt sich offenbar für einen Mann, für ihre herrische Haltung fand Afonso keine andere plausible Erklärung.

Dann stand sie auf, die Gestalt, die vorher auf dem Boden vor Senhor Guilherme gesessen hatte. Afonso hatte die Bewegung eher gespürt als gesehen. Er verschwand hinter einer der nächsten Kokospalmen, was ihm kaum als Versteck reichte, in der Hoffnung, dass die Frau mit den kläglichen Yamswurzeln – wie hieß sie noch? – ihm folgen würde. Oder dass sie ihn zumindest – verdammt, wie hieß sie noch? – nicht verraten würde. Ein wenig durch die Palmenblätter vom Sturmregen geschützt, suchte er den Bereich zwischen sich und dem Hof ab. Sein Blick richtete sich auf – zick, zur Linken, die kleinste der Hütten – zack, zur Rechten die verlassene Kochstelle – zick, weiter hinten auf die Stelle, wo gerade noch die Yamswurzeln gelegen hatten, und – zack, zurück zum Hof. Jetzt leer. Wo waren sie alle?

Und wo zur Hölle waren seine Füße?!

Ein kaum auszuhaltendes Herzklopfen lang fürchtete Afonso, dass der Boden im Begriff war, ihn zu verschlingen. Aber ge-mäch-lich. Wenn schon zu Tode foltern, würde Senhor Guilherme natürlich dafür sorgen, dass Jehova die Aufgabe mit äußerster Detailgenauigkeit erfüllte.

Afonso sah seine Hände nach dem Baumstamm greifen, selbst die Fingernägel waren auf einen Überlebenskampf ausgerichtet. Aber wie sollte er Gottes gerechter Rache mit bloßem menschlichen Willen entkommen? Die junge Frau war weg, überhaupt war keine lebendige Person zu sehen. Selbst in dem Fall, dass er jetzt sterben müsste, würde er auf keinen Fall nach Senhor Guilherme rufen.

Afonso umarmte den Baumstamm und zog seinen linken Fuß nach oben – erstaunlich leicht konnte er ihn aus der Erde befreien. Der rachsüchtige Matsch, so stellte sich heraus, war unschuldig. Er bedeckte seine Füße lediglich. Unter dem Baum war der Boden noch einigermaßen fest. Afonso rezitierte das einzige andere Gebet, das er auswendig kannte.

»Pai Nosso …«

»Damfo!«

Da war es schon wieder. Dieses Wort. Die schöne Frau mit den hässlichen Yamswurzeln stand erneut vor ihm.

»Damfo …«

Er wälzte das Wort ein paar Mal in seinem Mund herum – es wirkte beruhigend auf ihn. Er würde ab jetzt sammeln.

»Damfo«, nickte er. Und lächelte. Wann hatte er in den vergangenen sieben Jahren das letzte Mal gelächelt?

Sie fragte etwas, und er reimte sich zusammen, dass sie von einer bedeutsamen Person sprechen musste. Die Frau vom Hof? Gott sei Dank blieb er skeptisch. Es war für die Übergabe des Armbandes wichtig, dass Naa Lamiley nicht zu schnell zurück zu Ada gelangen sollte. Naa Lamiley rollte mit den Augen und spitzte ihren Mund, nachdem sie sagte:

»Oder soll er auch sie mitnehmen?!«

Mitnehmen. Das Wort klang … nein. Das Wort *war* Gewalt. Unscharfe Bilder flackerten vor seinem inneren Auge auf. Weiße Männer, die wie in Zeitlupe kauten. Etwas Harmloses hatten sie zwischen den Zähnen, einen Grashalm? Ein Blatt? Große gelbliche Zähne. Feurige Augen. Männer, die wie Geister aussahen. Eines der blassen Ungeheuer hatte ihm ein silbernes Fläschchen an die Lippen gehalten. Afonso wurde gezwungen daran zu nippen – es brannte, er erstickte! Er hustete so heftig, er brach sich fast eine Rippe.

»Noch'n Schluck!« riefen sie. »Noch'n Schluck! Komm schon!«

Schließlich übergab er sich, immer und immer wieder, während schallendes Gelächter über ihm hallte. Er wusste nicht mehr, ob er zu Boden getreten wurde oder ob er einfach zusammengebrochen war. Und da war das Mädchen. Zwischen all den Beinen hindurch. Ganz oben in einer Palme. Er wusste noch, wie er nach dem Mädchen geschrien hatte, trotz des ausgeschabten Halses, über die Weite des Strandes, gegen das Rauschen des Meers:

»Nalamle! Naalamle!«

Es wurde weiter gelacht und gejauchzt, als Afonso am Arm gepackt wurde. Wurde er auch geschlagen? Vielleicht hatte die Person ihn getreten? Auf jeden Fall spürte er, wie die Haut über seiner linken Augenbraue platzte. Hatten sie ihn ins Wasser geschmissen? Sicher war, dass, als er mit jeder Faser seines Seins am Rücken eines der schwimmenden Gespenster klebte, er sich eingenässt hatte.

Mitten im Regensturm unter den Bäumen schwieg Afonso einige Atemzüge lang. Das Grölen und das Brennen, die Weite und das Rauschen, der Gestank und die Bilder verschwammen wieder. Sein Hunger war auch weg. Schlimmer noch, sein Magen drehte sich um. Er musste die bitter schmeckende Spucke mehrmals hinunterschlucken, um überhaupt wieder reden zu können.

»Namle?«

»NAA-La-M'ley«, lächelte sie.

Der Junge deutete auf die eigene Brust: »DAM-fo?«

Der Wind heulte um die Bäume und ärgerte die Palmblätter und lachte ihm ins Gesicht und alles, alles drohte auseinanderzufallen.

Unter den Glücklichsten

Kohnstein bei Nordhausen, März 1945

Ich sag es immer wieder, und ich sage es gerne noch mal: Wenn Ada sich hingesetzt hätte, wäre Linde nicht ärgerlich geworden. Das ist einfach so. Und wenn Linde nicht ärgerlich geworden wäre, hätte Ada nicht aus dem Fenster geschaut. Wirklich. Und wenn Ada nicht aus dem Fenster geschaut hätte, wäre ihr alles, was danach kam, auch erspart geblieben. Ohne jeglichen Zweifel. Sie hätte die Auferstehung des Keksdiebes nicht gesehen, sie hätte sich nicht die Kehle aus dem Leib geschrien, sie hätte somit die SS-Offiziere nicht zu sich gerufen. Es handelte sich um eine Verkettung ungünstiger Ereignisse, die allesamt vermeidbar gewesen wären, wenn Ada, wie von Linde gewünscht, sich einfach hingesetzt hätte.

Meine Aufgabe war es ausschließlich zu bezeugen: Meine Wände umfassten Adas Wahrheit. Selbstverständlich geschah einiges von dem, was Ada betraf, außerhalb meiner direkten Wahrnehmung – zumindest in meiner damaligen Form. Jene folgenreichen Ereignisse entgingen dennoch nicht gänzlich meiner

Aufmerksamkeit. Beispielsweise bei der heutigen Inspektion am frühen Morgen. Da hatte ein Herr Kommandant Irgendwer-von-ganz-Oben mit einem Stock auf die sogenannte Sonderbaracke gezeigt. Das hätte alles bedeuten können: belangloses Interesse oder der Anfang einer Zählung, oder eventuell eine Eintrittsforderung. Diesmal ging es um einen Auftrag, der an die Offiziere Jawohl und Heil-Hitler erteilt wurde. Selbstverständlich wurde jene Anordnung an die Kapos Zu-Befehl und Sehr-Gut umgehend weitergegeben:

»Block 37 räumen!«

Ich sah wie die Bewohnerinnen aus Siebenunddreißig geführt wurden, wie Ada neben ihrer Freundin ging. Ich hörte wie Walde dabei mit Linde sprach. Er hatte ihr so ausführlich, vor allem so *genüsslich*, von der kommenden Massenhinrichtung erzählt, dass sogar Ada ihr Frühstück wieder hochgekommen war. Und nach der Hinrichtung, als die weiblichen Sechsstelligen auf dem Weg zurück in Siebenunddreißig den Appellplatz überquerten, beobachtete ich die Gruppe heiterer SS-Offiziere, die noch neben den Galgen standen. Einer von ihnen hatte Tränen in den Augen und klopfte dem Mann zu seiner Linken auf den Rücken. Die beiden nahmen die Erhängten, wenn überhaupt, lediglich als Kulisse wahr. Dass mancher Gestreifte noch immer mit den Armen und Beinen fuchtelte, störte die Lachenden beim Witzeerzählen nicht. Der Ada am nächsten stehende Offizier ähnelte dem Mörder ihres Babys so sehr, dass Ada später nachmittags das Essen wieder im Halse stecken blieb.

Und dann, in den gräulichen Tönen des Abends, brachte Linde Kekse. Alte, schlechtriechende Kartoffelkekse, die einen Gefangenen Minuten zuvor das Leben gekostet hatten. Sie schmeckten scheußlich. Ada zwang sich, alle drei gleichzeitig in den Mund zu stopfen. Der Nachgeschmack klebte an ihrer Zunge, an den Innenseiten ihrer Wangen und an ihrem Gewissen. Ich sah alles. Auch Lindes Erleichterung, dass Ada endlich etwas zu sich genommen hatte.

Der Keksdieb lag draußen vor dem Fenster. Als Ada sich dienstmäßig anzog – frischer Schlüpfer, schwarzer Büstenhalter, weißer Faltenrock – warf ihre Silhouette eigenartige Muster auf ihn: mal eine Schlange um den Hals, mal etwas Lametta auf dem Gesicht, mal eine Decke über den Beinen. Linde setzte sich auf Adas Bett und massierte sich mit beiden Händen die rechte Hüfte.

»Was kann ich dir sonst Gutes tun?«, fragte sie.

Aber Ada war beschäftigt. Sie rätselte über ihre eigene Spiegelung im Fenster. Nicht zum ersten Mal wurde sie durch eine Leiche unterbrochen. Zwischen ihren Augen eine gebrochene Nase. Zwischen ihren Lippen ein zertrümmertes Kinn.

»Er kann sich zu den Glücklichsten zählen«, meinte Ada.

»Hmm?«

Ada zeigte aus dem Fenster. »Er da. Auch wenn er direkt in die Hölle kommt, brennt das Feuer dort definitiv nicht heißer als in Dora.«

Linde blickte kurz in die Finsternis und flüsterte: »Möge er in Frieden ruhen!« »Friede« und »ruhen« in einem Satz! Linde war wieder ganz bei sich.

Jenseits der geschlossenen Tür hallten die Schritte der neuen Blockschreiberin. Es war, als wäre sie jahrelang den Flur langgegangen, als würde ihr der Platz im Block 37 für alle Ewigkeit zustehen. Ob sie ahnte, dass Blockschreiberinnen so vergänglich waren, wie alle anderen hier auch?

Es wurde an alle Türen geklopft: Die Damen hätten nun fertig zu sein, der erste Besucher hätte bereits seine Spritze bekommen.

»Spritze!«, lachte Ada. » Die Nadeln allein sind wahrscheinlich wertvoller als wir. Oder nicht? Ob die Jungs an Syphilis verrecken oder am Schuften, ist doch scheißegal.«

Linde nickte.

»Unsereins kriegen sie jederzeit in Nullkommanix ersetzt …«

Wie ein Maschinengewehr donnerte es an Adas Tür.

»Bei dir werden es heute nur sechs!«

Unheimlich, wie sehr die Stimme auch nach Tod klang. Eine Ruhe kehrte jedenfalls in Ada zurück.

Das passierte immer, wenn sie sich spaltete. Ihre menschenähnliche Hülle blieb dann stets im Zimmer, bereit für die, die kommen würden, während sie selbst nach draußen driftete und sich vor das Fenster legte. Diesmal neben die Leiche des Keksdiebes. Ada verabschiedete sich von Linde mit den Worten: »Mach's gut.«

Sobald die Abendgeschehnisse ein Ende gefunden hatten, flüchteten sie nicht wie die anderen in den Gemeinschaftsraum oder in die Düsterkeit des Flurs, sondern beide in mich zurück. Linde nahm Platz auf dem Bett, während Ada auf und ab ging. Sieben Schritte lief sie bis zur Wand – so nah, dass sie sie beinahe mit der Nasenspitze berührte –, um sich in letzter Sekunde umzudrehen und dann sieben Schritte in entgegengesetzter Richtung zu laufen. Und so weiter. Und so weiter.

Der Marsch passte stets auf den Millimeter genau, denn wirklich unerträglich wurde das Brennen zwischen den Beinen nur, wenn sie sich nicht bewegte. Ada hatte sich bereits mehrmals mit Laugenseife gewaschen und ihre Haut so lange geschrubbt, bis ihre Handgelenke schmerzten. Auf ihrer Stirn blutete ein winziger Kratzer. Während sie auf und ab lief, schlug das höfliche Klatschen der Regentropfen in einen rauschenden Applaus um. Das fühlte sich stimmig an. Schließlich hatte sie, wie jeden Abend sonst, ihren Auftritt zum Besten gegeben. Eine Weile lang sagte sie nichts. Manchmal gibt es auch einfach nichts zu sagen. Als sie wieder sprach, war sie außer Atem. Ihre Augenlider hingen schlaff herunter.

»Ob der Sturm uns reinwaschen könnte?«

Wie ein Kind klang sie. Neugierig und voller Bewunderung.

Linde starrte in die Ferne. Es drohte wieder, einer dieser langen Abende zu werden. Sie atmete einmal tief aus. Schließlich klopfte sie mit der Hand neben sich auf das Bett.

»Setz dich doch, Dicke. Ich …«

»Geht nicht«, antwortete Ada. »Ich muss mich beeilen.«

»… habe weißen Kaviar für dich mitgebracht.«

Ada winkte den Satz wie eine lästige Fliege weg.

»Iss du nur, Bärchen, ich bin satt.«

Linde klopfte etwas fester auf das Bett. Jedes Mal, wenn sie sich bewegte, knarrte das Gestell – ein eklig gewordenes Geräusch.

»Setz dich doch, Dicke.«

»Nein.«

Ada lief weiter, auf und ab. Es regnete weiter. Mensch, war es überhaupt noch möglich, von Regen zu sprechen? Es goss. Auf und ab. Es stürmte. Auf und ab. Es schüttete. Auf und ab.

»Verdammte Scheiße, Ada!«

Ada erstarrte.

Und blinzelte.

Und schielte.

War da was?

Eine schrille Stimme drang zwischen Adas Kopfrechnungen –

»Ich. Kann. Nicht. Mehr!«

War das Linde gewesen?

»Ich kann dich so nicht mehr sehen!«

Ada blieb mit dem Rücken zum Fenster stehen, denn irgendwie, irgendwo klingelte es doch bei ihr. Diese Sätze. Tatsächlich hatten sie sich in den letzten Monaten mehrmals wiederholt. Es stimmte nicht, dass ihr nichts mehr gehörte. Unter anderem war Ada noch die Kraft zu verdrängen geblieben. 1945 war es sogar ihr wertvollstes Gut. Sie riss ihre Augen weit auseinander:

»Bärchen!«

Linde legte ihren Kopf in den Nacken, die Tränen zogen Schlieren über ihre Wangen.

»Es tut mir leid, Dicke«, flüsterte sie. »Verzeih mir bitte.«

Und als würde alles zum ersten Mal passieren, suchte Ada in den Augen ihrer Freundin nach einem Grund.

»Was geht in dir vor? Du hast noch nie so mit mir gesprochen!«

Linde legte beide Handflächen auf ihr Gesicht und wischte es ab.

»Kommt nicht noch mal vor«, sagte sie.

Es dauerte, bis Ada sich mit der Antwort zufriedengab. Erst nachdem Linde genauso direkt in ihre Augen zurückstarrte, drehte Ada sich endlich weg.

Hätte sie sich lieber hingesetzt.

Als sie aus dem Fenster schaute, bemerkte Ada die Schwärze der Nacht nicht. Diesmal blickte sie in blasse, versunkene, reglose Augen. Schlagartig hörte, dachte und spürte sie nichts mehr, sondern sie verwandelte sich in einen ohrenzerreißenden, nichtendenwollenden Schrei.

Linde schreckte vom Bett hoch und stürzte auf Ada. Der Schrei schlug mit den Armen um sich, traf Linde am Handgelenk und schubste sie gegen die Wand. Einer der SS-Offiziere, die daraufhin hereingestürmt waren, sorgte mit wenigen Fausthieben für Ruhe. Ada krachte zu Boden, er zerrte sie hoch, hielt ihr Gesicht dicht an seinem eigenen, und –

»Halt!«, bellte sein Vorgesetzter.

Ein Armband lag auf dem Boden. Wie aus dem Nichts. Gut, gut, dachte ich. Es lief alles in die richtige Richtung.

»Wo kommt das her?«

Linde hätte etwas sagen müssen. Das wäre der Zeitpunkt gewesen. Sie schwieg. Ihre Manschetten tanzten weiterhin um ihre Fingernägel herum, aber ihre Scham konnten sie nicht verbergen. Also wurden die Freundinnen nach draußen geführt. Walde sah Ada am Kopf bluten. Er schaute von ihr zu Linde, schließlich zu den SS-Offizieren. Er konnte nur schwer erkennen, was der eine in seiner linken Hand hielt, denn der Sturm war unbarmherzig. Käme der Offizier bloß noch ein wenig näher – dann krachte es im Himmel. Im Licht des Blitzes wurde die Form des Objekts etwas deutlicher. Eine … Haarklammer?

Walde sah Linde noch einmal an. Ihre Augen schimmerten, trotzdem schaffte sie es, ohne zu blinzeln zurückzublicken. Die SS-Offiziere waren weiterhin mit dem Armband beschäftigt, so merkten sie nicht, wie Lindes Augen immer größer wurden. Walde runzelte die Stirn und sah das Objekt noch einmal an. War es ein Schmuckstück? Das Armband etwa?! Sofort rückte ihm die sanfte Rundung jeder einzelnen Perle des Armbandes in den Blick. Er roch die Ausdünstungen jeder einzelnen Schweißpore des SS-Offiziers; er hörte den Aufprall jedes einzelnen Regentropfens auf dem Lederstiefel. Heute würde er nicht sterben. Heute war nicht der Tag. Linde würde ihr Maul halten müssen. Walde fing ihren Blick ein letztes Mal auf. Mehr war nicht nötig.

Bis dahin hatte Walde einiges erlebt. Zum Beispiel den Anblick eines ehemaligen Ringkämpfers, der am Ende eines Todesmarsches nur noch fiepsen konnte, oder den eines Sanitäters, der einem Sterbenden das letzte Stück Brot zwischen den Fingern wegriss. Walde hatte letztens sogar mitgejubelt, als eine Gruppe Jugendlicher mit einem Ball spielte, der von verdächtig vielen Haaren bedeckt war. Einiges hat er erlebt. Inzwischen war er auf alles gefasst. Alles, bis auf Adas Wahl.

Momente der Selbstlosigkeit gab es 1945 sogar hinter den Toren Doras. Diese waren aber so sporadisch, so flüchtig, so zerbrechlich, dass Walde Jahre danach immer wieder würde behaupten können, er hätte sie bis dahin noch nie mit eigenen Augen gesehen. Und bereits in den ersten Tagen nach Adas Tod würde er verdrängen, dass er sie jemals gesehen hatte. Nur so wird es ihm bis zum Ende des Krieges möglich sein, ganz ohne lästige Gewissensbisse, seine Mitmenschen weiterhin zu foltern und ermorden.

Und nur so wird er etwa eine Woche nach Adas Tod mit gerunzelter Stirn bei einem gewissen uniformierten Mann vorsprechen können. Ein kantiger Herr mit schütterem Haar und einer dunklen Nasenspitze, der hinter seinem massiven Eichenschreibtisch fast nachdenklich erzählen wird, wie er neulich aus dem Auto zwei Dirnen am Lagereingang gesehen hatte, von denen eine sich aktuell im Stehbunker befände. Die Luft wird sich zusammenziehen, während der Herr Obersturmbannführer seinen Blick aus dem Fenster über den Appellplatz schweifen lassen wird, um mit gleichmäßiger Stimme zu fragen, woher die andere das Armband habe? Nur durch einen gewaltigen Akt des Entinnerns wird Walde antworten können: *welche* andere?

So weit sind wir noch nicht. Die Gefangenen und die Offiziere standen einander weiterhin gegenüber, alle vom Regen durchtränkt. Einer der jüngeren Offiziere zitterte entweder vor Kälte oder vor Angst – es war ihm selber nicht klar. Jedenfalls wurde er beauftragt, Ada festzuhalten. Es war erst seine zweite Nachtschicht, und das Hundegebell hinter ihm erschien ihm viel zu nah. Als er zusammenschreckte, lockerte sich sein ohnehin unsicherer Griff um Adas Oberarm. Sie riss sich los und war einige Schritte weiter, bevor die SS-Offiziere überhaupt reagieren konnten. Zu Waldes großem Erstaunen schaffte sie es sogar bis kurz vor den elektrischen Zaun, ihre Fingerspitzen nur Millimeter von dem Strom. Die Schüsse hallten durch die Nacht.

Stratford-le-Bow, März 1848

Battersea Road selbst war eine unschuldige Straße. Die Vorgärten waren adrett gepflegt, die Hecken gestutzt, die hölzernen Hundehütten sahen identisch aus. Offenbar machten die Caesars und die Montys ihre schmutzigen Geschäfte woanders, denn sie hinterließen auf den hiesigen Bürgersteigen keine Spuren. Und ihre Herren machten es ihnen nach. Sie trugen mit Stolz ihre makellosen Westen, obwohl ihnen bewusst war, dass die Baumwolle, aus der diese gefertigt waren, von unfreien Händen geerntet wurde. Glücklich waren diejenigen, die Handelsbeziehungen quer durch das britische Empire pflegten. *Am glücklichsten* waren allerdings diejenigen, die die menschlichen Kosten anderer durch erhebliche Gewinne, selbstverständlich nur für sich, ausgleichen konnten.

Unschuldig und außerdem nicht sonderlich lang – Battersea Road war vielleicht ein wenig zu eng, doch nicht auffällig mehr als andere Straßen im selben Londoner Vorort. Etwas laut, aber eigentlich nur unter der Woche. Vor allem hatte die Straße keine Geheimnisse – im Gegensatz zu Lady Ada.

Von ihrer Wettsucht wussten die wenigsten. Vermutlich, weil so viele Damen ihres Alters es genossen, gelegentlich ihr Glück beim Pferderennen zu versuchen, fiel es auch Lady Adas Ehemann lange nicht auf. Nur Lizzie wusste von den Drohungen »jener Shylocks«, die hinter ihrer Herrin her waren.

Lord King verheimlichte seiner Frau, dass er mit einem günstig gewordenen Grundstück in Irland liebäugelte, obwohl er neben dem Haus am Ockham Park in Surrey und der Sommerresidenz am Loch Torridon, auch den Wohnsitz in der 37 Battersea Road besaß. Im Gegenzug verschwieg sie ihre besondere »Freundschaft« mit Mr. Dickens.

Der Baum, unter dem Lizzie rauchte und von dem aus sie die unter Wasser stehende Battersea Road betrachtete, diente ihr gleichermaßen als Versteck und Regenschutz. Sie schnippte das Streichholz entschlossen weg. Es glimmte und erlosch in den Fugen des nassen Kopfsteinpflasters. Aus ihrer Tasche holte sie den Löffel, den sie von den Chartistischen Frauen gestohlen hatte.

Spätestens seit dem Tod ihrer Ma glaubte Lizzie nicht mehr an Gott. Pa hatte vielleicht seinen Hungertod verdient, schließlich war er derjenige, der die Familie im Stich gelassen hatte. Aber Ma? Sie war ihrem alkoholkranken Ehemann ihr Leben lang treu gewesen. Warum wurde sie mit so einem elendigen Tod bestraft? Wenn es einen Gott gibt, dachte Lizzie, wenn es wirklich einen Gott gibt, wird er von mir noch lernen, was Furcht bedeutet! Wenn du nur wüsstest, dachte ich, als sie die Erde unterm Baum mit dem Löffel aufbrach.

Zu jener zögerlichen Tageszeit waren nur die verrufenen Kaffeehäuser schon, oder noch, geöffnet. Selbst die vereinzelten Personen, die durch die Gassen taumelten, hätten Lizzie nicht lange genug anstarren können, um sie überhaupt zu erkennen, geschweige denn zu begreifen, was sie dort auf den Knien mit dem Matsch machte. Der Sturm wütete immer mehr. Es war, als würden die Pfützen kochen und als müssten die Pflastersteine aufgebrochen werden, um sämtliche düsteren Geheimnisse der Straße endlich offenzulegen. Lizzies Finger nahmen eine bläuliche Farbe an. Sie klopfte sich mit beiden Händen gegen die Oberarme und grub weiter.

Vor etwa drei Wochen war Lady Ada spätabends in Lizzies Zimmer erschienen. Lizzie hatte ohnehin nicht schlafen können. Im flackernden Licht der Kerze hatten Lady Adas blutunterlaufenen Augen furchterregend ausgesehen. Von ihrem Gestammelten verstand Lizzie nicht viel, klar war nur, dass es um Leben und Tod ging.

«So schnell du kannst«, hatte Lady Ada gefleht und klang schriller als je zuvor.

Es blieb keine Zeit für Fragen. Lizzie hatte einfach leise genickt und sich die Haare bedeckt, während sie die Anweisungen, Mahnungen, Warnungen und Bitten über sich ergehen ließ.

»Und nimm bitte mein Messer mit«, hatte Lady Ada hinzugefügt, während sie Lizzie die Diamantohrringe, ein Perlenkropfband, zwei Rubinbroschen, eine goldene Halskette und ihren Saphirverlobungsring übergab. Lizzie konnte sich noch genau an den Moment erinnern, als Lady Ada es ihr auch aushändigte – das antike Armband mit den goldenen Perlen.

»M'Lady«, hatte Lizzie gestaunt. »Sind Sie sicher? Sollte Lord King jemals herausfinden …«

Aber Lady Ada war von ganz anderen Sorgen geplagt. Sie hatte immer noch von Kopf bis Fuß gezittert und ihre Hände aneinandergerieben.

»Schnell!«, zischte sie. »Bis morgen Mittag musst du wieder hier sein. Spätestens!«

Darum hatte Lizzie in einer Nacht-und-Nebel-Aktion das Armband unter ebendiesem Baum versteckt, bevor sie nach Westlondon weiterreiste. Den Baum noch einmal zu finden war leicht, denn sie hatte ihre Initialen direkt am Stumpf eingraviert. Das Messer ihrer Herrin hatte sich doch als nützlich erwiesen.

Gerade als sie das Armband aus dem Matsch befreite, gab es eine Explosion, deren Echo um die Häuser vibrierte. Das Rascheln der Trauerweideblätter, das Platschen des Sturmregens und das Heulen des Windes wurden einen Atemzug lang vom Schall weggedrückt. Sogar der Donner hielt staunend an. Was war das? Es klang wie ein Feuerwerkskörper, aber wer zum Teufel machte so was? Bei diesem Wetter? Um *diese* Uhrzeit?

Ihre Gedanken wurden von einem Schrei zerschmettert – ein Schrei, so voller Grauen und Leid, dass Lizzie sofort losrannte. Durch den Schlamm, ihre Schuhe durchtränkt, um die Ecke, die Straße hoch … Vielleicht handelte es sich um einen Irrtum? Vielleicht hatte der Blitz ihr einen Streich gespielt?

Sie rutschte aus, fing sich, lief weiter und hatte 37 Battersea Road fast erreicht, als sie sah, wie Lady Ada aus dem Haus floh. Keinen Hut hatte sie auf, ihre Haare hingen offen über ihre Schultern, die Knöpfe an ihrer Jacke waren nicht geschlossen. Sie rannte.

Hinter Lady Ada – Lord King. Er blieb auf der Schwelle stehen. Durch den Donner war es unmöglich zu hören, was er ihr hinterherschrie, aber der Anblick der Pistole, mit der er auf sie zielte, war deutlich genug. Er krümmte seinen Zeigefinger um den Abzug.

Nur wenige Schritte von ihm weg winkte Lizzie mit dem Armband.

»Lord King!«

Doch er blieb eisern, seine Augen verengten sich. Lizzie konnte nicht erkennen, ob er den Zeigefinger bewegte oder nicht.

»Bitte Gott!«, schluchzte sie. »Bitte, bitte.«

Sie wedelte weiterhin mit dem Armband, traute sich aber keinen Schritt weiter. Warum, fragte sie sich, hielt er die Waffe in der linken Hand? Mr. Dickens war der Linkshänder! Oder? Lord King mit Sicherheit nicht.

Lady Ada war inzwischen stehen geblieben, sie hatte Lizzie gesehen. Sie schaute von Lizzie zu ihrem Ehemann, und hob langsam ihre Hände. Die Regentropfen vermischten sich mit ihren Tränen.

»Bitte, William«, schien sie zu sagen.

Die Gewehrkugel zischte durch die Luft und zerrte den Geruch von Schießpulver hinter sich her. Lady Ada fiel zu Boden.

Baby Kofi war einige Wochen alt gewesen, als die rätselhafte Krankheit wie so viele Babys in jenem Sommer auch ihn befiel. Einige Wochen lang war Oko mit stolzgeschwellter Brust um die Häuser gelaufen. Er ließ sich gern zu dem Geschick gratulieren, gleich beim ersten Mal einen Sohn errungen zu haben. Einige Wochen nur war Naa Lamiley »Mami Kofi« gewesen. Einige Wochen also durfte sie ihren Erstgeborenen tagsüber auf dem Rücken tragen und nachts auf ihrem Bauch schlafen lassen. Sie summte improvisierte Melodien, in denen sie ihm ihre ständige Nähe versprach, weil er damals, es war kurz vor der Regenzeit, viel zu früh geboren war.

Eine Raupe war er. Und seine piepsige Stimme! Abgesehen von Ada waren die frischgebackenen Eltern die Einzigen, die mit geschlossenen Augen das Meckern des Babys vom Meckern der Ziegen unterscheiden konnten. Das erste Lächeln, das erste Kichern, nichts war der dankbaren Mutter entgangen. Auf dem Acker war er stets bei ihr. Gestillt wurde er, wann immer er wollte, zwischen dem kräftigen Grün und dem bröckeligen Braun. So leicht, so ruhig war er gewesen, dass sie sich immer wieder panisch auf den Rücken gefasst hatte, dankbar, dass er nicht unterwegs aus dem Tuch herausgerutscht war. So unscheinbar, so winzig war er gewesen, dass sie sich oft fürchtete, ihn nur mit großer Mühe wiederfinden zu können, würde er zwischen den Stängeln und Blättern verschwinden.

Auf dem Markt murmelte er gelegentlich, während sie einen besseren Tauschpreis aushandelte, und brachte alle Anwesenden zum Schmunzeln. Sogar frisch Verwitwete wurden für wenige Minuten aus ihrer Traurigkeit gelockt. Und wie er beim Stillen seine winzige Hand um ihren Zeigefinger wickelte!

»Weißt du das noch?«, hatte sie Ada in den wundesten Trauertagen immer wieder gefragt. Baby Kofi war bei seiner Ankunft ein Segen gewesen. Für die Ehe sowieso, für Mami Kofi besonders. Sie hatte so lange gewartet, Mutter zu werden, selbst Ataa Naa Nyɔŋmɔ musste Erbarmen mit ihr gehabt haben, denn ihre Fürbitten wurden erhört. Die gewaltigen Schmerzen, die sie bei der Entbindung erlebt hatte, waren nichts gegen die Folter der kinderlosen Jahre davor.

Am achten Tag nach der Geburt wurde das Baby zum ersten Mal nach draußen getragen – aus der Geborgenheit der Schlafecke in den von der Morgendämmerung bedeckten Hof. Endlich durften die Versammelten das Kind bewundern. Er schlief die gesamte Outdooring-Zeremonie durch. Als erster Sohn des jungen Paars sollte er den Namen »Ayi« mit Okos verstorbenem Vater teilen. Jedoch rief Ada dem Baby jubelnd »Kofi« zu, denn es war an einem Freitag gekommen. Keiner der Eltern beklagte sich. Die Ältesten waren diesmal nicht so streng. Ataa Ayi, ein warmherziger Mann, der lange vor Okos Geburt verstorben war, hatte seinerzeit wenig von staubigen Traditionen gehalten.

Vom Palmwein und kpótomenui erheitert, lachten und tanzten alle neuen Mütter und Väter Kofis mehrere Nächte lang. Auch Wochen später nahmen sie jede Gelegenheit wahr, um spontan weiterzufeiern. Das Glücksgefühl verbreitete sich wie ein feiner Nieselregen über die ganze Siedlung.

Aber dann fing das Baby an zu zittern.

Oko hatte sich büschelweise Haare vom Kopf gerauft und seiner Frau alles Mögliche vorgeworfen, sogar während der Schwangerschaft zu viel Mango gegessen zu haben. Mango. So wie Oko das Wort ausgesprochen hatte – als hätte er es mit den Zähnen aus der Luft ziehen müssen –, traf es Mami Kofi viel härter als seine verzweifelten Schläge. Vom endlosen Anflehen war sie bald heiser geworden. Ihre Knie waren zwar längst aufgeschürft, dennoch hatte sie weiter gebetet. Alles vergeblich. Es wurde ihr nicht erlaubt, Baby Kofis Schmerzen auf sich zu nehmen. Die Verkrampfungen, die seine zierliche Wirbelsäule beinahe entzweigebrochen hatten, ließen schließlich nach etwa drei im Delirium verbrachten Tagen und ebenso vielen durchwachten Nächten nach. Baby

Kofi lag auf seinem besänftigten Rücken, den stolzen Kopf zur Seite, die zarten Arme und Beine auseinander. Wie eingeschlafen. Schlummernd. Shh. Neben ihm saß Naa Lamiley, von Tränen verschleiert; verstört und erleichtert zugleich.

Der Aufwand um die Beerdigung war damals bescheiden gewesen, da Naa Lamiley keine Vorstellung davon hatte, und außerdem keine Vorstellung davon *haben wollte*, wie die Trauerzeremonie anders hätte sein sollen. Ihr wurde erzählt, dass Säuglingen nicht wie »richtigen« Menschen gedacht werden dürfte, weil sie noch nichts in ihrem Leben erreicht hätten. Es wurde sogar ernsthaft in langen, ausführlichen Sätzen und hitzigen Tönen diskutiert, ob tote Babys überhaupt nach Gbohiiajeŋ zurückkehren.

»Wohin denn sonst?!«, schrie Naa Lamiley, als sie es nicht mehr hören konnte – was die Debattierenden betreten machte und sie in ihrer Verwunderung zum Schweigen brachte. Wäre es nach Oko gegangen, wäre das Kind gar nicht erst begraben worden.

»Papa, o! Papa!«, soll er immer wieder geschluchzt haben. Sein elendes Wehgeschrei mündete in: »Er hat doch Angst vor der Dunkelheit …«, als seine jüngste Schwester versuchte, ihn davon zu überzeugen, ihr die Babyleiche zu reichen. Sie wurde immer in diversen heiklen Angelegenheiten vorgeschickt, da er zu ihr, egal worum es ging, bis dahin nie hatte »nein« sagen können. Aber selbst diese bewährte Strategie schlug fehl. Ihrem Bericht nach hatte er nur gestammelt und das steife Bündel noch enger an seine Brust gedrückt.

Am Ende willigte eine der Dorfältesten ein, den Fall Baby Kofis zu übernehmen, um zu verhindern, dass die Verbindung zwischen den Familienmitgliedern völlig abbrechen würde. Und so kam es, dass der langersehnte Erstgeborene des untröstlichen Paars an einem Ort begraben wurde, der weder Naa Lamiley noch Oko bekannt war.

Es war eine kurze unaufgeregte Beerdigung. Danach gingen alle sofort den üblichen Tagesabläufen nach. Nur Naa Lamiley saß eine Weile lang allein, gedankenverloren im Hof. Was hätte Ada anderes für ihre Schwester tun können, als ihr gekochte Yamswurzeln, gestampft und vermischt mit Palmöl, zuzubereiten?

»Besondere Anlässe bedürfen besonderer Rituale«, hatte sie Naa Lamiley später erklärt. »Selbst ein erfundenes Ritual ist besser als gar keines.«

Der goldfarbene Brei wurde mit hartgekochten Eiern garniert, ein Palmenblatt diente als Verteidigung vor den Hühnern. Als Naa Lamiley am Ende des Tages erschöpft vom Markt zurückkehrte, dampfte das Festgericht noch. Sie setzte den Korb voller Tomaten und Zwiebeln zu Adas Füßen.

»Rechte Hand!«, ermahnte sie, als Ada danach griff. Ada grinste und rollte mit den Augen. Naa Lamiley blickte zurück. Ihr Lächeln hing schwächlich in den Ecken ihrer Lippen – das erste Mal seitdem ihr Sohn aufgehört hatte zu zucken.

»Wer feiert denn Geburtstag?«

»Baby Kofi …«, antwortete Ada. »In Asamando.«

»Asamando?«

Ada legte ihren Kopf zur Seite und runzelte die Stirn. Naa Lamiley sagte aber nichts mehr. Die Trauer erschien, immer wenn sein Name ausgesprochen wurde, und schnürte ihr die Kehle zu.

»O!«, nickte Ada schließlich. »Natürlich. Ihr nennt es Gbohiiajeŋ.«

Naa Lamiley wischte sich die Tränen von ihrer Wange und bückte sich, um den Korb wieder aufzuheben. Ada zog sie sanft zu dem Hocker neben sich. Naa Lamiley weinte erst, als Ada sie umarmte.

»Me wiase nyinaa ne wo«, flüsterte Ada und strich ihr über den Kopf.

»Wiase?«

»Die Welt. *Me wiase nyinaa* ist *meine ganze Welt.*«

Naa Lamiley wiederholte es nachdenklich. Sie gab sich Mühe, die Töne und Melodien exakt zu treffen.

»*Ase* bedeutet *unter*, oder?«

»Genau!«, lächelte Ada. »Und *Wia* ist die Sonne. Also meine Leute sagen *unter der Sonne,* wenn wir die Erde oder die Welt sagen wollen.«

»Und deine Leute leben in Kuntanase. Also … unter dem Kuntan?«

Ada lachte kurz auf, und ihre Augen schimmerten.

»Du bist zu gut, o! Ja, wörtlich unter den Kuntanbäumen.«

»Wiase …«, nickte Naa Lamiley nach einigen Momenten. »Me wiase nyinaa …«

»… ne wo«, ergänzte Ada und küsste sie auf die Stirn. »Meine ganze Welt bist du.«

Bis abends saßen sie zusammen, als Naa Lamiley es schaffte, ein wenig vom Yamsbrei zu essen.

Für die anderen geriet das Baby bald in Vergessenheit, war es doch lediglich eines von vielen Todesfällen in jenem Sommer. Naa Lamiley sollte sich nicht so haben. Auch Oko, der zügig eine zweite Frau genommen hatte, die diesmal umgehend schwanger wurde, kümmerte sich nicht mehr um Vergangenes. Naa Lamiley hingegen besorgte sich ein Stück roten Stoff und band es um ihre Hüfte. Nach jeder Mondphase nähte sie noch einen schwarzen Strich den Saum entlang.

Inzwischen hatte der Stoff neunzig Striche. Naa Lamiley befestigte den Stoff noch fester um sich herum, als sie neben Damfo stand und Ada auf dem Hof beobachtete.

»Die Glückliche«, murmelte sie. »Wenigstens wird Ada für immer wissen, wo die letzte Ruhestätte *dieses* Kindes ist. Nyɔŋmɔ, oyiwala donŋ.«

Adas erstes Kind, auch ein Sohn, lag an einem

unbekannten Ort begraben. Er wurde kurz vor dem Umzug geboren; als es hieß, die Gemeinschaft wäre hier in Totope, zwischen dem See auf der einen Seite und dem Meer auf der anderen, besser vor Angriffen geschützt. Die Kleinstadt, wo sie davor gelebt hatten und nach der Ada benannt wurde, war zu Fuß etwa einen halben Vormittag entfernt. Doch als Ada das letzte Mal das Grab ihres ersten Kindes aufgesucht hatte, war es zwischen den Müllhaufen und bewachsenen Feldwegen nicht mehr zu finden.

Damals hatte Naa Lamiley versucht, Ada davon zu überzeugen, auch ein rotes Tuch zu tragen:

»Um die Erinnerungen wachzuhalten.«

Es war ein schöner Stoff, ohne Frage. Zu einem anderen Anlass vielleicht. Ada hatte ihren Kopf geschüttelt, ihren Blick auf den Boden gerichtet und ihn Naa Lamiley zurückgegeben. Warum sollte sie des Todes eines Säuglings gedenken? Ihren anderen verstorbenen Familienmitgliedern hatte sie diese Ehre auch nicht erwiesen.

»Wer sagt, dass du ihrer nicht mitgedenken kannst?«, hatte Naa Lamiley geantwortet.

»Ich.«

Und die Flammen in Adas Augen hatten dafür gesorgt, dass die Diskussion dann tatsächlich beendet war.

Umso mehr hatte sich Naa Lamiley an jenem Morgen gefreut – soweit »Freude« in einer solchen

Situation empfunden werden konnte –, dass Ada, die tagelang keinen Krümel hinunterbekommen hatte, den Wunsch nach Yamswurzeln ausgedrückt hatte.

Naa Lamiley hatte in der Nacht, in der Adas zweites Baby starb, nur mit Gottes Hilfe und großen Mengen Kolanüssen wach bleiben können. Trotzdem war sie für ihre Schwester gerne losgegangen, um die schönsten Yamswurzeln des Marktes zu erwerben.

Es war auf dem Weg zurück, kurz bevor die Sturmwolken explodierten, dass sie ihn sah. Sie kniff sich, um sicherzugehen, dass sie nicht doch schon am Schlafen war. Dabei fielen die enttäuschenden Yamswurzeln zu Boden.

»Eh–eh!«

Da war er! Die noch erkennbar schiefe Nase, die abstehenden Ohren – das linke weiterhin etwas mehr als das rechte –, und die Narbe über der linken Augenbraue. Neu waren die zögerlichen Ansätze eines Oberlippenbarts. Und was war das für eine Stimme? Geschmeidig wie Palmöl, tief wie ein Ozean. Naa Lamiley hatte sich kaum beherrschen können:

»Na lɛ o! Na lɛ!«

Es war ihr nicht auf der Stelle eingefallen, wie sie das in seiner Sprache hätte ausdrücken sollen. »Na« war doch irgendwas mit »sehen« – Schau? Aber wie war noch mal das Wort für lɛ? Er-und-sie? Sier?

Das letzte Mal, als Naa Lamiley ihn gesehen hatte, war er – gerade erst mit seiner Schwester von den

Kriegern zur Küste gebracht worden – im Bauch des riesigen Fischerboots verschwunden. Die restlichen Dorfkinder waren sich schnell einig: Er würde nie wieder zurückkehren. Noch etliche Mondphasen, nachdem die Weißen ihn mitgenommen hatten, erzählten sich die Kinder gegenseitig schaurige Märchen von dem Jungen, dessen Haut weiß wie Kokos wurde, weil er viel zu lange jenseits des Wassers geblieben war. Irgendwann konnte kaum einer von ihnen sich daran erinnern, dass der Held der Geschichte nicht erfunden worden war. Doch selbst die Kleinsten wussten, dass nur dann weitererzählt werden konnte, wenn das Mädchen, das sie schließlich alle Ada nannten, außer Hörweite war.

Ob die heutige Ada diese Neuigkeiten verkraften würde? Dass Naa Lamiley selber bei seinem Anblick nicht ohnmächtig geworden war! Es war, als wäre der Junge aus Gbohiiajeŋ zurückgekehrt.

»Ich war nicht in Asamando«, würde er später erzählen, sobald der eigene Wortschatz größer wurde. »Aber die Menschen da, wo ich so lange gelebt habe, sie sahen aus, als wären sie tot.«

Naa Lamiley zog an Damfos Hemd, sie wollte ihn wieder mit Ada zusammenbringen und dachte an nichts anderes. Mehrmals gestikulierte er aber, dass er auf keinen Fall zum Hof hingehen würde. Und auch als der weiße Mann Adas Baby wegtrug, fiel es ihr schwer, den Jungen davon zu überzeugen, gemeinsam mit ihr Ada in sicherer Entfernung zu folgen.

Am Strand ließ der Wind die ersten Palmen zu Boden krachen, ein Stamm schlug direkt neben dem zerbrechlichen Fischerboot, hinter dem Naa Lamiley und Damfo kauerten, auf. Sie umklammerte mit einem Arm ihre ärmlichen Yamswurzeln, ihr Rücken an das Holz gelehnt, unterdrückte sie ein Kichern, weil sie nicht wusste, wie sie Damfo hätte erklären sollen, dass sie gerade hatte lachen müssen: seine Stirn, sein Mund, die Nase! Genau wie die von Ada! Sein Griff um ihre Hand war allerdings so fest, dass Naa Lamiley schließlich selber schauen musste, was genau am Strand los war.

Der glühende Mann, der vorher auf dem Hof neben Ada gewesen war, stand im Wasser. Wie riesige Mäuler ragten die Wellen weit über seinen Kopf und drohten ihn zu verschlingen. Er hatte sich sehr anstrengen müssen, um überhaupt aufrecht stehen zu können. Ada steuerte in wenigen Schritten auf den Mann im Wasser zu und packte ihn am Arm, er schubste sie weg. Sie versuchte, ihn noch einmal anzufassen. Er war nicht nah genug. Er holte etwas aus seinem Rücken – einen Stock? – und hielt ihn ihr entgegen. Das war kein Stock. Es glänzte. Naa Lamiley konnte nicht erkennen, was der Mann in der Hand hielt – selbst nachdem der Himmel hell aufleuchtete, als ein Silberstrahl über ihn hinwegriss –, geschweige denn welchen Sinn seine Handlung ergeben sollte. Sie schielte immer noch, als der Stock mit einem lauten Knall plötzlich Feuer und Rauch ausspuckte. Im nächsten Moment sackte Ada auf die Knie und dann zu Boden. Noch bevor sie leblos auf dem Strand lag, war Naa Lamiley schon losgelaufen …

Ada

Hier? Anfangs hatte ich kein Gespür für das Wort, zumindest nicht bei den Zahnlosen. Das hätte eine fest umrissene, lückenlose Abgrenzung zu »dort« dargestellt. Aber den Hang, Sachen durchzuschneiden und voneinander abzuspalten haben erst Die-Mit-Den-Großen-Schiffen mitgebracht. Rasend entwickelten sich die Umstände so, dass das »hier« nicht nur vom Standort »dort« räumlich getrennt war, sondern dass das »hier« *über* das »dort« platziert wurde. »Dort« befanden sich Ressourcen, die entweder »uns« bereits gehörten oder möglichst bald gehören sollten; »uns«, das waren selbstverständlich die Menschen aus »hier«. Ein einfaches Wort, eine Silbe gar. Am Ende hatte »hier« für mich nur noch eine Bedeutung: am Leben.

Seltsam, dachte ich. Es war, als würde ich überhaupt zum ersten Mal Regentropfen im Gesicht spüren; meine Wangen vibrierten, meine Augenlider bebten, meine Stirn wurde zur Trommel. Ich erkannte Bewegungen und Gestalten vor und um den Körper, den ich bis vor kurzem beatmete, aber ich hörte nichts mehr. Ich hatte vergessen, wie Stille klang.

Jene Lebenden, mit denen ich deren winzigen Teil der Zeit-Erde bewohnt hatte, schauten mich, die Frau, die sie Ada nannten, ängstlich an. Alle waren beunruhigt, alle. Manche zeigten es hemmungslos. Sie kreischten und flehten, ihre zitternden Hände, ihre zerfledderten Atemzüge. Die anderen verbargen ihre Sorge hinter einer Mischung aus Wut, Trotz und Scham, ihre Lippen blass gepresst, ihre Augenbrauen streng gezogen. Füße, die erst zu der einen Seite, dann zur anderen traten. Der Anblick des Sturms in seinen vollen Zügen war überragend; ich hätte Angst haben müssen. Doch, ruhig war es in mir. Ich dachte einfach: Seltsam. Wo bleibt das Kind? Und mein Blick driftete ab, weil ich ihn in der Nähe wusste.

Ich hatte einmal einen Sohn. Seine glänzenden Löckchen! Geboren wurde er an einem Freitag, nach einer gewaltigen Entbindung, die mich zerriss. Seine zarten Fingerchen! Wäre ich gestorben, hätte mein Sohn – aus ihm wäre dann nichts geworden, so viel ist sicher –, aber zumindest … Zumindest die Auszeichnung »Waisenkind« hätte er gehabt. Ein Leben lang. Ich trauerte um ihn, aber eigentlich nur, weil er einen Teil von mir mitgenommen hatte. Oder wie heißen die Mütter unserer verstorbenen Kinder? Als Ehefrau eines Toten wäre ich immerhin Witwe.

Ich trauerte um meinen Sohn, aber noch mehr um das gleißende Leerzeichen, wo meine Auszeichnung hätte sein sollen. War die Prophezeiung denn falsch gewesen?

»*Ein* Kind«, wiederholte sie.

Ich saß alleine vor der Heilenden, im Damals. Ich schaute erstaunt um mich herum. Hier war die Zeit, die die Christen 1451 nannten. Die Zeit, als Damfo und ich noch bei unseren ersten Eltern lebten. Die Zeit vor unserer Verschleppung. Ich sah die Heilende noch einmal an. Ihre glühenden Augen waren unabhängig voneinander auf zwei unterschiedliche Punkte fixiert. Ihre grauen Haare stiegen aus dem Kopf und umrahmten ein leuchtendes Gesicht. Mein kaum hörbares Gestammeltes verdunstete nach ihrer Frage:

»Weißt du, was du bist?«

Ich wusste nur, was *sie* war: die Heilende. Weder Mann noch Frau, eher gleich Mann und Frau. Mein Blick fand die Ameisen. Ich beobachtete, wie sie winzige Fleischstückchen nach draußen transportierten, und bewunderte ihre Stärke. Hätte ich selbst mehr davon, dachte ich.

Ich wurde von meiner ersten Mutter zu der Heilenden gebracht, weil meine Brust flach geblieben war, weil ich noch nicht geblutet hatte und vor allem, weil alle meine anderen Mütter bereits angefangen hatten, hinter geschlossenen Türen Pläne für mich zu schmieden. Das alles interessierte die Heilende nicht. Sie hatte ihre Lippen streng zusammengepresst, während ich mich zum dritten Mal wiederholte. Dann fragte sie:

»Weißt du, was du bist?«

Und ich schrumpfte, bis die Ameisen neben mir riesig erschienen, und ich heulte, bis die Heilende die Augen verdrehte. Vielleicht hatte sie bereits gewusst, es würde bald einen echten Grund zum Weinen geben. Vielleicht hatte sie bereits die fernen Schlachtrufe der Krieger gehört, die uns bei einbrechender Dunkelheit erreichen würden. Vielleicht hatte sie bereits die kalte Verzweiflung und quälende Trauer gerochen, die unsere schwelenden Häuser bei Tagesanbruch bedecken würden.

In ihrer faltigen Hand hielt sie das Armband. Ich erkannte es. Hin und wieder hatte es vom Handgelenk eines der älteren Mädchen gebaumelt. Die Heilende wartete geduldig, ließ ihren Blick über mich schweifen, und, als meine Show irgendwann beendet war, überreichte sie es mir. Wessen Hände zitterten am meisten, als ich es erhielt? Ich weiß es nicht mehr. Die Perlen des Armbands waren jedenfalls warm. Sie nahmen die Farbe meiner ungeweinten Tränen an. Ewig lange danach ließ ich sie zwischen meinen Fingern hin und her gleiten.

Als ich wieder bei meiner Mutter war, schenkte sie mir eine akua'ba. Sie sagte nichts, als sie die Holzfigur an meinen Rücken binden ließ. Das Armband *und* eine akua'ba! Ich hätte gern gewusst, warum meine Fruchtbarkeit mit einem Mal so dringlich war. Aber weil wir nicht allein waren, fragte ich sie lieber, ob wir uns beim nächsten Tagesanbruch treffen könnten. Ihr Kopf bebte, und ihre Augen sagten: ja. Ich wusste, dass mein Vorschlag ihr gefallen würde, denn meine Mutter liebte den Sonnenaufgang.

Ich habe es kaum abwarten können, ihr alles zu erzählen – aber die Worte der Heilenden erfuhr sie nie. Die Krieger kamen in der Nacht. Kurz bevor sie bei uns eintrafen, wurden mein Bruder und ich im Wald versteckt. Die Heilende schwitzte und hechelte und versprach, uns »bald« zurückzuholen. Es war diese Art von Versprechen, die Erwachsene gelegentlich machen, um weitere Fragen abzuwenden.

»Bald!«, zischte sie, bevor ich wieder ansetzen könnte, mich zu beschweren.

Sie schob uns einen Baum hoch. Ich klammerte mich an ihre Hand und schrie, woraufhin sie mich mehrmals schlug und drohte, mir die Zunge aus dem Kopf zu schneiden, würde ich nicht mit Damfo im Wald bleiben. Ihre Schläge spürte ich nicht, aber es tat überall weh.

Sobald wir das tosende Feuer gerochen hatten, sind Damfo und ich zurückgeschlichen. So nah wie möglich. Ich wäre noch weiter gegangen, aber Damfo weinte und flehte und zog mich weg. Schließlich versteckten wir uns auf einer der umliegenden Baumkronen. Ich hielt die Augen meines Bruders geschlossen und kniff meine eigenen auch fest zu. Doch meine Ohren verrieten mich. Ich hörte, was die Krieger mit meinen Müttern machten, und wie lange sie es machten, bevor sie endlich ihre Kehlen durchschnitten. Immer und immer wieder.

Die Sonne muss sich sehr davor gefürchtet haben, zwischen den Leichenteilen, den Siegesrufen und der glimmenden Asche aufzugehen. Sie schaffte es endlich, gerade als Damfo einschlief – seinen Kopf in meinem Schoß, seine schwitzenden Hände auf meiner Brust, seine Beine um einen Ast gewickelt. Damfo und ich wurden gefunden, weil ich am späten Nachmittag auch einschlief und wir aus dem Baum gefallen waren.

Wir waren alles aus Kuntanase, was die Krieger nicht abgebrannt hatten. Bis auf das weinende Armband, wovon sie nicht wussten – mehr passte nicht in meine Scheide. Am folgenden Tag wurden wir weggeschafft. Wir mussten selber laufen. Die Ketten, mit denen sie unsere Hände zusammengebunden hatten, waren überflüssig. Damfo und ich waren sowieso nicht zu trennen. Und wir überlebten die zahllosen Tage und Nächte danach, weil ich Hunderte Lieder für ihn sang. Manche erinnerten uns an die, die unsere Mütter gesungen hatten, manche erfand ich selbst. Manche bestanden lediglich aus vier Tönen.

Gegen Ende des Marsches blieb das Essen aus, und mein kleiner Bruder brach zusammen. Seine Füße waren blutig, seine Wangen hohl, seine Augen eingesunken. Er wurde von einem der Ungeheuer aufgehoben – aber meine Finger waren fest um sein Handgelenk gewickelt, und ich ließ nicht locker. Also haben sie uns beide tragen müssen. Ich sang weiter. Mehr als meine Stimme habe ich Damfo nicht anbieten können.

Als wir die Küste erreichten, peitschte die Sonne uns mit ihren gnadenlosen Strahlen aus. Meine erste Erinnerung an die neue Gegend war, dass sie nach Salz roch und dass immerhin die Brise beschwichtigend war. Ich hatte mich noch immer an Damfo geklammert und mit aufgerissenen Augen das große, schäumende Wasser angestarrt. Keine Worte verließen meinen Mund. Noch am gleichen Tag wurde ich nach jenem Küstenort benannt: Ada Foah. Bevor sie meinem Bruder einen neuen Namen gaben, wurde er von mir weggerissen und verkauft wie ein Korb voll frittiertem Fisch. Blitzschnell. Er war an meiner Seite. Er verschwand.

Tagelang wurde ich an einer Palme festgebunden, da ich mich sonst in das Wasser gestürzt hätte, um meinen Bruder zurückzuholen. Ein Mädchen, das gleichaltrig aussah, weinte mit mir. Sie brachte mir

Wasser zu trinken und weinte mit mir. Sie nahm meine Hand in ihre und weinte mit mir. Und wir hielten zusammen. Bald hießen wir für die Mütter:

»Naa-Lamiley-Ada!«

Ich schaute unweigerlich in ihre Richtung, immer wenn mir eine Frage gestellt wurde. Ihre ruhige, sichere Art tröstete mich. Lange hatte ich mich geweigert, die hässlichen, fremden Klänge des Küstengebells in den Mund zu nehmen. Aber Naa Lamiley war eine geduldige Lehrerin. Und da sie auch lernen wollte, zeigte ich ihr, wie ich redete. So sprachen wir nach wenigen Wochen beide mit zwei Zungen.

Ihr Erstgeborener war an einem Freitag gekommen und erinnerte mich an meinen Vater, darum rief ich ihm »Kofi!« zu. Er war ein wundervolles Kind.

»*Ein* Kind?«, fragte sie.

Ich nickte, doch die Stimme hatte eine andere Klangfarbe, und die Frage war nicht an mich gerichtet. Ich fokussierte die neue Person, bis ich wusste, wann ich war. Im Jahr 1845, selbstverständlich. Ich erkannte es an ihrer Haltung. Vor allem fielen mir ihre Hände auf. Die Fingernägel waren so kurz, wie ich es noch nie gesehen habe. Die Haut um die Fingernägel war rissig, das Fleisch geschwollen. Ich sah ihre Hände genauer an, da ließ sie sie in ihren Ärmel verschwinden. Und es überflutete mich. Die wallende Hitze, der überwältigende Gestank, vor allem das Ziehen und Toben in meiner Mitte. Es war, als würde ein gleißendes Seil meinen Rücken entlang, über meinen Bauch und bis tief in den Beckenboden führen. Ich übergab mich.

Wir nannten es Zimmer 218. Es warteten drei weitere Personen auf dem Flur, während ich drinnen auf dem Holztisch »behandelt« wurde. Drei weitere, die mich schreien hörten und trotzdem blieben. Drei weitere, die versuchen mussten, gegen so viele Schillinge, wie sie zusammenkratzen konnten, ein Stück ihrer Zukunft zurückzukaufen. Drei weitere, die sich gegenseitig nicht anschauten.

Irgendwann ging mir die Luft aus. Ich dachte immer, meine Augen wären geschlossen gewesen, doch ich erinnere mich an ihre kurzen Fingernägel.

»Bitte«, gestikulierte die andere Frau in Zimmer 218. Ihre Wangen waren rot, und die wenigen dünnen blonden Haare, die nicht in den Dutt passten, hingen ihr in die Augen. Sie streckte ihre Unterlippe aus und blies nach oben, die Haare fielen ihr wieder ins Gesicht. »Es hört nicht auf«, flüsterte sie. »Halt mal kurz.«

Den brüllendheißen Sommertag ließen wir alle kommentarlos über uns ergehen. Die Strafe für die »Bewerbung« jener »Dienstleistung« war damals ein einfaches Schifffahrtsticket nach Van-Diemens-Land, und dafür hätte nur ein offenes Fenster gereicht. Also schwitzten wir alle zusammen.

Die jüngere Frau mit den winzigen Fingernägeln bekam einen schmuddeligen Eimer in die Hand gedrückt, und ihr wurde mit einem Kopfnicken gezeigt, wo sie sich hinzustellen hatte. Ein Geschrei erschütterte erneut den Raum, prallte von den Wänden ab und durchdrang meinen Verstand. Es dauerte, bis ich merkte, dass es mir entkommen war.

Inzwischen habe ich gelernt, dass es möglich ist, für sechzig Sekunden die Luft anzuhalten. Täte ich das jemals, würde ich bestimmt vergessen, wieder auszuatmen. Ach, nicht vergessen, verdrängen. Teilte ich mein Leben in Sechzig-Sekunden-Häppchen ein, würde der Schmerz nicht viel anrichten können. Er würde mir nicht die Vision der Zukunft rauben, die ich für mich und mein Kind zusammengesponnen habe. Ja, ich hatte eine Zukunft. Es war an einem Freitag geboren.

Ich hatte auch eine Vergangenheit. Obwohl es sich in gewissen Momenten so angefühlt haben mag, hatte ich nicht immer in Siebenunddreißig gelebt. 1944 kauerte ich in irgendeiner anderen gottverlassenen Ecke namens Ravensbrück. Mein Säugling, damals knapp fünf Tage alt, lag auf meinem Arm. Seine dünne Stimme überzeugte nicht, schaffte es kaum zu meiner leeren Brust, geschweige denn zu meinem Herzen. Da war ein Mann namens Ulmen – wir bezeichnen ihn hier als Mann. Ulmen zählte die in Reihen stehenden lebendigen Leichen. Er sah, wie ich da saß, umgeben von Durchfall, Erbrochenem und ausgetrocknetem Blut. In zwei Schritten war er an meiner Seite gewesen. Und.

Ich hatte seitdem nie wieder an die Situation gedacht. Doch beim Essen in Dora drifteten meine Gedanken durch den Aufenthaltsraum und landeten überraschenderweise im Präteritum – genau in dem Moment, als der »Schädling« am Bein gepackt worden war. Und. Ich zog scharf Luft ein. Ich ließ den Löffel fallen.

Eine Fliege flog alle paar Sekunden direkt gegen die Fensterscheibe. Sie erholte sich, um mit aller Wucht noch einmal gegen die Scheibe zu fliegen. Ich bemühte mich, diesem Vorgang einfach mit den Augen zu folgen, und wunderte mich nicht darüber, dass es mir leichtfiel. Dass es mir leichtfiel. Dass es mir leichtfiel.

»Warum?«, fragte ich, nachdem Linde versucht hatte, die Fliege zu zerquetschen. Alle anderen weiblichen Sechsstelligen waren mit dem Essen beschäftigt, sie hätte die Fliege auch ignorieren können. Immer wenn Linde genervt war, holte sie tief Luft, biss sich auf die Unterlippe und zog die Augenbrauen hoch. In der Regel stellte sie anschließend eine Frage. Zum Beispiel:

»Wie – warum?«

»Lass sie doch«, sagte ich und griff nach dem letzten Stück Brot, obwohl mir bewusst war, dass ich es nicht hätte essen können. Hals. Eng. Linde konnte es aber nicht lassen. Die zackigen Bewegungen, das aufdringliche Gesumme, das ständige Leiden – es reichte ihr. Linde hob den Pantoffel noch einmal über ihre Schulter und konzentrierte sich auf die Wand. Und, wie damals, hatte ich lediglich die Augen zu schließen. Es hallte, besonders weil Linde offenbar zweimal nachsichern musste. Dieses Hämmern war aber nicht gleichzusetzen mit … ich zwang mich, im Präsens zu bleiben. Ich öffnete die Augen, gerade als sie den Pantoffel wieder anzog. Eine kleine, überwiegend schwarze Masse beschmierte die Wand.

Linde sah das winzige Flimmern in meinem Mundwinkel. So war sie halt, sie sah alles: Regungen, von denen ich selbst nicht wusste, dass ich sie besaß; Bedürfnisse, von denen ich selbst nicht wusste, dass sie mir fehlten. Sie setzte sich neben mich hin, aber fasste mich nicht an. Bitte nicht anfassen! Berührungen der nackten Haut, egal von wem, riefen bei mir damals stets den Geruch von Sperma hervor, gefolgt von einem Brennen zwischen den Beinen.

Die anderen weiblichen Sechsstelligen diskutierten, räumten weg, räumten auf, mindestens zwei waren in einen Streit verwickelt: Linde hörte das Klappern der Fressnäpfe, aber vor allem hörte sie das Klopfen der Tränen an meinen Augenlidern. Sie ahnte die Gefühle, die ich mich nicht auszusprechen traute.

»Ein *Kind*«, murmelte sie.

Meine Hand zitterte, als ich den überfüllten Löffel an meine Lippen hob. Letztlich schaffte ich es, etwas Suppe in meinen Mund zu bekommen. Ich legte den Löffel weg, nachdem ich die Kartoffelstückchen hatte wieder ausspucken müssen. Linde tupfte – absichtlich mit ihrer Manschette, absichtlich mit der rechten – den weißen Klecks auf meinem Kinn vorsichtig ab.

Und.

Ahhh … Da war doch etwas, es klingelte.

Shhh … Der Boden rief mich zu ihm.

Ich bewegte meinen Kopf von der einen Seite zur anderen; mein Kopf bewegte sich von der anderen Seite zur einen. Lauter wurde es, klarer, dringlicher. Der Boden rief. Ich atmete nicht mehr. Einige Lebende versuchten, mich wachzuhalten. Aber meine Arme, meine Beine. Ich mochte sie nicht mehr tragen. Gute Nacht, dachte ich, obwohl es noch früh war. Oder habe ich mich geirrt? Wie viel Uhr kostet es? Ich machte die Augen zu. Egal.

Alles wurde hell.

Alles war weiß …

Ziemlich viel weiß

Und dann eigentlich gar nichts mehr

Und das für alle Ewigkeit …

Zwischen den Schleifen

∞

Wir bereiteten uns auf die nächste Schleife vor – es war wieder so weit. Gott nahm die Form einer Brise an. Wie sie es schaffte, so anmutig durch die Gegend zu driften, schüchterte mich einigermaßen ein – trotzdem machte ich es ihr nach und wurde ebenso zur Brise. Möglicherweise klingt das einfach, aber ich sage euch: Diese Verwandlung hatte es in sich. Reisigbesen, Türklopfer und Zimmer, das sind greifbare Gegenstände. Sie sind klar umrissen, einigermaßen beständig und haben eine monothematische Funktion. Brisen sind eindeutig anders.

Als Lufthauch kann ich weder gesehen noch angefasst werden, obwohl meine Auswirkungen spürbar sind. Eine gewisse Willkürlichkeit ist inbegriffen. Ich kann »Bewegung in die Sache bringen« oder »für Chaos sorgen«. Eine gute Balance zwischen diesen Positionen zu erreichen, ist wahrlich eine hohe Kunst. Gott hat sie natürlich perfektioniert, ihre Bewegungen sind sanft und tröstend. Ich … muss noch viel üben.

Die Zeit war jedenfalls gekommen, um Ada daran zu erinnern, dass alle Wesen – vergangene, gegenwärtige und zukünftige – in Verbindung miteinander sind, dass wir es immer waren und immer sein werden. Die Botschaft kann erdrückend sein, wenn mensch meint, sie zum ersten Mal zu hören. Wir wollten Ada damit nicht überrumpeln. Wir wissen ja, dass sie am Ende ihres Lebens zunächst immer eine Runde Abstand braucht. Also machten Gott und ich uns auf die Suche nach ihr – aber erst nachdem sie sich gänzlich im Weißen aufgelöst hatte.

So wirbelten wir den Erdentag lang um die Beine von kläffenden Hunden und durch die Blätter von blühenden Apfelbäumen. Wir wirbelten am Stadtrand eines Ortes namens Berlin. Wir wirbelten und wirbelten, da, wo die zittrigen Menschen auf Parkbänken aufwachten, und auch wo die rechthabenden Menschen sich miteinander stritten.

Wir zogen weiter – noch bevor die sehr hässlichen Worte fielen – und spielten im nächsten Moment, abends, auf einem verlassenen Spielplatz, wo eine leere Einkaufstüte herumtanzte. Gott zerzauste die sanften Federn eines einsamen Täubchens, und ich nahm das Toupet eines älteren Herrn mit. Ich schleifte es durch Rasen und Sandkasten, fand aber keinen besonderen Gefallen daran, dem armen Besitzer zuzuschauen, während er hinter seiner Frisur her stolperte. Und es ging mich wirklich nichts an, trotzdem frage ich mich, was er an diesem Ort zu suchen hatte. Er war weder obdachlos noch kinderreich.

Nu' is' aba jut, sagte Gott. Jib ihm dit Ding zurück.

Und ich ließ einen Augenblick nach – lang genug, um dem Mann zu erlauben, seine Würde aufzuheben, abzustauben und aufzusetzen. Mit einer Hand auf seinem Kopf und der anderen seinen Hemdkragen fest umklammernd, lief er fort, während Gott und ich wieder Geschwindigkeit aufnahmen, wieder auf der Suche nach Ada.

Das letzte Mal, als wir sie zwischen den Schleifen aufgespürt haben, hatte sie bei unserer Ankunft große Augen gemacht – wie sie es immer getan hat, wie sie es immer tun wird. Das hatte weniger mit unserer Erscheinung zu tun als mit dem, was wir ihr sagen wollten. Denn um die fließenden Übergänge zwischen uns einigermaßen nachvollziehbar beschreiben zu können, erzählt Gott Ada immer wieder wie zum ersten Mal von der Wurstherstellung.

Doch, ihr habt's richtig verstanden. Dabei geht es nicht um das Fleisch an sich, sondern um die Form. Genau genommen um die Aufteilung einer Masse, die in ihrem Ursprung aus fröhlich munteren Tieren besteht und am Ende – nach entsprechender Bearbeitung – als einzelne, fein säuberlich getrennte, dickliche Würstchen erscheint. Ja, Ada runzelt meist an der Stelle auch die Stirn, aber *bear with me.*

Das Brät in den Würstchen wird willkürlich aufgeteilt: ein Schnitt in einem ansonsten fließenden Übergang. So in etwa verhält es sich mit der Kategorisierung von Menschen. Absurd? Vielleicht. Aber um Lebenden annähend verständlich erklären zu können, wie eine Verteilung funktioniert, hat Gott euch seit Tausenden von Jahren beobachtet. Es gibt keine bessere Analogie als die mit der Wurst.

Dort, wo die bereits Verstorbenen und die noch nie Geborenen verweilen, sind wir alle so was wie ein Brät. Wie eine Fleischmasse – eine, die aus einzelnen Teilen besteht, unter anderem aus quirligen Persönlichkeiten, skurrilen Vorlieben und widersprüchlichen Gewohnheiten. Wenn es an der Zeit ist, uns zu Lebenden zu machen, werden wir gemeinsam durch eine Maschine, so etwas wie einen Fleischwolf, durchgepresst. Ihr müsst jetzt versuchen, den Schmerz, die Enge und das Blut wegzudenken, darum geht es gerade nicht. Behaltet einfach im Kopf: erst zusammen, dann getrennt.

Ja-ha.

Und obwohl wir als gesamte Fleischmasse durch den Fleischwolf gepresst werden, bleibt immer, ärgerlicherweise, ein Stückchen in der Tülle hängen. Dieses Stückchen bin aktuell ich. Das Brät, das es in den Darm schafft, wird nach Verteilung der entsprechenden Karten ein couragierter Junge, der der Sklaverei entkommt; der beleidigte Liebhaber eines

Genies; eine verängstigte Freundin, die im entscheidenden Moment schweigt – oder eine Unsterbliche, die durch Zeit und Raum wandert. Wir alle sind aber viel mehr, wir alle sind im Werden. Ada hat das Glück, sich immer wieder als Lebende unter der Sonne aufhalten zu dürfen. Ada hat das Pech, immer wieder zu vergessen, dass sie nicht dort bleiben kann.

Wir haben sie diesmal nicht lange suchen müssen. Mitten im Sturm wurde sie vom Rauschen und Donnern aufgenommen und weggesponnen. Sie landete in ihren ersten Jahren, gerade zu der Zeit, als sie entspannt in den lokalen sprachlichen Rhythmen angekommen war.

Schauen wir auf alle meine Leben zurück?, fragte sie.

Wir schauen auf das, was du noch lernen musst, antwortete ich.

Und Gott kreischte. Ein imposanter Schnabel lugte zwischen den beiden schwarzen Augen hervor. Er flatterte mit den Flügeln und wendete seinen Kopf nach hinten, um ein Ei vom eigenen Rücken zu pflücken:

Se wo were fi na wosan kofa a yennkyi.

… und beim Waschen wunderte Ada sich, dass die Seife in ihren Augen brannte, aber sonst nirgendwo auf ihrem Körper. Der wolkenähnliche Schaum faszinierte und quälte sie zugleich, aber sie nahm die

Bestrafung in Kauf, denn sie suchte Antworten. Zum Beispiel auf die Frage, warum jene Männer, die über das Wasser kamen – die mit den Stoffen und Gewürzen –, warum sie erzählten, dass sie ihre Waren gegen Land tauschen wollten? *Wie sollte das gehen?* Die Sonnenstrahlen konnten auch nicht gefangen, getötet, gehäutet, und auf dem Markt verkauft werden, oder? Aber auch wenn jene Wasser-Männer sogar noch weniger von der Sprache der Küstenmenschen verstanden als Ada, meinten sie es mit ihren Absichten wohl ernst. Tagelang verhandelten sie mit den Dorfältesten, nächtelang tranken sie mit den Dorfältesten. Offenbar hatten sie mit der Strategie Erfolg, denn ihre Boote waren viel größer als die der hiesigen Fischer. Nur wie solche Märkte wohl aussahen, wo Landstücke zum Tauschhandel angeboten wurden, konnte Ada sich beim bestem Willen nicht vorstellen.

Vor dem Schlafengehen fragte sie sich außerdem, warum die Sonne jeden Tag, flammend und prächtig, an einer Seite des Grundstücks aufstieg, nur um dann drei Mahlzeiten später auf der anderen Seite, blass und schwächlich, bei Anbruch der Kälte, wieder zu verschwinden. *Dass* sie verschwand, war ihr klar. Doch was hatte es mit der Bewegung auf sich? Warum, wenn Ada sich abends zwischen Naa Odarkor und Mami Ashitey zum Schlafen hinlegte, ist sie selbst morgens nicht auf dem Sand neben dem Wasser wach geworden? Oder in einer staubigen Ecke hinter dem Gitter, dort, wo die Hühner abends eingesperrt wurden?

Einige Antworten hatte Ada gefunden, aber für sich behalten, weil sie wusste, dass keine andere Person sie verstehen würde, nicht einmal die, der sie sonst alles anvertraute. Wie denn auch? Wie sollte Naa Lamiley glauben, dass die Sonne Angst vor dem Dunkeln hatte und sich deswegen lieber versteckte, als alleine am Ende des Tages über dem großen Wasser zu zittern? Wie sollte sie glauben, dass die blinzelnden Lichter, die im Luftraum nur nachts gesehen werden konnten, in Wahrheit zahllose Kerzen waren? Und wie sollte Naa Lamiley glauben, dass die Kerzen nur winzig wirkten, weil sie unendlich weit weg waren? Wie sollte sie denn glauben, dass die Menschen eines Tages in riesigen Luftraumschiffen zu den Kerzen hinsegeln würden?

»Eh-eh!«, hätte sie dann gesagt. »Bist du sicher, o?«

Und dann hätte sie Ada ausgelacht, und Ada hätte so getan, als würde sie mitlachen, weil sie ihre zärtlichen Überlegungen nicht in starre Formulierungen hineinpressen konnte. Aber eigentlich hätte sie gedacht: »Natürlich bin ich mir unsicher!«, denn das Einzige, woran Ada fest glaubte, war die Tatsache, dass nichts sicher sei. Das würde sie aber niemals laut sagen, weil es für Naa Lamiley anders war. Für sie war die Antwort auf alle Fragen: Ataa Naa Nyɔŋmɔ – der Anfang, die Mitte und das Ende …

… »außer natürlich Mathematik«, sagte Ada immer wieder gerne. »Mathematik kann alles.«

»Alles?«

Ada nickte aufgeregt und versuchte, den Blick von Charles einzufangen.

»Eines Tages werden wir alle sogar damit in das Weltall fliegen können!«

»Hmm?«

Das war von Charles kein ehrliches »Hmm?«. Es steckte weder eine offene Frage noch ein ehrliches Interesse dahinter. Es war eher so ein: Oh-Ada-ist-wieder-am-Träumen, ein von-oben-herab-artiges »Hmm«. Und Ada spürte wieder die Enge in ihrer Brust, an die zu gewöhnen sie sich weigerte.

Sie hob ihre Haarbürste auf und beobachtete, wie Charles sich quer über das Bett ausbreitete, Lesebrille auf seiner Nasenspitze. Er las ihre Notizen mit erhobenen Augenbrauen. Einem Hamilton, Bentham oder De Morgan könnte eher eine solche Arroganz verziehen werden. Adas Debatten mit den Kollegen fanden wenigstens in wissenschaftlichem Rahmen statt. Die Logiker verklärten lieber ihre eigenen Errungenschaften, als Ada in nur einem Punkt recht zu geben. Aber immerhin gab es plausible mathematische Ergebnisse, womit sie sich brüsten konnten – so mittelprächtig sie auch waren.

»Hmm?«, wiederholte er.

Ada drückte Charles sanft weg, machte ein wenig

Platz für sich am Rand ihres Bettes und legte sich hin, neben ihn.

»Ich würde dir gerne einen Vogel zeigen«, grinste sie und wärmte ihre Füße an seinen Waden.

»Wie bitte?!«

»Ich war erst dreizehn Jahre alt, als ich einen gebastelt habe. Er konnte mit den Flügeln klappern.«

Charles nahm seine Lesebrille ab und legte die Bügelspitze an seine Lippen. »Und? Das hat was genau mit dem Weltall zu tun?«

Ada zuckte mit den Schultern.

»Ich meine nur, wenn ein Mädchen so etwas kann – also wenn ein simples Mädchen überhaupt über das Fliegen nachdenken kann –, dann müsste es doch für die schlauesten Männer Englands ein Kinderspiel sein, den Weltraum zu erobern? Oder etwa nicht?«

Charles gab mit gespitztem Mund drei kurze Töne von sich, setzte die Lesebrille noch einmal auf und schaute zurück auf das Manuskript.

»Wenn ich das schreiben würde!«

»Solltest du«, entgegnete sie. »Eines Tages wird es passieren. Und dann werden alle dich bewundern, weil du es vorhergesehen hast!«

Er sah diesmal nicht vom Lesen auf, trotzdem sah Ada, wie ein Funkeln in seinen Augen erschien.

»Dann«, kicherte er, »wird der Roman nach dir benannt. Selbstverständlich!«

Und während er sich weiter amüsierte, schaute Ada aus dem Fenster …

… ein wunderschöner Sternenhimmel, wie sie ihn nur selten sah. Es roch, wie üblich, nach verbranntem Fleisch. Zwei oder drei Baracken weiter hustete jemand. Es klang, als würde er seine Innereien ausspeien.

Ein Gestreifter saß am Ende des Bettes und hielt angemessene Distanz zu ihr. Seine fünfzehn Minuten nutzte er schlicht, um eine kleine Prise Menschlichkeit zu teilen. In seiner Hand verwelkte ein Gänseblümchen.

»Wir Reichsdeutsche müssen zusammenhalten«, hatte er gesagt. Ada bürstete ihre Haare. Ihr war es egal, was irgendwelche Urkunden oder Akteneinträge belegten. Wichtig war ausschließlich, als was sie durchgehen könnte. Er störte sich nicht an der Stille zwischen ihnen – er war mit den Gedanken sowieso woanders.

»Letztes Jahr um diese Zeit habe ich mich noch in den Fahrstollen neben irgendwelchen Juden abgequält …« Während er redete, legte Ada die Bürste hin und nahm ihr Rouge. Sie trug ein wenig davon auf die Lippen auf. Er hielt kurz inne, um zuzusehen, wie Ada sich an den Handrücken küsste – und erzählte anschließend weiter:

»Unter der Erde zu schuften war, als wäre die Zeit abgeschafft worden. Mit Mühe hätte ich den richtigen Monat erraten können, aber beim Wachwerden – das heißt, beim aus dem Schlaf gebellt werden – wusste ich nie, was für ein Wochentag es war.«

Seine Augen wurden glasig. Er merkte noch immer nicht, dass die Blume zwischen seinen Fingern auf den Boden gefallen war.

»Mein Pritschennachbar, wie hieß er gleich? Er hatte Tagebuch geführt. Das leichte Kratzen des Stiftes auf dem Papier im Notizheft wiegte mich jedes Mal trotz des Gestanks und des Lärms in den Schlaf. Wie … ähm. Wie ein …«

Während er nach dem Wort rang, kratzte er sich am Kopf.

»Schlummerlied?«, sagte Ada. Inzwischen war sie fertig geschminkt. Sie saß auf der Bettkante, die Hände auf den Knien, und wartete seine Zeit ab.

»Schlummerlied«, nickte er gedankenverloren. »Genau. Aber wie gefährlich das Schreiben war, das hatte ich erst begriffen, als einer wegen seiner *Schnürsenkel* aufgerufen wurde.«

Ada erhob ihre Augenbrauen.

»Man würde nicht meinen, dass Schnürsenkel von wesentlicher Bedeutung für den Raketenbau seien, oder?«, blinzelte er. »Aber wir wurden gezwungen, mit der Montage aufzuhören und zuzuschauen, wie sie ihm ins Gesicht schlugen, immer und immer wieder. Die Haut über seiner rechten Augenbraue platzte. Und dann einmal mit 'nem Knüppel – Zack! – direkt auf die Nase. Und noch einmal. Ich sagte nichts, aber ich habe mich schon gewundert, warum es so lange dauerte. *Sechsmal* wurde der Jude geschlagen, bevor er umfiel!«

»Hmm …«

Mit einer flinken Augenbewegung zur Seite, die er nicht mitbekam, schaute Ada zur Tür, um zu sehen, ob sie durch das Guckloch beobachtet wurden. Es war keiner da.

»Als ich die Leiche zum Haupteingang schleppte«, grinste der Gestreifte, »hörte ich, dass es um *Drahtstücke* ging. Weißt du, was Drahtstücke sind?«

Ada schüttelte den Kopf, aber innerlich verdrehte sie die Augen.

»Natürlich nicht«, nickte er. »Na ja, das ist dünnes, biegsames Metall. Wie ein Bindfaden halt. Sie hätten entsorgt werden müssen. Reichsbesitz.«

Er lachte, bis seine Augen tränten. Bis Ada nicht erkennen konnte, ob er nicht schon am Weinen war.

»Reichsbesitz! Wie alles hier.«

Er schaute weg und wischte seine Augen. Sein Blick fiel auf das Blümchen auf dem Boden. Er ließ es dort liegen.

»Wo mein Nachbar das Heftchen und den Stift entwendet hatte, war mir nicht klar. Danach klang aber das Kritzeln auf dem Papier nachts nicht mehr so …«

Beruhigend.

Später, als Ada am Rande der Erde lag, ihre Arme ausgebreitet, einen winzigen blutigen Kreis an der linken Brust, war sie tatsächlich beruhigt. Das Glitzern und das Flirren vor ihren Augen bereiteten ihr keine Angst.

»Nein«, hauchte sie. Und wusste nicht, warum oder zu wem sie gesprochen hatte, es waren so viele unsortierte Geräusche. Sie hörte es wieder, eine weibliche Stimme, die sie anflehte: »Ada bitte! Bitte bleib hier! Bleib bei mir!«

»Nein«, presste Ada ein letztes Mal hervor.

*

Die kommende Runde sollte besonders werden, weil ich zum ersten Mal habe aussuchen dürfen, welcher Gegenstand ich als Nächstes werden sollte. Ich war so glücklich, ich fragte nicht einmal, warum. Ich nahm es dankbar hin. Dankbar ist fast zu bescheiden – ich platzte vor Glück. Ada war weniger begeistert. Als sie ihre Karten zwischen den Fingern hielt, färbten sie ab. Sie las und leckte.

Der Zuckerwattegeruch war scheußlich, und die

Botschaft schmeckte ihr auch nicht: Sie sollte wieder Lebende werden. Ada verschränkte ihre Arme, senkte den Kopf nach unten und wippte leicht, vorwärts und rückwärts. Es wirkte, als würde sie weinen. Die Karten, zwischen ihrer rechten Hand und ihrem linken Ellenbogen eingeklemmt, flatterten wütend.

Was für eine Mutter soll ich gleich werden, murmelte sie, wenn ich selber keine habe?

Ich staunte. Meinte sie immer noch, dass nur die Person, die sie geboren hat, ihre Mutter sein könnte? Nach all ihren Leben?

Nach all meinen Leben, zischte sie, will ich einmal eine Mutter haben, die BEI MIR BLEIBT. Ihre Augen flammten auf.

Oh, oh, dachte ich.

Sie stürmte, sie warf um sich, sie schrie in die weiße Leere. Sie wolle nicht ein weiteres Mal erleben, wie sie aus dem Geschehen herausgerissen und woanders hingepflanzt wurde. Ginge es nach ihr, wäre sie endlich ein endliches Wesen geworden: es gäbe einen Anfang, eine Mitte und vor allem – vor allem – ein Ende.

Ihr Verhalten wunderte mich, denn eigentlich hatte Ada bereits gelernt, dass wir alle immer hier gewesen sind und dass wir immer hier sein werden; bis das, was wir »Zeit« nennen, sich um sich biegt und fast zerbricht; bis das, was wir »Geschichte« nennen, sich umdreht und die sogenannte Zukunft noch einmal von vorne anfängt. Ihre Vergesslichkeit war mir unerklärlich.

Gott kreischte. Es hieß so viel wie: Du bist nicht besser! Erinnern und Vergessen gehören zusammen. Wie oft muss ich dir das noch erklären?

Bis ich auch Mensch werden darf, sagte ich.

Vielleicht, antwortete Gott, vielleicht war es schon gewesen, dein Leben. Vielleicht hast du es verschlafen …

Netter Versuch, sagte ich.

… oder verdrängt.

Das glaube ich nicht, sagte ich.

Denn wenn ich eins wusste, war es, dass ich noch nicht gelebt habe. Da war ich mir sicher.

Ob es wieder um das Armband gehen wird, fragte ich. Irgendwo flogen meine Karten herum. Ohne Hände ließen sie sich schlecht fangen.

Wird es, sagte Gott. Und auch wieder um Deutschland.

Warum das, fragte ich (mein letzter Aufenthalt dort hing mir sehr nach).

Es muss so sein. Aber diesmal darfst du deine Form wählen. Was möchtest du werden?

Ich wusste es sofort. Irgendwas, was Freude bringt, sagte ich.

Über die Jahrtausende hatte ich mitbekommen, wie glückliche Wesen aussahen. Der Zustand schien ansteckend zu sein. Und mit Sicherheit, dachte ich, würde es mir das Weiterkommen erleichtern, wenn ich mehr Wert auf Bejahendes legen könnte. Meine Begegnungen mit Lebenden waren immer ertragreicher, wenn ich Glücksgefühle in ihnen ausgelöst hatte.

Ich sah noch das schlafende Baby, dem es gut ging, weil ich eine Flasche warme Milch gewesen war; oder die Jugendlichen, die sich versöhnten, weil sie mich in der Gruppe hatten herumgehen lassen. In manchen Gegenden reicht es aus, wenn ich ein vierblättriges Kleeblatt bin, in anderen Orten sind sie begeistert, wenn ich die Nummer acht verkörpere. Eine Kuscheldecke, ein positiver Asylbescheid oder Top-Surgery genügen, um Wärme, Erleichterung oder Begeisterung hervorzurufen.

Allein die Liebe. Die ist für Gott reserviert. Was mich entlastet, wenn ich ehrlich bin, denn Liebe ist ein überstrapaziertes Konzept, das schnell zu schlechten Entscheidungen und noch schlechteren Schlagern führt.

Ich habe mir sagen lassen, dass Liebe das größte Glücksgefühl von allen ist. Ich würde dagegenhalten, dass Wesen, die solche Aussagen treffen, noch nie von vollkommener Stille umhüllt gewesen waren; dass sie nie das nächste Gefühl der Unendlichkeit erlebt haben. Oder genauer: Sie wissen nicht mehr, wie es sich angefühlt hat.

Sie sind wie Ada.

Die nächsten Schleifen

Ada

02:59 Uhr

Es war tatsächlich Freitag, der dreizehnte. Goodness me. Immerhin das letzte Mal im Jahr. Meine Augen waren auf, aber Wachsein ist was anderes. Der Traum krabbelte noch eine Weile um mich herum, kitzelte meine Augenlider und drückte mir einen fiesen Schmerz in den Nacken, bevor er widerwillig in den Hintergrund rückte. Trotzig lauerte er neben meinen Ohren, da er wusste, ich würde ihn mir bald zurückholen.

Ich schob meine Wärmflasche hinter die linke Schulter und lavierte meinen Kopf von Seite zu Seite. Sie war nur lauwarm, die sogenannte Wärmflasche. Es wäre besser gewesen, ich wäre aufgestanden und hätte mir eine neue gemacht. Kein Problem eigentlich. Ich bin eine starke, selbständige Frau, sagte ich mir. Komm! Los! Und in meinen Gedanken war ich schon drei Schritte weiter – in eine Decke gewickelt, mit meinen nackten Füßen auf Zehenspitzen neben dem dampfenden Wasserkocher in der Küche. Elles Küche. Es würde sich höchstens um eine oder zwei Minuten handeln, versicherte ich mir – länger würde ich es auf den kalten Fliesen sowieso nicht aushalten. Aber nur der Geist war willig. Das Fleisch kuschelte sich weiterhin im dunklen Wohnzimmer auf Elles klumpiges Sofa.

Ich gähnte. Der Traum ergriff die Gelegenheit, um bis zum Rande meines Gedächtnisses heranzutorkeln. Was hatte ich in ihm gesehen? Er stichelte mich mit winzigen Hinweisen. Fast hätte ich ihn erfasst, da bewegte sich mein Bauch. Sogar in dem schwächlichen Licht, das die Gardinen durchdrang, konnte ich die drei oder vier winzigen Beulen, die meinen Bauchnabel umkreisten, gut erkennen. Ich summte gedankenverloren die ersten vier Töne einer Melodie und überlegte, wie das Lied hieß – bis das Baby gegen den oberen Teil meines Brustkorbs trat. Ich musste kurz die Luft anhalten. Meine Hände umschmeichelten die Beulen, als ich flüsterte:

»Hey, hallo! Ruhe da!«

Elle hätte gelacht. Dieses Kind, hätte sie gesagt, wird dir die Hölle heiß machen. Ich solle meinen Schlaf genießen, solange ich es noch könne.

Wie sie es liebte, mich kleinzumachen. Als würde sie glauben, dass *sie meine* ältere Schwester war, statt umgekehrt. Wäre sie jetzt bei mir, hätte sie wieder diesen Spruch mit dem Schlaf gebracht. Und ich? Der Gedanke schmerzte. Ich hätte geschwiegen. Genauso wie das letzte Mal. Vor genau einer Woche. Am Nikolaustag.

Inzwischen ist der alte Nikolaus mir ein Begriff. Und sein Knecht Ruprecht leider auch. Um von diesem Zwarte Piet ganz zu schweigen. Aber letzte Woche um diese Uhrzeit schlief ich in unbeschwerter Ignoranz. Ein paar Stunden später wurde ich von Elle geweckt. Ich versuchte, so zu tun, als hätte ich nicht bemerkt, dass sie neben mir stand. Meine Augen waren noch immer geschlossen, mein Atem tief und gleichmäßig, doch mein Kiefer verriet mich. Als sie mir den Kopf tätschelte, biss ich die Zähne zusammen.

»Der Nikolaus war da!«, jubelte sie und setzte sich auf das Sofa. »Anscheinend warst du brav!«

»'Laus« und »Cash« klingen gar nicht ähnlich, ich weiß. Dennoch platzte ein »Was?!« aus mir heraus. Ein Wunder, dass ich überhaupt hatte reden können, so groß war der Kloß in meinem Hals. Ich wollte fragen, wann er da war, und warum er nicht geblieben war, und ob er zurückkommen würde, aber meine Stimme hat nur für »Warum? Warum war er hier?« gereicht.

»Schau doch selbst!«, hatte Elle gegrinst. Wie ihre Augenbrauen hüpften – bäh! Dann hatte sie mit den Augen gerollt. Als wäre ich ein Kleinkind, das sie überraschen wollte. Sie sah so glücklich aus. *But why?* Warum von allen Menschen auf der Welt sollte Elle sich ausgerechnet über Cashs Anwesenheit freuen? Seitdem er verschwunden war, hatte sie kaum ein

Wort über ihn verloren. Und auch davor hatte sie nie offen gesagt, was sie von ihm hielt. Es wäre auch nicht nötig gewesen, ihr Gesichtsausdruck sagte immer alles. Woher also diese plötzliche Veränderung?

Zum Glück hatte ich mich letzte Woche entschieden, in dem Moment einfach so wenig wie möglich zu sagen. Ich war langsam vom Sofa gerutscht, hatte mich an ihr vorbeigeschleppt und meinen Kopf durch die Tür gesteckt. Meine Schuhe waren mit Früchten, Nüssen und sonstigem Bio-Unsinn gefüllt. Ich muss sehr irritiert ausgesehen haben, als ich Elle wieder ansah.

»Oh!«, hatte sie gelacht. »Du kennst den Nikolaus nicht? Oder bist du immer noch nicht richtig wach?«

Ich schaute zur Seite.

»Hallo?!«, rief Elle.

»Was?«

»Typisch Ada«, kicherte sie. »Du genießt wohl noch deinen Schlaf?«

Ich bemühte mich um ein Lächeln. Ich war nicht wirklich erfolgreich. Seit Ende Juni stach jeder schiefe Blick, egal von wem, mir direkt ins Herz. Jeder scharfe Ton, wenn auch nur ironisch gemeint, rief Tränen hervor. Also konnte ich mir keine Antwort leisten. Sicherer war es, Elles unüberlegte Weisheiten einfach über mich ergehen zu lassen. Doch in meiner Vorstellung schaute ich ihr in die Augen und schnaubte:

»Schlaf *genießen* sagst du? Warst du jemals schwanger? Hast du je auf deinem Scheißsofa geschlafen?!«

Eines Tages, schwor ich mir. Eines Tages würde ich es ihr geben. Aber so was von.

Wie fast immer um diese Uhrzeit, kündigte meine Blase dem Baby den Kampf an. Keine Chance, dachte ich, als mir die Augen zufielen. Socke wird gewinnen. Und dann schüttelte ich den Kopf, aber es war zu spät. Der seltsame von Cash vorgeschlagene »Arbeitstitel« für das Baby blieb wie ein Ohrwurm in meinem Gehirn kleben. Socke strampelte weiter in meinem Bauch, aber ich merkte es kaum. Als ich mich vorsichtig zur Seite drehte, hörte ich nicht einmal den Aufprall, als meine laue Wärmflasche zu Boden fiel.

Und ich fiel. Ich träumte von einem Mann, der mir nie den Nacken massieren würde:

Ashitey.

Er hatte lange Zeit auf mich den Eindruck gemacht, ich würde für ihn gar nicht existieren. Tagsüber holte er Wasser, schnitt Feuerholz und fegte den Hof. Abends ging er alleine los, um, so wurde gesagt, in Ruhe zu beten. Er kehrte gewöhnlich erst im Mondlicht zurück und steuerte seinem Bett zu. Aber manchmal, wenn seine Augen nicht ganz so rot geworden waren, manchmal blieb er neben den älteren Männern stehen. Er setzte sich zu ihnen, nippte an deren kpótomenui und hustete, bis er mehrmals auf den Rücken geschlagen werden musste. Er beobachtete die Männer genau und ahmte all ihre Bewegungen nach. Es fehlte ihm nur der geradlinige Hals. Aber ganz gleich wie er seinen Tag beendete, immer wenn er an mir vorbeiging, konzentrierte er sich auf die Ziegen und Hühner. Als wäre ich unsichtbar. Ich hingegen hätte jedes einzelne Haar an seinem Körper zeichnen können.

Er war ungewöhnlich groß, weshalb er als Kind schneller für die üblichen Streiche bestraft wurde als wir. Seine Locken waren auch heller, größer und weicher und seine Augen wechselhaft wie die Farben des großen Wassers. Die seltene Schattierung seiner Haut wurde regelmäßig von den Zahnlosen kommentiert. Mami Ashitey erzählte allen, die es wissen wollten, dass er kein *echter* Ga sei. Sein Vater käme aus einem fernen Land. Sie wusste nur nicht mehr genau, wie dieser Ort hieß.

»Das passt«, hatte ich ihm später erzählt. »Mein Vater kam auch aus einem fernen Land, dessen Name ich nicht kenne.«

Ashitey wurde für mich ausgesucht, weil Naa Lamiley den Zahnlosen gesteckt hatte, dass er mich an meine erste Mutter erinnerte. Er hatte auch diese spezielle Art, seinen Kopf zu bewegen, als würde der Wind ihn hin und her pusten. Das war zu der Zeit, als die Männer noch da waren. Die Älteren dösten mit offenem Mund im Schatten, ihr grau gesprenkeltes Haar von Fliegen umkreist, und ließen die Zeit bis zu den abendlichen Oware-Spielrunden verstreichen. Die Jüngeren fingen Fische oder reparierten Netze, sie sangen Arbeitslieder und erzählten Witze. Und die ganze Zeit hielten sie Ausschau nach feindlichen Übergriffen und übergriffigen Feinden. Die sehr kleinen Kinder taumelten unermüdlich hinter den Küken her, ihre plumpen Arme von sich gestreckt. Sie kicherten, bis sie nicht mehr atmen konnten. Und die Fast-Jugendlichen, die noch nicht arbeiten mussten, spielten Ampe. Obwohl Ashitey deutlich älter war, konnte er mit ihnen nicht mithalten. Er klatschte stets einen Takt zu langsam, stampfte erst, wenn das Kind ihm gegenüber schon beide Füße wieder auf dem Boden hatte. Vor seinen Augen lachten sie nicht, aber hinter seinem Rücken wackelten sie mit den Köpfen, als hätten sie Hälse aus Gummi.

Ich wurde von einem schreienden Jungen weggezerrt. Zwischen dem Lachen der Kinder und dem Ziehen an mir gab es eine Leerstelle. Die Zeit hatte gestockt – ein gelber Blitz schoss durch meinen Blick – und sprang erst wieder an, als Mami Ashiteys Schlag mich am Ohr traf.

Ashitey blieb auf dem Hof und hielt durchgehend Augenkontakt mit mir, während seine Mutter auf mich einschlug und ihre Frau zustimmende Geräusche von sich gab.

Schlag – »Ge-nau!«

Schlag – »Ge-nau!«

Mit meinem ruhigen Blick auf Ashitey muss ich zu entspannt gewirkt haben, denn Mami Ashitey suchte sich nach wenigen Schlägen einen anderen Gegenstand aus. Aber auch mit der Peitsche, die Mami Ashitey aus einer dünnen Rute gefertigt hatte, zuckte ich nicht.

Zisch – »Ge-nau!«

Zisch – »Ge-nau!«

Hinterher glänzten auf meinen Beinen Striemen. Ashitey brachte mir eine Kalebasse voll kaltem Wasser und verschwand, kurz nachdem seine Finger versehentlich meine berührt hatten. Es würde noch einige Mondphasen dauern, bis ich genug Ga würde sprechen können, um mich bei ihm zu bedanken; und um mich zu trauen, ihn zu fragen, ob ich eventuell … Ich würde die Frage verwerfen, aber er würde mich so eindringlich ansehen, so einladend nicken, dass ich ihn doch bitten würde, ob ich seinen Kopf in meinen Händen wiegen dürfe. Ich würde dann die Augen schließen und mir vorstellen, dass ich wieder bei meiner ersten Mutter war. Ich würde erst aufhören zu weinen, nachdem Ashitey und ich uns geliebt hatten.

Die Männer, die älteren sowie die jüngeren, waren

alle fort, bevor ich wusste, dass ich zum ersten Mal schwanger geworden war. Sie sollten die Umgebung erkunden, um eine neue Heimat für uns zu finden, denn unsere Siedlung war unsicher geworden.

»Bitte – nimm mich in den Arm«, hatte ich ihm vor der Abfahrt gesagt. Oder doch nur gedacht? So oder so, Ashitey hatte nichts gehört. Er ging, ohne dass ich mich wiederholte. Er ging in dem Glauben, ich hätte ihm nichts zu sagen. Wer?

Charles.

Er beschloss, nicht umzukehren. Doch mit jedem Schritt, den er machte, muss ihm der Streit umso verwirrender erschienen sein. Er kam gewiss nicht auf den Fehler: Warum war ich von den Berechnungen so besessen gewesen? Warum hatte ich in den Stunden davor so ausführlich von William erzählt? War da zwischen den Zeilen eine Botschaft?

Eine Weile noch stand ich neben meinem Schlafzimmerfenster. Ich sah, wie er unten auf der Battersea Road verlangsamte, wie er pausierte, sich halb umdrehte. Wie er dann doch, mit neuer Kraft, wieder losmarschierte. Ich rollte meine Augen. Zwischen ihm und meinem Herzallerliebsten gab es doch keinen großen Unterschied. Mein Mann war genauso hartnäckig.

Am Anfang unseres Werbens hatte William beharrlich weitergemacht. Er hatte sich gezwungen, mein ständiger Begleiter zu sein. Heiterkeit war geboten: Lächeln! Lachen! Witze! Auf sämtliche geäußerten Wünsche, insbesondere die meiner engsten Freundinnen, hatte er immer mit einem Augenzwinkern »Selbstredend!« geantwortet. Er begleitete mich überallhin, seine Kutsche war meine Kutsche. Einen Mann, der sich noch heldenhafter um mich bemühte, würde es nie geben.

Einige Wochen nachdem wir uns kennengelernt hatten, pflegte er zu seinen anderweitigen Verabredungen leicht bis sehr verspätet zu erscheinen, weil seine bis dahin so unerlässlichen Aufgaben, nun »nebenbei« bewältigt werden konnten. Nichts war zur damaligen Zeit wichtiger, als sicherzustellen, dass ich wunschlos glücklich war: seine bezaubernde Lady Ada. Ich war zunächst durch seinen ungewöhnlichen Einsatz verunsichert, habe mich allerdings mit den Gedanken beruhigen können, dass er es gut meine, dass es gewiss nur eine Phase sei.

Er fragte mich – manchmal mehrmals stündlich –, wie es mir ginge, und nahm dabei jedes Mal die Gelegenheit wahr, meinen Rücken mit der rechten Hand zu berühren – etwas zu leicht, um es platonisch zu meinen; etwas zu fest, um dabei gelassen zu wirken. Wie hätte ich das widersprüchliche Gefühl bewerten sollen? Ich entschied mich, mein Unbehagen für mich zu behalten. Um ihn nicht unnötig zu belasten.

Trotzdem war es ihm alles zu viel: Er lud mich regelmäßig zum Essen ein und war spielerisch beleidigt, wenn ich auch nur daran dachte, ihn einzuladen. Er hatte Antworten auf alle meine Fragen, selbst auf die, die ich nicht gestellt hatte. Und er war entspannt. Die Ruhe in Person. Immer. Es war nur eine Frage der Zeit.

Anfangs war ich stolz gewesen, einen so hübschen Gentleman an meiner Seite zu wissen. Meine Dankbarkeit sprudelte, meine Augen leuchteten voller Bewunderung. Die Art von Bewunderung, die es braucht, um all die anderen Empfindungen zum Schweigen zu bringen. Er galt als eine ausgezeichnete Partie: Meine Claras, Lucys und Henriettas waren neidisch, meine Mutter erleichtert. Alles wäre mir perfekt erschienen, hätte er nur nicht dieses Kinn gehabt. Starr wie eine Kriegsbarrikade. Es war das Kinn eines Mannes, in dem ein Vulkan wütete, denn seine unerbittliche Vergangenheit holte ihn täglich ein. William war ein gebrochener Mann. Ein Mann, für den es keine Zukunft gab, weil das kleine bisschen Zuversicht, das er täglich aufbringen konnte, nur bis zur Abenddämmerung reichte.

Dennoch, oder vielleicht, vielleicht gerade deswegen, empfand Charles für ihn nichts als Verachtung. Und obschon er sich sehr bemühte, gelang es ihm nicht, Verständnis für mich aufzubringen. Die Tatsache, dass William »so viele nette Sachen in letzter

Zeit gemacht« hatte, war für Charles unerheblich. Unwichtig. Unbedeutend. Überflüssig.

»Du hast dich selbst in Zweifel gezogen«, sagte er. »Das war dein Fehler.«

Auch Charles hatte Antworten auf Fragen, die ich nicht gestellt habe.

»Ich sah ein, dass ich William oft ins Wort gefallen war«, flüsterte ich. »Doch seine Anschuldigungen nahmen kein Ende. William behauptete gerne, fauchte oft, und einmal musste ich mich in der Tat vor ihm in ein anderes Zimmer retten.«

»Warum?«

»Ich hätte ihn bloßgestellt …«

»Wann?«

»Als ich meine Einschätzung zur aktuellen Lage in Frankreich vorgetragen habe – ausgerechnet in Anwesenheit von Lord Palmerston!«

Ich konnte mich darüber amüsieren, aber *cher Charles*. Das Entsetzen stand ihm ins Gesicht geschrieben. Was er nicht alles gegeben hätte, um mit mir öffentlich über die berüchtigten Revolutionen reden zu dürfen. Ach was. Das Thema wäre völlig egal gewesen. Hauptsache, mit mir.

»Bald drehte ich die Sätze dreimal im Mund herum, bevor ich sie aussprach«, erzählte ich weiter. »Ich fühlte mich nur sicher, wenn mein Ehemann mit mir zusammen lachen konnte. Also war *ich* selbstverständlich angehalten, *seine* Witze lustig zu finden.«

Ich schaute Charles direkt in die Augen. Er sah so müde aus. Und verletzlich. Mit den Spitzen meiner Finger streichelte ich über seine Wange. Ich wollte ihm sagen, dass ich gelegentlich davon träumte, mich zu befreien. Dass ich mich nach einem ganz anderen Ort sehnte, irgendwo, wo ich mich entfalten konnte. Ein Zimmer für mich allein. Denn mir wurde jeden Tag klarer, dass das Versprechen »bis dass der Tod uns scheidet« von William in aller Konsequenz ernst gemeint war. Aber Charles hätte mich nicht gehört. Er hätte mich auch nicht gesehen. Er schloss seine Augen.

Karl, meine ich.

In seiner Vorstellung saß er auf dem Schoß seiner Omi. Er atmete ihren einzigartigen Geruch ein, eine Mischung aus Tabak, Kirschschnaps und Kölnisch-Wasser. Im Radio knisterte, summte und pfiff eine Sendung nach der anderen über die bevorstehenden Reichspräsidentenwahlen. Ein Tupfer Erdbeerschaum lief ihm das Kinn herunter. Sie zielte mit ihrem abgeleckten Daumen auf seinen Mund. Ein Auge hatte sie geschlossen gehalten, um sicherzugehen, dass sie die richtige Stelle traf. Obwohl er mit aller Kraft versuchte, sich gegen Oma Gerdas Arm aufzulehnen, war sein Körper steif und aufrecht wie eine Kerze. Stirn gerunzelt, Kiefer eingefroren, Atem angehalten: Millimeter um Millimeter schien er ihrem Daumen zu entkommen. Sein Kopf flackerte.

»Still gehalten!«

Sie war sonst keine strenge Frau, aber wenn sie einen Entschluss gefasst hatte, duldete sie absolut keine Widerworte. Egal von wem. Dass sie glaubte, ihr einziges Enkelkind sei heimlich dem Widerstand beigetreten, war ein folgenreicher Irrtum – tatsächlich gab es kaum einen treueren Hitler-Anhänger als Karl. Zum Glück würde er nie von ihrer Denunziation erfahren.

Die anderen Dorfkinder schauten genauso blond und blauäugig wie das Geburtstagskind. Sie waren ringsherum versammelt, um die eingeübten Ständchen zu singen. Die Szene muss vor – auf den Tag – dreizehn Jahren gewesen sein, denn an die acht Kerzen sowie an Omis Freude über die Einbürgerung Hitlers konnte er sich noch genau erinnern.

Damals dachte Karlchen zu wissen, was Ekel war. Er hatte bitterlich geweint, als ihr glibberiger Sabber auf seiner Wange verteilt wurde. Seine Omi befreite ihn erst, als der Erdbeerschaum beseitigt war und sein Kopf vor Scham glühte. Sobald sich ihr Griff lockerte, sprang er von ihrem Schoß herunter und verdrückte sich in die hinterste Ecke der Stube. Er schwor, dass seine allererste Aktion als Volljähriger sein würde, Oma Gerda die Wange zu polieren – und zwar genauso erbarmungslos, wie sie es bei ihm gemacht hatte. Nun war der langersehnte Tag endlich da, seine Omi aber nicht.

Er öffnete die Augen und merkte, dass er weiterhin in meinem Zimmer stand. Ja, Schatz. Immer noch. Ich nannte ihn Neun-Null-Acht, weil er verschwunden war, bevor ich mir den Rest seiner Nummer merken konnte. Keine Ahnung, wie er wirklich hieß. Er sah aber aus wie ein Karl, fand ich.

Was hätten wir füreinander sein können, wäre er nicht verschwunden? Warum rennen Männer immer weg?

06:48 Uhr

Ich wurde auch nicht wach, als meine Blase den Kampf aufgab. Vermutlich schlafwandelte mein Körper ins Badezimmer, während der Rest von mir weiterhin in Asamando schwebte. Dort lernte ich die Schöpfung des »dein« und des »mein« schätzen. Die neuen Grenzen wirkten fließend, mehrdeutig, und als sie nicht mehr zu gebrauchen waren, verpufften sie. Sie wurden gegen andere Grenzen ausgetauscht.

Meine Mutter und ich, wir haben uns teilen können. Ich wäre so gerne wie sie. Sie kannte sich auch mit Trennungen aus, sie wusste, was es bedeutet, geboren zu werden, entbunden zu werden, oder vielmehr die Illusion zu leben, entbunden zu sein. Sie trug mich in meinen allerersten Raum. Sie ließ mich den Vierzig-Wochen-Weg nach Wiase machen und verschwand jedes Mal aus meinem Leben, bevor ich sie fragen konnte: warum?

Meine Mutter starb nicht in den Flammen.

Auch nicht, als sie frühmorgens mit ansehen musste, wie ihre einzigen überlebenden Kinder von den Brandstiftern verschleppt wurden. Meine Mutter verschwand in der Nacht, kurz vor dem Angriff. Die Heilende hatte sie neben dem Ufer des Bro Bri unter einem Haufen vertrockneter Kuntanblätter versteckt. Ihr linkes Ohr war etwas empfänglicher für das beständige Rauschen des Flusses, weil sie mit der rechten Seite des Kopfes direkt auf dem Boden lag. Sie hustete nicht mehr, denn ihre Zunge klebte am Gaumen fest, sondern driftete hell oder dunkel zwischen Schlafen und Wachen – wie letztendlich wir alle.

Meine Mutter starb nicht in den Flammen, aber sie lebte in den ersten vier Tagen nach dem Gemetzel auch nicht.

»Mashallah«, summte sie – am vierten Abend so schwach, dass nur die Ameisen sie hörten. Eifrig wie sie waren, fanden sie immer Zeit für Musik. Und wie himmlisch sie die ersten Töne der Melodie meiner Mutter nachsangen!

»Ja, wir leben …«

»O, wir leben!«

»Aber wofür?«

»O, aber wofür?«

Die Harmonien drifteten um meine Mutter herum und lullten sie wieder ein. Sie träumte in glitzernden Bruchteilen von wütenden Bränden und entgeisterten Schreien; von göttlichen Schmieden und menschlichen Diamanten.

Am fünften Tag stolperten zwei Brüder, die sich im Wald verlaufen hatten, über einen Fuß. Die Haut, geschrumpft und rissig, war bedeckt von singenden Ameisen, die sich an den Wunden satt leckten. Der Unglückliche, der den Körperteil zuerst gesichtet hatte, erschrak und wich vom verdächtigen Laubwerk zurück. Es war reines Glück, dass er die beiden Kalebassen, die er trug, nicht gleich hatte fallen lassen. Er ging auf Zehenspitzen rückwärts, seine Augen auf der Suche nach der Giftschlange, die dem armen Opfer offenbar ein qualvolles Ende verursacht hatte. Er war zum ersten Mal mit auf der Reise. Überhaupt war er zum ersten Mal außerhalb der Dorfgrenze. Gleich beim Anblick des Fußes kniff der zitternde Dreizehnjährige seine Gesäßbacken zusammen und erfand eine dringende Angelegenheit, mit der er versuchte, seinen Senior-Bruder zu überzeugen, dass sie ohne weitere Verzögerung weitergehen sollten. Und weil der Bruder nicht sofort reagierte, fügte er »Kodjo? Bitte!« hinzu.

Kodjo nickte nachdenklich und tat, als bemerke er den Gestank nicht. Owusu, so hieß der Junge, wiederholte sein Ersuchen. Er hätte auch ein drittes Mal gefragt, nur wurde er von einem Rascheln unterbrochen. Als hätte ihm nicht schon der herrenlose Fuß genug abverlangt, sah er plötzlich, wie der Haufen Laub sich bewegte. Eine der Kalebassen krachte zu Boden.

»Aeeeeeeeee!«

Ob Owusu sich über die eigene Tollpatschigkeit geärgert hatte oder der Schrei eher sein Erschrecken über die zum Leben erweckten Blätter zum Ausdruck brachte, war ihm selbst nicht bewusst. Schade auf jeden Fall um den teuren Wein. Die weiße Pfütze sickerte in die Erde. Owusu schnellte davon und schaute erst aus sicherer Entfernung zurück.

Kodjo hockte neben dem Haufen, sein Kopf leicht geneigt. Von den Grillen abgesehen war es still im Wald – also waren die Leoparden noch nicht unterwegs. Kodjo rettete mit einer Scherbe der zertrümmerten Kalebasse ein wenig von dem schwindenden Palmwein. Er streifte das Laub von meiner Mutter und hob ihren Kopf vorsichtig an.

»Nsafufuo …«, murmelte er und gab ihr tropfenweise davon zu trinken. Gelegentlich strich er ihr über die Wangen, die Lippen und das Kinn, bis sie wieder einigermaßen bei Bewusstsein war. Erst als sie ihre Zustimmung mit einem schwachen Nicken erteilte, wurde sie gewaschen und abgetrocknet. Er schloss die Augen, während er den Schlamm von ihren Brüsten entfernte, und benutzte ihre eigene Hand, um das Flusswasser zwischen den Beinen wegzuwischen.

Owusu hätte die Innenseiten seiner dürren Beine auch dringend waschen wollen, doch es kribbelte in seinen Füßen. Er schaute wippend zu, als Kodjo meine Mutter in den Armen wiegte, ihren Kopf in seinem Nacken. Und bei der Ankündigung, dass sie umkehren würden, gab es von Owusu keine Gegenstimme. Sie wanderten die ganze Nacht hindurch.

Kodjo wurde zwar müde, aber nicht langsamer. Also wurde Owusu gezwungen mitzuhalten, auch wenn er seine Augen vor Erschöpfung kaum offen halten konnte. Als die drei in Pramso ankamen, zog der Morgen in rötlichen Bränden am Horizont auf.

Kurze Zeit danach verlor Kodjo sein linkes Bein in einem merkwürdigen Unfall. Bei Sonnenaufgang war er, wie jeden Tag, mit den anderen Männern losgezogen. Wenige Arbeitslieder später lag er gekrümmt auf dem Boden der Mine und schrie sich die Kehle rau. Keiner wollte gesehen haben, wie er gefallen war. Er musste von sechs Männern zurück zum Dorf getragen werden, was auch nur möglich wurde, nachdem sie ihn bewusstlos geschlagen hatten.

Er würde nie wieder arbeiten können. Seine Aufgabe wurde es, im Hof zu sitzen und bei jeder Gelegenheit damit zu prahlen, dass er meine Mutter damals ganz alleine vom Ufer des Bro Bri zurück nach Pramso getragen hatte. Die ganze Nacht hindurch. Die Bewunderung, die er dafür von den Kindern erhielt, nahm ihm seinen Schmerz nicht, war trotzdem eine willkommene Ablenkung. Aber die Tatsache, dass er in jener Nacht doch Hilfe bekommen hatte, dass der Atem meiner Mutter ihn am Leben gehalten hatte, das verdrängte er. Wie sein kaputtes, nutzloses Bein passte sie in seiner Heldenerzählung nicht.

Meine Mutter hieß Farida.

Lange glaubte ich, der Tod hätte uns für immer getrennt. Aber an einem frostigen Londoner Morgen machte ich die Augen auf, und siehe da! Wie ein Wunder erschien sie vor mir. Ich erkannte ihren Geruch sofort. Sie lächelte nur mit den Mundwinkeln, denn meine Geburt war schwer. Zu schwer, sagte sie und schaute mich vorwurfsvoll an, als hätte ich es so für sie erwünscht. Ich schrie. Sie weigerte sich, mich in den Arm zu nehmen, denn sie hasste es, mich weinen zu hören. Lieber kontrollierte sie, wie ich von der Amme in den Schlaf gestillt wurde. Folglich nannte ich sie selten »Mama«. Eigentlich nur in der Öffentlichkeit. Eigentlich nur ihr zuliebe.

Meine Mutter hüllte sich in Flammen, meine Erziehung ein glühender Beweis dafür, dass sie keinen Mann brauchte. Vor meiner Zeit waren mein Vater und sie in einer explosiven Hassliebe verbunden, die mit meiner Geburt ihren Höhepunkt fand. Ich war wenige Wochen alt, als meine Mutter endgültig das Familienhaus verließ.

Im Frühstücksraum blieb der Porridge unberührt, die Teetasse dampfte noch, und die Tränen meines Vaters flossen ungestört, während draußen meine Mutter mit mir in die Kutsche stieg. Sie wussten beide, dass seine Gewaltexzesse nicht ungeschehen zu machen waren. Die Bediensteten konnten nicht anders, als jede einzelne Bewegung meines Vaters geschützt hinter der Fensterscheibe zu beobachten – sie atmeten kaum. Meine Mutter hingegen schaffte es, die Hülle, die einst ihr Ehemann gewesen war, gänzlich auszublenden. Stattdessen konzentrierte sie sich auf die Sorgen des blassen kopfschüttelnden Kutschers:

»Ob das Kind alt genug ist, gnädige Frau?«, murrte er. »Bis zu Kirkby Mallory ist es ein langer Weg. Ein *langer* Weg.«

»Aber wir machen gewiss während der Reise ausreichend Rast?« Die Augen meiner Mutter schimmerten, in der Hoffnung, er würde verstehen, dass ihre Fragen ähnelnde Frage tatsächlich keine war. Denn alle notwendigen Opfer waren bereits erbracht. Um sich auf die Reise vorzubereiten, hatte sie die Amme vor einer Woche weggeschickt. Die vielen tränenreichen Tage, die meine Mutter und ich durchgemacht haben, bevor sie es endlich schaffte, mich mit der eigenen Brust ernähren zu können, sollten nicht umsonst gewesen sein.

Der Kutscher nickte, weniger in Zustimmung als in allgemeiner Überforderung. Er hatte noch nie eine so lange Fahrt mit einem Säugling unternommen. Überhaupt hatte er noch nie eine so junge Mutter erlebt, die ohne zu zögern seinen Wagen bestieg, und ganz gewiss hatte er noch nie einen so gebrochenen Ehemann gesehen – offensichtlich der Vater des Wurmes –, der alleine auf der Türschwelle seines Hauses zurückbleiben sollte. Der Fahrer zögerte, die Reisetasche meiner Mutter in der Hand – es war, als wartete er darauf, dass mein Vater endlich die Verantwortung für die Situation übernehmen würde. Aber wir hörten nichts. Die Tränen meines Vaters flossen einfach, also verstaute der Fahrer das Gepäck neben seinem Sitz, kletterte auf die Kutsche und hob die Zügel an.

Er wurde immer kleiner. Flankiert von zwei Flaschen Gin und den Scherben seiner zerschmetterten Ehe, nahm mein Vater das Drama wortlos hin. Ohne Stärkung wäre das Verklingen der Pferdehufe auf dem grauen Londoner Kopfsteinpflaster nicht auszuhalten gewesen. Er stolperte zurück ins Haus, schmiss eine der Flaschen zu Boden und jaulte; einmal nur, aus der Tiefe seiner Seele heraus. Es hallte für den Rest des Tages im leeren Flur nach. An der noch heilen zweiten Flasche klammerte er sich mit der linken Hand fest. Als er sein Arbeitszimmer erreichte, war sie bereits ein Viertel leer.

»Papa« starb während meiner Kindheit, auf irgendeinem anderen Schlachtfeld in einem weit entfernten Land. Unser erster Abschied war also gleichzeitig der letzte. Obwohl er bei meiner Geburt auf den Namen »Ada« bestanden hatte, war ich ihm schließlich für Gutenachtgeschichten oder Hoppe-Hoppe-Reiter doch nicht kostbar genug. Künstler eben.

Kurz nachdem die Themse erfolgreich überquert war, wurde die erste Pause gemacht. Auf einer Raststelle unweit des Flusses stellte sich der Kutscher meiner Mutter vor.

»Solomon heiße ich, Ma'am«, nickte er und biss noch einmal in seinen Apfel. »Sollten Sie irgendetwas nötig haben, fragen Sie nur. *Fragen* Sie nur.«

Ein wenig Speichel lief ihm über die Wange. Meine Mutter war nicht die Art von Frau, die wortlos irgendetwas nötig hatte. Lediglich ihr Fuß juckte ein wenig, weil die kleine Verletzung, die sie sich Tage zuvor zugezogen hatte, wieder aufgerieben worden war. Um sich abzulenken, fragte meine Mutter, wer der Mann sei, der neben ihr in der Kutsche schlief.

»Er reibt sich seit einigen Stunden den Bauch und riecht entsetzlich.«

»Aye, Owen«, seufzte Solomon. »Der Kleinste der Familie. Er hat wohl gestern etwas Faules gegessen. Etwas *Faules* gegessen.«

Meine Mutter wendete ihren Blick von Owen ab und bemühte sich, in kurzen Stößen ausschließlich durch den Mund einzuatmen.

»Sollten Sie nicht Ihren Bruder wecken? Damit er sich … erleichtern kann?«

Sie konnte förmlich zusehen, wie sich ein Gedanke an einen anderen Gedanken hängte und dem Fahrer durch den Kopf irrte, um sich schließlich mit einem Fazit zu verbinden. Wenig später dämmerte es Solomon, was sie mit der Frage vorsichtig auszudrücken versuchte. Er kicherte, er klopfte sich auf den Schenkel, ihm blieb vor Lachen ein Stück Apfel im Hals stecken. Bis meine Mutter aus der Kutsche aussteigen, mich an einem sicheren Ort hinlegen, und ihm mehrmals kräftig auf den Rücken schlagen konnte, war er schon bewusstlos. Auf dem Boden streckte sich Solomons Bein in einem bösartigen Winkel vom restlichen Körper ab.

Meine Mutter fürchtete sich vor nichts. Als sich Berichte über einen möglichen Sturz der Regierung verbreiteten, sorgte sie still und leise dafür, dass es genügend Essen im Haus gab. Selbst der spätere Ausbruch der Spa-Fields-Ausschreitungen hat sie nicht aus der Ruhe bringen können. Im Gegenteil, diverse Treffen für Gefängnisreformen fanden trotzdem bei ihr statt. Und als Solomon kollabierte, wusste sie sofort, was zu tun war. Mit seinen gelblichen Zähnen und dem klebrigem Bart war seine Wiederbelebung ohne Zweifel ekelhaft. Gleichzeitig war meiner Mutter bewusst, dass die Alternative – als alleinstehende Frau mit einem schreienden neugeborenen Baby und zwei tot wirkenden Männern am Straßenrand auf Rettung zu warten – keine gute war. Ohne zu zögern verschloss sie seine Nase und legte ihren Mund auf seinen.

Ich sollte genauso wie meine Mutter werden. Sie erzog mich mit einer strengen Kost aus roher Unbezwingbarkeit und glimmender Wut. Alle Menschen, die für meine Bildung zuständig waren, wurden von ihr persönlich ausgesucht. Die Verwendung von Texten, die mein Gemüt hätten entfachen können, besonders die Gedichte meines Vaters, war unter Androhung von Strafen vollständig zu unterlassen. Ehrgeizig wie ich war, ließ ich mich von meiner Mutter früh für die Wissenschaft begeistern. Ich übernahm ihre Leidenschaft für die Mathematik, denn auch ich war überzeugt von ihrer Unfehlbarkeit und ihren vielfältigen Anwendungsmöglichkeiten. Während sich andere junge Damen mit Stickerei, Lesen und Musik beglückten, entwarf ich mechanische Flugautomaten und entwickelte Bekanntschaften mit streitsüchtigen Mathematikern, die allesamt wesentlich älter waren als ich. Weil mein Talent in wissenschaftlichen Kreisen so bewundert wurde, nahm meine Mutter den möglichen Schaden für meinen Ruf in Kauf. Jedoch hatte ich heimlich immer einen dünnen, abgegriffenen Gedichtband dabei. Trotz aller Bemühungen und sehr zu ihrem Ärger blieb ich bis zum Schluss durch und durch die Tochter meines Vaters.

Meine Mutter hieß Annabella.

Wir standen nebeneinander unserem Haus gegenüber, meine Mutter und ich. Ich bemühte mich, es nicht anzuschauen, obwohl ich eine leise Ahnung hatte, dass ich es nie wieder sehen würde. Da war etwas mit dem Licht. So wie die Sonnenstrahlen von den Fensterscheiben abprallten … Die dicken Vorhänge, die vor die Fenster der umstehenden Häuser gezogen waren, zuckten gelegentlich. Ich hätte schielen müssen. Aber hätte ich das getan, hätte ich vielleicht die Aufmerksamkeit auf mich gelenkt. Mein Gesichtsausdruck sollte aber neutral bleiben. Unser Leben hing davon ab.

In beiden Richtungen war die Straße voller Kolonnen, so weit ich sehen konnte – wenn ich mich überhaupt traute, meine Augen zu bewegen. Meine Geschwister zitterten, wie die unendlich vielen anderen Menschen, neben meiner Mutter und mir. Wie lange noch, dachte ich. Ich musste dringend pinkeln.

Ich warf ihr einen Blick zu, sie starrte vor sich hin. Fünf Minuten. Fünfzehn Minuten. Fünfzig Minuten. Immer wenn sie Luft holte, klang es, als würde sie schluchzen. Doch ich sah nur, dass sie weiterhin entschlossen vor sich hinstarrte. Bis sie die Haut unter dem rechten Auge mit ihrem Zeigefinger berührte. Es war eine schnelle Bewegung. Fast hätte ich sie übersehen. Schau an, dachte ich. Bis dahin hätte ich meine Hand dafür ins Feuer gelegt, so sicher war ich, dass sie sich für nichts schämen könnte.

An irgendeinem beliebigen Abend mehrere Gläschen śliwowica herunterzustürzen, eine spontane Party zu schmeißen, um am darauffolgenden Nachmittag mit vollgesabbertem Mund wach zu werden – *das* war meine Mutter. Manchmal schob sie uns etwas mehr oder minder Essbares vor die Nase. Manchmal auch nicht. Ihr war es egal, dass sie drei Töchter von drei verschiedenen Männern alleine erzog und noch nie verheiratet gewesen war. Selbst nachdem der Tischler im nächsten Dorf sie zu sich genommen hatte, kehrte sie gleich ein Jahr später zu ihren Eltern zurück. Brwilno wäre ein langweiliger Ort, gähnte sie, und Tomasz mit seinem fehlenden Humor und merkwürdigem Pünktlichkeitsfimmel sowieso nicht gut genug für sie und ihre vier Kinder (inzwischen hatte sie auch einen Sohn geboren). Sie würde weiter nach dem Richtigen suchen. Oder auch nicht.

Meine Mutter kochte erbärmlich, war eine mittelmäßige Schneiderin, und wir, ihre Kinder, hatten stets Ärger mit den Dorfältesten. Irgendwann überblickte sie nicht mehr, wie oft sie uns von der Polizeistation hatte abholen müssen. Andere Eltern hätten sich zurückgezogen, wären vielleicht ausfällig oder gewalttätig geworden. *Sie* lief mit erhobenem Haupt durch die Straßen Popłacins oder spielte an besonders sonnigen Tagen mit uns am Ufer der Wisła. Manchmal verzierte sie sich mit bunten Tüchern und filigranem Schmuck, manchmal trug sie einen Dreiteiler und flirtete mit den einsamen Frauen eingezogener Soldaten. Sie wurde gehasst und gefeiert, gleichermaßen. Ausgerechnet ihre Tränen waren es, die sie bei der Besetzung unseres Dorfes zu vertuschen versuchte.

»Weinen ist doch keine Schande!«, flüsterte ich, ein Spruch, den ich von ihr hatte. Meine Hand verschwand in ihrer. Sie war weich und warm, wie immer.

»Wer weint denn?«

Meinen Bruder hatte sie auf dem Arm. Er lächelte und wippte mit den Beinen, weil ihm eigentlich seit Monaten immer wieder gesagt wurde, er sei zu groß, um getragen zu werden. Sie verstärkte ihren Griff um meine Hand und fokussierte den aufblühenden Mann, der an uns vorbei hin und her rollte. Ich erkannte ihn und seinen schäbigen Rollstuhl. Er war der Inhaber des Antiquitätenladens, der immer montags geschlossen hatte. Wir wussten nicht, wie er wirklich hieß. Wir nannten ihn Montag, er nannte uns »asozial«.

Meine Mutter hatte uns nie erzählt, woher sie Montag kannte, aber von allen Menschen, die wir ärgerten, war dieser ekelhafter Typ die einzige Person, die meine Mutter uns wiederholt ermahnte, in Ruhe zu lassen.

»Besonders jetzt«, sagte sie. »Jetzt wo Owe nicht mehr da ist.«

Ich fragte dann immer, wer Owe sei, woraufhin ich entweder einen Klaps auf den Hintern oder, an Tagen, an denen sie besser gelaunt war, die Antwort bekam, dass ich das ja wohl wusste; und wie ich mich fühlen würde, wenn *mein* Bruder sterben würde; und dass, wenn sie noch einmal mitbekommen sollte, dass wir Montag schon wieder die Schaufensterscheiben eingeschlagen hatten, sie unsere Köpfe zusammenstoßen würde.

Ja, ich wusste, wer Owe war, ich hatte ihn allerdings nur selten gesehen, vielleicht drei oder vier Mal insgesamt. Vor zwei oder drei Jahren hatte er uns aus dem Laden gejagt, nachdem wir versucht hatten, Montags Rollstuhlräder aufzuschlitzen. Ich erinnerte mich an Owes aufgeblähten Bauch, sein gelbliches Gesicht, seine spärlich gewordenen Haare. Sein Gang wurde immer steifer, immer langsamer, bis er irgendwann gänzlich ausblieb.

»Warum musste er sterben?«, fragte ich einmal.

»Ich weiß nicht, ob er sterben *musste*«, antwortete meine Mutter. »Ich weiß nicht, ob Menschen überhaupt sterben *müssen*. Vielmehr glaube ich, dass er sterben *wollte*.«

»Was?!«

Mein Eis fiel aus der Waffel. Ich bemerkte es nicht.

»Ach komm!« Sie machte übertrieben große Augen. »Letztendlich wollen wir das doch alle …«

»Ich nicht!« proklamierte ich. Wie kam sie auf eine solch seltsame Idee? »Ich bleibe!«

Auf der Straße vor unserem Haus wurde es kälter, und die Vorhänge regten sich seltener. Ich beneidete meinen Bruder, der inzwischen eingeschlafen war. Seine Lippen waren einen Hauch auseinander, sein Mund entspannt, seine Stirn weich. Meine Schwestern flüsterten nicht mehr, sondern beobachteten mit feuchten Augen, wie Familie um Familie auf Lastwagen verladen wurde. Diejenigen, die nicht schrien, starrten ausdruckslos in die Ferne – keine Angst, kein Hass, kein Hunger mehr. Nur noch blanke Verzweiflung auf ihren schattigen Gesichtern.

Und dann waren wir an der Reihe. Bis Montag den Befehl gab, uns zu trennen, habe ich immer gedacht, dass er auch unsere echten Namen nicht kannte. Doch als sein Rollstuhl vor unserer Familie anhielt, sprach er jede einzelne Silbe genüsslich aus:

»Mariańska, Iwona!«

Meine älteste Schwester machte entschlossen einen Schritt nach vorne. Montag grinste, seine Augen noch immer auf Iwona.

»Mariańska, Ludwika!«

Die Zweitälteste war nicht so mutig und trat erst

vor, nachdem Montag seinen gierigen Blick von Iwona auf sie gerichtet hatte. Iwona nahm schnell Ludwikas Hand in ihre. Ich rechnete halb damit, dass Montag es verbieten würde. Möglicherweise hatte er den gleichen Gedanken. Er leckte sich die Lippen, als er ihre blassen Hände betrachtete. Dann sagte er etwas, was ich nicht sofort habe einordnen können. Ich dachte, er würde sagen: »Loslassen!« Tatsächlich hieß es:

»Mariańska, Adelajda!«

Wie schrecklich mein Name zwischen seinen Lippen klang! Wie ein Todesurteil. Und wie ich es bereute, jemals in seinem Laden geklaut zu haben. Bitte, lieber Gott, betete ich. Ich mache es nie, nie wieder! Ich verspreche es! Bitte, verzeih mir, lieber Gott!

»Vorgetreten!«

Ich hörte den Befehl, ich sah den Befehl, ich fühlte den Befehl – doch ich blieb, wie angefroren, neben meiner Mutter. Meine Augen brannten, meine Nase lief, Urin füllte meine Schuhe. Ich blieb so lange stehen, bis meine Mutter mich zwickte und nach vorne schob. Ludwika packte mich am Handgelenk. Ihre Handfläche war verschwitzt.

»Mariański, Stanisław!«

Armer Staś. Um ihn zu wecken, musste meine Mutter ihn auf den Boden stellen. Erst schwankte er, dann lehnte er sich an sie und streckte seine speckigen Arme hoch. Schwer waren sie, wie seine Augenlider.

»Vorgetreten!«

Meiner Mutter wurde befohlen, Staś auf dem Boden zu lassen, selbst als seine Schreie höher und manischer wurden. Und obwohl ihr wenige Sekunden später auch namentlich befohlen wurde vorzutreten, »das Blag« hatte sich gefälligst selbst zu beruhigen – oder es könne halt liegen bleiben. Und obwohl die grazile Gestalt meiner Mutter weit über Montag ragte, schaffte er es dennoch, mit seinen popeligen Augen auf sie hinabzublicken. Das kleine bisschen Macht sickerte aus allen Poren. Er wusste: Selbst mit kaputten Beinen war sein Leben mehr wert als ihres. Mit zur Seite hängendem Kopf und gestrecktem Kinn starrte er sie an, bis Staś schließlich wimmernd aufstand.

Meine Mutter sprengte die Flammen. Sie starb, aber nicht bevor sie Montag und einige weitere mit in den Abgrund riss. Als Montag von uns wegrollte und weitere »Asoziale!« und »Kriminelle!« denunzierte, zählte meine Mutter mit den Fingern an ihrem Oberschenkel die Nazis ab.

»Ihr rennt gleich los, wenn ich das Zeichen gebe …«, zischte sie.

»Was?!«, flüsterte ich.

Aber schon war meine Mutter aus der Reihe herausgeplatzt und lief direkt auf Montag zu. Mit ihrer linken Hand zog sie ihn aus dem Rollstuhl, den rechten Arm schlang sie um seinen Hals. Seinen noch zappelnden Körper verwendete sie als Schutzschild gegen die ersten Kugeln. Iwona hatte Staś geschnappt und war losgerannt, Ludwika dicht an ihren Fersen. Ich wäre bei ihnen, wo auch immer sie jetzt sind, wenn ich nicht angehalten hätte, um nach unserer Mutter zu schauen.

»ICH BLEIBE!«, waren ihre letzten Worte an uns, ihre Kinder.

Meine Mutter hieß Ila.

07:45 Uhr

Elle war das. Sie beugte sich so nah zu mir hinunter, dass ich ihren Atem in meinem Gesicht spüren konnte; so nah, dass ihre Haare meine Nase kitzelten. Im ersten Moment nach dem Wachwerden, wo alles noch ineinander verschwamm und nach Wunschtraum roch, in jenen ersten verwirrten Sekunden dachte ich, sie wäre Cash. Aber vielleicht stimmt das nicht. Vielleicht wusste ich, dass sie es war; vielleicht wünschte ich mir nur, dass er es wäre. Ich drehte meinen Kopf zur Seite.

»Verzeihung«, sagte sie. »Ich wollte dich nicht wecken.«

Ich weiß nicht, warum sie immer so was sagt. Wir

wissen beide, dass es nicht stimmt. Ihr Blick bohrte immer tiefer auf der gewundenen Suche nach meinen innersten Gedanken. Sollte er bei dem Verlangen nach einem Milchkaffee ankommen, dachte ich, *I would never hear the end of it*.

»Hmm?«

»Ich habe nichts gesagt.«

»Ich weiß«, lächelte sie. »Kamillentee – willst du? Ist Bio!«

Sie hielt mir eine dampfende Tasse entgegen. Ihre Tasse. Ihr Tee. Ich schüttelte den Kopf und spürte eine Schwere, als ich mich ausstreckte – wie ein Knoten in der Brust.

»Danke, nein«, hörte ich mich sagen. Meine Stimme war dunkler als sonst.

»Geht's dir gut?«

Ich räusperte mich und nickte. »Ich glaube, Socke wird Boxer.«

»Nein, ich meine – ach Scheiße, du weißt es noch gar nicht?«

Ich verengte meine Augen. In dem einen Moment, den Elle brauchte, um mir ihr Phone zu geben, kamen alle möglichen Sachen, die sie hätte meinen können, bei mir hoch.

»Ist wer gestorben?«, fragte ich.

Als sie den Kopf schüttelte, fiel ihr eine Haarsträhne ins Gesicht.

Boris fucking Johnson hatte die Wahl gewonnen.

»Unfassbar, oder?«

Ich wusste nicht, wie darauf zu antworten war. Es war nicht unfassbar. Es war katastrophal. Brexit. Vor meinem inneren Auge sah ich mich mit meinem nun nutzlosen Reisepass in einem Flugzeug auf dem Weg zurück nach Ghana.

»Ich dachte immer, dass er die Wahl gewinnen würde, ne?«, sagte Elle, »das habe ich dir immer gesagt.«

Ich wusste keine bessere Reaktion, als ihr das Phone zurückzugeben. Warum habe ich gedacht, es würde anders ausgehen? Schließlich war es Freitag, der dreizehnte.

»Ich muss auf die Toilette«, sagte ich.

»Ist es dringend? Ich wollte dir noch etwas sagen.«

Ich hielt meinen Atem an. Nicht ohne einen Kaffee, dachte ich. Bitte.

»Was denn?«

»Na ja – ich hoffe, du wirst nicht zu sauer …«

Ihre Fingernägel waren immer noch so kurz, merkte ich. Vielleicht sollte sie einfach doch wieder mit dem Rauchen anfangen.

»… aber ich habe Cash geschrieben –«

Ich sagte nichts. Meine Hände juckten. Ich hätte stricken sollen. Ich stand auf und steuerte die Tür zum Balkon an.

»Ada?«

»Was?«

»Ich will mich nicht in euren Beziehungskram einmischen …«

»Hmm!«

»… aber schau, du brauchst das Geld.«

»Nicht von ihm.«

»Ich verstehe dich. Ich würde von ihm auch nichts annehmen wollen, aber …«

»Papa überweist mir die Kaution.«

Ich konnte ihren Gesichtsausdruck nicht sehen, denn ich schaute zum Balkon. Ich presste meine Lippen zusammen und verschränkte die Arme.

»Alles klar«, sagte sie.

Obwohl nichts klar war. Keine von uns wusste, wie es mit mir weitergehen sollte. Es ärgerte mich, dass sie mich gezwungen hatte, sie anzulügen. Es ärgerte mich noch mehr, dass sie es wusste.

Wir flüchteten beide aus dem Gespräch. Sie ging in die Küche und drehte das Radio auf. Ich stellte mir vor, ich wäre in meiner eigenen Wohnung. In meinen eigenen vier Wänden. Ohne Nebengeräusche. Eine von den heutigen Besichtigungen musste gelingen. Bitte.

An der Tür zum Balkon massierte ich meinen Bauch mit denselben kreisförmigen Bewegungen wie die der Blätter, die auf dem Hof umherwirbelten. Der Himmel war unerwartet hell. Hier und da trieben dünne Strähnen aus geschwollenem Grau-

Weiß in Zeitlupe darüber, aber ich war von der Nacht noch zu erschöpft, um herauslesen zu können, ob es später wirklich regnen würde. Die dunkelste Wolke ähnelte einer Frau, die auf Kopfkissen eine Pirouette drehte: eine schwebende Figur mit hechtgrauen Haaren, Schuhen aus Zuckerwatte und einem Kleid aus treibendem Blau. Ich habe an meine Mutter denken müssen. Hatte sie gerne getanzt? Den Kpanlogo vielleicht? Den Walzer? Oder hatte ich *von ihr* die zwei linken Füße geerbt? Die Wolke schien mir zuzuwinken, als sie vorbeizog. Ich lächelte und winkte zurück.

Ich hätte noch eine ganze Weile dort stehen können, denn es war frisch auf dem Balkon, aber nicht unangenehm.

»Wem winkst du zu?«

In der Glasscheibe sah ich, dass Elle mein Badetuch um sich gewickelt hatte und wieder nach irgendetwas suchte. Bücher wurden zur Seite geschoben, ein Pullover eingesammelt. Es wirkte, als hätte sie meine Antwort ignoriert, selbst wenn ich ihr eine gegeben hätte.

»Hast du meinen Kamm gesehen?«

Sie stöberte in meiner Handtasche herum, darum merkte sie nicht, dass ich schon die ganze Zeit auf die Armlehne des Sofas zeigte. Ihres Sofas. Cash konnte das auch gut. Sogar wenn ihm die Sachen direkt vor der Nase lagen, würde er sie nicht finden. Er war nicht der Schnellste.

»Da«, sagte ich.

Elle schaute zu mir hoch, und dann in die Richtung, in die ich zeigte.

»A-ha!«

Sie winkte mit dem Kamm. Ich biss mir auf die Zunge. Gerne hätte ich gesagt:

»Übrigens, bitte schön! Und wo ist *dein* Handtuch?«

Aber die Flip-Flops schleiften über den Boden, als wären Elles Füße aus Blei – sie hätte mich sowieso nicht gehört. Die Tür zum Badezimmer wurde geschlossen, genau als ich mich erinnerte, dass ich hatte fragen wollen, ob ich kurz vorher rein könnte. Wenige Sekunden später ersetzte das Rauschen von fließendem Wasser die Lücke, die meine ungestellten Fragen hinterlassen hatten. Ich bildete mit meinen Lippen ein »o« und atmete aus, so langsam ich konnte.

Die Bäume im Innenhof standen stolz und aufrecht, trotz der heftigen Winde. Ich schützte meine Augen vor der Sonne, die weiterhin über den Dächern der gegenüberliegenden Häuser schwebte, und suchte. Ein Flugzeug stach aus der Brust »meiner« Wolke hervor.

»Fängt ja gut an«, murmelte ich.

Unter den Glücklichsten

02:59 Uhr

Die Sache mit dem Reisigbesen war leider nicht aufgegangen. Ich hatte gehofft, dass ich, wenn ich es schaffen könnte, das Armband zu retten, endlich als lebendiges Wesen geboren werden würde. Quasi als Belohnung. Aber schon während sich Ada am Ende ihres Lebens im Weißen auflöste – als jeder Hautpartikel verblasste, jeder Follikel zu Asche, jedes Haar zu Staub –, wurde mir klar, dass ich wieder versagt hatte. Ich weiß es, weil es keine Bilder gab.

Bilder sind nämlich der Unterschied zwischen den Ungeborenen und den Verstorbenen. Auch wenn Verstorbene selber nicht mehr auf Fotos, in Zeichnungen oder durch Erzählungen wahrnehmbar sind, tröstet es sie, zu wissen, dass das Leben der Liebsten weitergeht. Tote haben Bilder. Die, die noch nie gelebt haben, warten noch auf sie. Die, die noch nie gelebt haben, blicken wie ich auf eine gleißende Leere, wo die Vergangenheit sein soll.

Ich schaute – zunächst erwartungsvoll – zwischen staubigen längst vergessenen Unterlagen; ich blätterte durch Geschichtsbücher, durch Tagebücher, durch alte Briefe. Ich war so gründlich, dass ich mich noch weiter bewegte – zurück zu der Zeit, als das Wasser sämtliche Schmerzen der Erde linderte und in gedämpften Tönen bessere Tage versprach. Ich scrollte durch kaputte Smartphones, ich prüfte Höhlenmalereien und U-Bahn-Graffiti, ich las mich durch Polizeiberichte und politische Zeitungen, ich wertete mühsam jeden einzelnen Faden des Teppichs von Bayeux aus. Ich wühlte in goldenen Medaillons, auf staubigen Kamineinfassungen, unter alten Matratzen. Ich forschte: sowohl in der »National Gallery« als auch im »National Geographic«. Unzählige Geschichten hörte ich mir an, einige waren Legenden, andere bloß Fabeln. Ich lauschte da, wo die Musik war – in den Melodien, durch die Rhythmen –, und ich erschien nirgendwo. Nirgendwo.

Das kann nicht sein, dachte ich. Guilherme hatte doch das Armband rechtzeitig bekommen? Ich drehte mich, ich rotierte. Ich reckte mich, ich streckte mich. Doch die Wände drängten sich mir auf, klamm und rutschig. Es gab immer noch kein Entkommen. Welche Prüfungen hatte ich nicht bestanden?

Gott rollte als Steppenpflanze an mir vorbei.
(Einfach so.)
(Als wäre ich gar nicht da.)
(Eine Frechheit.)

Ich ließ alles – nɔ fɛɛ nɔ – auf mich einwirken, in der Hoffnung, dass diese Sensation aller abendländischen Farben zeitnah nachlassen würde. Hinter meiner Hoffnung steckte ein Hauch Erwartung. Ich gestand es mir aber selbst nicht ein. Ich wollte solche banalen Gefühle längst hinter mir gelassen haben. Ich wartete.

So langsam wird mir schwindelig von all dem Abhängen, murmelte ich.

Was nicht ganz stimmte, denn ich hatte nie Schwindelgefühle gehabt. Aus diesem Grund wusste ich nicht, dass es für Lebende unmöglich ist, sie allein durch Abhängen zu bekommen.

Ermüden, sagte Gott.

Ich reagierte nicht. Ich hatte weder die Geduld noch die nötige Einfältigkeit, um mitzuspielen. Außerdem fiel mir zum »Ermüden« keine triftige Assoziation ein.

Durchhalten, schlug Gott vor.

Ich reagierte weiterhin nicht. Assoziationskette war mal, vor langer, langer Zeit, mein Lieblingsspiel. Bis ich eines Tages merkte: schwindend gering waren die Chancen, dass ich jemals gegen das Allwissende gewinnen würde. Eine Tatsache, die das Spiel für Gott wohl nur noch attraktiver machte. Schließlich siegte die Vernunft über die Versuchung.

Na jut, sagte Gott, dann lasst uns Ada suchen.

Die Steppenpflanze verblasste, und Gott nahm die

Gestalt einer Brise an, noch bevor ich fragen konnte, ob wir lange genug gewartet hatten. Bald war sie damit beschäftigt, die diversen Orte rund um, vor, hinter, über, unter und in uns zu erkunden. Ich sah ein, dass auf eine solche Diskussion mit einer Brise einzugehen, zum Scheitern verurteilt war.

Während wir versuchten, Ada aufzuspüren, dachte ich über die Form des Reisigbesens nach. Warum, genau, wurde sie für mich gewählt? Es wollte mir nicht einleuchten. Bis dahin war ich vieles gewesen – unter anderem auch eine köstliche Portion Crème Brûlée oder ein gewinnender Lottoschein, oder ein wunderschöner rötlicher Himmel bei Sonnenaufgang – doch so was Belangloses wie ein Gegenstand zum Putzen war ich noch nie. Ich wollte mich weiterentwickeln – Gott schien mich daran zu hindern. Selbst bei der bisher schwierigsten Aufgabe, die ich jemals erhalten habe – 1862 war ich das Epizentrum eines Erdbebens in Accra –, selbst dann bin ich ermahnt worden, mich zu mäßigen.

Wie ich mich habe zusammenreißen müssen, um nicht ausschließlich bei der Zerstörung der europäischen Festungen zu bleiben! Alle Steingebäude wurden von mir abgerissen, denn am Ende sollte es nicht wie eine »Strafe Gottes« aussehen, sondern eher wie eine sogenannte »Naturkatastrophe«. Schwer war das, aber ich habe es geschafft.

Ich hatte meine Aufgabe erfüllt, dachte ich. Endlich wird es mit dem Geborenwerden klappen, dachte ich. Und dann erfuhr ich, dass ich als Nächstes ein Reisigbesen werden sollte.

Meine erste Wahl wäre das nicht gewesen. Ein Reisigbesen? Unterwältigend. Außerdem wusste ich bereits, dass Mami Ashitey ihn in die Hand nehmen würde, um auf Ada einzuprügeln. Wie oft hatte ich der Szene bereits beigewohnt?

In den kommenden Schleifen werden auch andere Lebende Adas Haut anfassen. Manchmal fester, so dass sie ihre Hände zu Fäusten wird machen müssen, und manchmal so zart, so innig, dass sie nichts anderes wird machen können, als lautlos zu schmelzen. Unmöglich wird es ihr sein, zu deuten, welche Art der Berührung schlimmer sei.

Damals wusste ich, dass die Haut von Ada – anfänglich so dünn und zerbrechlich wie die Flamme einer Kerze – durch jene Berührungen immer fester werden wird. Ich wusste, dass diejenigen, die ihr Gewalt antun wollen, es schwer haben würden, sie zu brechen. Denn ihre Haut besteht. Sie bleibt unbestechlich. Und bevor sie endgültig verhärtet, wird sie mit all denjenigen abrechnen, die ihr weismachen wollten, sie solle für alle Berührungen zu haben sein.

Aber noch hatte ich nicht die Szene an der Küste, Adas letzte Momente, aus der Perspektive des Ozeans gesehen. Mein Einzug über die Küste lag noch in weiter Ferne. Gott verwehte eine Ecke des ewigen Weißen und zeigte mir, wie Ada auf dem Strand verblutete; wie Damfo und Naa Lamiley sich über sie beugten; wie Guilherme sich anschickte, zurück zur *São Cristóvão* zu schwimmen, aber die Babyleiche durch seine hastigen Hände fallen ließ; wie er mehrmals danach grabschte, wie sie aber seinen Fingern auswich, und beinahe freudig, mit blassen Perlen verziert, in den kühlen, dunklen Wellen davonschwamm. Gott ließ die weiße Ecke wieder fallen.

Ach so, sagte ich.

Mehr gab es nicht zu sagen. Außer vielleicht, dass ich fand, dass der Gegenstand, der ich 1459 geworden war, doch gut zu mir passte. Ich war gerade und sauber. Und nützlich. Immerhin – immerhin habe ich geschafft, *eine* von den Demütigungen in Adas zahlreichen Leben ein wenig abzumildern. Also war meine Hoffnung groß, dass ich noch eine Chance bekommen könnte. Geboren zu werden war die größte Sehnsucht meines Daseins.

Nach und nach verwandelten sich meine Karten in Falter. Sie huschten um mich herum; wie eine Krone, die edlen Flügel.

Oh! Werde ich diesmal Prinzessin werden, fragte ich.

Dann brauchtest du einen Frosch, antwortete Gott.

Ich wollte nach den Faltern greifen, ich stellte mir vor, wie sie sich anfühlen würden, hätte ich einen

Körper. Wie sie meine Fingerspitzen streifen würden, wie einer sogar auf meiner Handfläche landen würde. Um seine Geheimnisse zu erfahren, hätte ich ihn mit beiden Händen einsperren müssen. Aber all das schaffte ich nicht. Er war zu schnell. Und ich hatte keine Hände. Nur einen eisernen Kopf.

*

2019 wurde ich zu einem glänzenden nagelneuen britischen Reisepass. Ich war bordeauxrot mit goldfarbenen gedruckten Buchstaben auf der Vorderseite. Die Darstellung eines Löwen und eines Einhorns, die jeweils auf ihren Hinterbeinen links und rechts von einer Krone standen, fand ich seltsam. Ist wohl Teil einer männlichen Phantasie, dachte ich und stellte sie nicht infrage. Ich konzentrierte mich stattdessen auf die Freude in Adas Augen, als sie sich mit beiden Händen an mich klammerte, kurz nachdem das Flugzeug zu einer zerbrechlichen Uhrzeit auf der einzig freien Landebahn des Londoner Flughafens Heathrow aufgesetzt hatte. Es war der Tag, an dem die britische Regierung später die erste Brexit-Abstimmung verlieren würde: Dienstag, der fünfzehnte Januar.

Als das Flugzeug zum Gate gerollt war, begutachtete sie mich. »Augusta Adanne Lamptey« war der Name, der in mir gedruckt stand. Selten hatte sie ihn in voller Länge gehört, noch seltener alle Silben selbst in den Mund genommen. Sie strich meine letzte Seite mit dem Daumen und spürte der Kurve ihres Afros auf dem Passfoto nach. London, o!

Ada war keineswegs die einzige aufgeregte Passagierin. Sie wurden alle mehrmals ermahnt, sitzen zu bleiben. Trotzdem wollten sowohl die Babywiegenden als auch die Bibeltragenden, die Nikotinsüchtigen und die Kolanusskauenden, die Verwirrten und die Entschlossenen, alle unter den Ersten sein, zahlreichen anderen im Wege zu stehen. Obwohl der Gang schmal war, passte eine überraschende Menge an Handgepäck, weggeworfenen Pappbechern und verlorenen Bordmagazinen zwischen die zappligen Füße.

An der Schwelle zu den Flugzeugtreppen hatte Ada der bittere Wind um die Ohren geheult, ihr die Freude geklaut und um alle Seiten ihres Gesichts geschlagen. Ja, in Ghana hatte auch sie gedacht, dass es nur zwei hatte. Doch der europäische Winter würde sie Teile ihrer Anatomie lehren, von denen sie selbst nicht gewusst hatte, dass sie existierten. Es war, als könnte sie spüren, wie die Kälte ihre bis dahin samtige Haut Stück für Stück auffraß und eine ausgetrocknete, aschige Hülle hinterließ. Jesus Christus! Dass Elle vergessen hatte, Ada ausdrücklich davor zu warnen, war verzeihlich. Sie war an die Tiefkühltemperaturen gewohnt und hatte eine weiße Mutter.

Aber hatte Papa davon wieder mal die halbe Wahrheit verschwiegen?

Alles, was Ada über England wusste, hatte sie wie eine Detektivin zusammenpuzzeln müssen. Von den eingerahmten Schwarzweißfotos, die in der guten Stube hingen, hatte sie bereits als junges Mädchen einen ersten Eindruck bekommen. Und von den Alben natürlich auch, bezaubernd waren sie. Sonst war die gute Stube mit ihren Plastikblumen, Spitzenvorhängen und gestickten Bibelversen nur zu besonderen Anlässen und von besonderen Menschen zu betreten. Selten hatte Ada die Ehre. Immer wenn Papa es ihr erlaubte, nahm sie ein Album aus dem Schrank und setzte sich neben ihn auf das Sofa. Einige der Wälzer waren doppelt so alt wie sie. Und so schwer! Die gelblichen Seiten nahm sie gerne hin, aber die Eselsohren! Egal wie oft und wie lange sie es in den Jahren danach heimlich versuchte, hatte sie die Knitterfalten nie ganz herauskriegen können.

Auch England hinterließ Spuren auf Adas Vater, die Jahrzehnte später nicht herauszukriegen waren. Er war die einzige Person weit und breit, die es je ins Ausland (auch bekannt als »Abrotsiri«) geschafft hatte. Die Hoffnung seiner Familie und der Stolz seiner ganzen Community. Damals hatten sie alle sehnsüchtig auf seine Nachrichten gewartet. Nur ging er genauso sorglos mit seinen Erinnerungen wie mit seinen Aufnahmen um. Seine Briefe aus England (ebenso »Abrotsiri«) waren selten und stets inhaltlich auf das nötigste reduziert:

Arbeit gefunden.

Wohnung gefunden.

Frau gefunden!

Geburt Tochter!

Tod Frau.

»Tochter« hatte er direkt nach der Beerdigung wie ein Paket durch Boten zu seinen Schwestern in Accra geschickt. Und viel später, nachdem er fünfzehn Jahre lang in London ausgeharrt hatte, brachte er für das Begrüßungskomitee am Kotoka International Airport keine spannenden Geschichten mit. Überhaupt haben sich die »Geschenke aus Abrotsiri!!!« sowohl quantitativ als auch qualitativ in Grenzen gehalten: fünf große Schachteln Zigaretten für die Männer und zwei Flaschen Parfüm für die Frauen. Zum Teilen. Auntie Henry hatte sich auf dem Flughafengelände reichlich mit Parfüm eingesprüht, während sie gleichzeitig geraucht und genüsslich gelacht hatte. Sie hielt nichts von Papas komischen Regeln. Diejenigen, die wie Ada zu Hause in Osu auf Papas Ankunft gewartet hatten, gingen leer aus.

»Nicht mal ein Toffee?«, hatten die Kinder gejammert.

»Haut ab!« war seine wütende Replik. Sein Gehstock war bedrohlich nah an sämtlichen Hintern vorbeigezischt.

Papas Rückkehr fand 2003 statt, in dem Jahr, in dem Ada sieben wurde. Sie nannte ihn »Papa«, weil sie im Englischunterricht aufgeschnappt hatte, dass Väter in Abrotsiri so hießen. Am ersten Tag hatte sie nicht gewusst, wie sie sich ihm gegenüber verhalten sollte. Er hatte so ernst und erschöpft ausgesehen, es schien ihr höflicher, ihn zunächst einfach in Ruhe zu lassen. Am zweiten Tag wurde er in stundenlange Diskussionen mit irgendwelchen Geschäftsmännern verwickelt. Da war sie ihm auch lieber ferngeblieben. Die Woche drauf war er verreist. Dann wurde er krank. Nichts Ernstes, aber ansprechbar war er trotzdem nicht. Dann fuhr er auf Arbeitssuche und war kaum noch zu Hause. Der richtige Zeitpunkt kam nie.

Warum er sie nicht zu sich nach London zurückgeholt hatte? Warum er sie überhaupt weggeschickt hatte? Warum er sie nicht einmal besucht hatte? Warum er ihr nicht wenigstens Geburtstagspakete geschickt hatte? Oder Briefe? Eine Karte? Ada sammelte die ganzen »Warums« ein und packte sie an einem winzigen Ort hinter ihrem Herzen weg. Erst als Elle wie aus dem Nichts vor zwei Jahren in Accra erschienen war, hatte Ada überhaupt erfahren, dass sie in Deutschland eine Schwester hatte. Der Mann, den sie Papa nannte, blieb ihr sein Leben lang genauso fremd wie ihre verstorbene Mutter.

Trotzdem bemühte sie sich, eine gute Tochter zu sein. Einmal, als sie ihm das Mittagessen servierte, hatte sie sich getraut, ihm von ihrer Sehnsucht nach Schnee zu erzählen. Papa sagte zunächst nichts, warnte sie schließlich: »It's cold, o! Dis ting dey call winter. Eh! It's no joke, o. You don't know …«

Adas Englischkenntnisse waren auf dem Zeugnis berechtigterweise als »mangelhaft« eingestuft worden. Trotzdem hatte ihr sein Satz imponiert, sie verschreckt und fasziniert. Als sie zurück zur Pumpe gehüpft war, um die große Plastikschüssel Wasser zu holen, schwor sie sich hoch und heilig, dass sie eines Tages ebenfalls die Straßen Londons mit einem riesigen Rucksack, nicht auf dem Kopf, sondern auf dem Rücken, entlanglaufen würde. Genau wie die Schulkinder es in Papas Erzählungen angeblich taten.

Weil Ada, knapp sechzehn Jahre später, sich an die eindringlichen Warnungen bezüglich der eisigen Temperaturen erinnern konnte, hatte sie extra ein zweites Kente-Tuch, passend zum neuen Kleid, um ihre nackten Schultern drapiert. Ihr war es vorgekommen, als leuchtete der bunte, handgewebte Stoff: *Abrotsiri, we are coming, o!*

Aber Ada wurde leider von Europa nicht warm empfangen. Auf jeder einzelnen der Stufen vom Flugzeug bis zum Asphalt hatte sie gebetet, dass Gott bitte all ihre Sünden vergeben möge. Sie zog in Erwägung, wieder zurück in die Sicherheit und Wärme der Kabine zu flüchten, da die Maschine sicherlich irgendwann später zurückfliegen würde. Aber die

Menschen, die die Treppen hinunterstiegen, waren, um die Worte der Marktfrauen zu verwenden, »plenty, plenty«. Alle hatten sich für Abrotsiri vernünftig angezogen – nur sie nicht.

Später würde Elle fragen, warum das Flugzeug es nicht zum Gate geschafft hatte.

»Eigentlich gibt es immer einen Tunnel vom Flugzeug direkt zum Flughafengebäude.«

»Echt?«

Ada würde versuchen, sich vorzustellen, wie so ein Tunnel aussehen könnte, und sich letztendlich freuen, dass sie da nicht hatte durchkriechen müssen.

»Eigentlich schon«, würde Elle erwidern. »Gab es keine Durchsage?«

Ada würde daraufhin mit den Schultern zucken. Sie habe die Ungeduld im Flugzeug mitbekommen. In den Reihen direkt vor und hinter ihr hatten Gruppen erschöpfter Eltern Notfalltreffen einberufen, während verärgerte Geschäftsleute wütend auf ihre Smartphones klopften und die Kabinencrew Orangensaft, Erdnüsse und leere Entschuldigungen verteilt hatte. Aber worin der Ärger genau bestand, war Ada nicht klar gewesen.

Als die Türen endlich aufgingen, war es zu spät, um nachzufragen. Also hatte Ada ihre Zähne fest aufeinandergebissen und ihren Abstieg in die Passkontrolle fortgesetzt.

So eine Passkontrolle ist eine geniale Erfindung.

Ich frage mich, wie die Geschichte ausgegangen wäre, hätten die Zahnlosen bei der Ankunft der *São Cristóvão* sich kurzerhand entschieden, einen ähnlichen Betrieb auf dem Strand Totopes zu errichten. Ich stelle mir vor, wie eine der Kotsakauenden Greisinnen Kapitän Gomes ihre zittrige, faltige, linke Hand entgegengehalten hätte; wie er aufgrund fehlender Papiere gezwungen gewesen wäre, die gesamte beschwerliche Reise zurück nach Portugal auf sich zu nehmen.

Die Person, die bei Adas Einreise hinter dem Schalter in Heathrow saß, wäre optisch in Totope nicht fehl am Platz gewesen. Schwarze Wellen flossen aus ihrem Kopf und umrahmten ihr sanftes Gesicht. Mit ihren wässrigen, unabhängig voneinander auf zwei unterschiedliche Punkte fixierten Augen schien sie alles im Blick zu haben. Waren sie sich schon mal begegnet? Ada hatte sich jedenfalls über ihren Anblick gefreut.

»O, hallo!« Sie begrüßte sie, als würden sie sich seit der Grundschule kennen. »Wo ho te sɛn?«

Mit einem Auge auf dem Bildschirm und dem anderen auf Ada schwieg die Person. Als sie endlich reagierte, sprach sie Englisch:

»*Name?*«

Ihre Stimme war dunkel und entfaltete sich über den Lautsprecher ausgedehnt, wie ein unnachgiebiger presbyterianischer Nachtgottesdienst.

»Augusta. Adanne. Lamptey.«

»Von wo fliegen Sie heute?«

Die Person blätterte mich durch, als würde sie bloß Cedis auf dem Markt zählen.

»Madame, ich startete in Ghana. Accra.«

»Ich bin keine Madame«, sagte sie.

»Verzeihung«, sagte Ada.

Die Person tippte weiter.

»Adanne ist kein ghanaischer Name, oder?«

»Nein.«

»Aber Ihr Vater heißt Lamptey? Er ist aus Accra?«

»Ja. Ein Ga. Aus Osu.«

Ada runzelte ihre Stirn. Eigentlich folgte immer die Frage, wie sie denn zu einem nigerianischen Vornamen komme. Das Licht vom Computerbildschirm beleuchtete das Gesicht der Person und spendete ihr einen blauen Teint, während sie auf der Tastatur tippte.

»Warum sprichst du mich dann nicht auf Ga an?«

Ada wusste darauf keine Antwort. Sogar auf den kleinsten Märkten in Accra hatte sie sich daran gewöhnt, immer zunächst auf Twi zu sprechen. Sie wechselte die Sprache eigentlich nur, wenn es mit dem Feilschen stockte und klar wurde, dass die Verkäuferin eine Einheimische war.

»Me ho yɛ …«, sagte die Person schließlich.

Ada begriff zunächst nicht, dass sie auf Twi gesprochen hatte. Die Worte waren richtig, aber die Betonung und Melodie komplett durcheinander.

»… stimmt das? Das ist so ungefähr mein gesamter Wortschatz.«

»Ja-a«, stammelte Ada. »Die Antwort war korrekt. Ihre Aussprache ist … sehr gut.«

Die Person machte ein zweisilbiges zustimmendes Geräusch, ohne ihren Mund zu bewegen.

»Sie haben den richtigen Pass, ja? Sie können einreisen, ohne mir zu schmeicheln.«

Ein Klumpen von der Größe einer Erbse bildete sich in Adas Hals. Er schwoll an und rotierte, bis er zu einer kleinen Kartoffel anwuchs. Dass sie mich durch den reinen Zufall der Geburt erworben hatte und somit zu den Glücklichsten dieser Erde gehörte, war Ada schmerzhaft bewusst. An dem Tag, als Papa mich ihr geschenkt hatte, hatte er eine Überraschungsparty organisiert. Alle ihre Mütter hatten gesungen, gelacht und geweint: »Ada, o! Ada.«

Das Compound war voll von Plastiktischen und -stühlen, mit tanzenden Gästen und aufgeregten Kindern, mit Bierkisten und Fantaflaschen, mit knusprigen Hühnerbeinen und goldenem Jollof-Reis, mit riesigen Lautsprechern und quietschenden Mikrophonen. Papa hatte mit den Männern am Rande des Compounds gelacht, während Adas Mütter von der Küche zum High-Table hin und her geflitzt waren, um Ada jeden Wunsch zu erfüllen. Ihre Tochter war auf dem Weg nach Abrotsiri, o! Sie würde die Hoffnungen und Träume der ganzen Familie mitnehmen.

Nicht einmal Adas engste Schulfreundinnen waren eingeladen worden – und das war kein Versehen.

»Es ist an der Zeit, die Kindheit abzulegen«, hatte Papa immer wieder gesagt. »Denke jetzt an deine Zukunft.«

Ich war das Versprechen. Mit mir sollte alles gut werden. Nur, ob das wirklich so sein würde, war eine Frage, die über Ada wie ein Damoklesschwert schwebte. Denn ganz gleich wie viele Lebende es behaupteten, war ich nicht ihre Identität. Ich dürfte lediglich zu dieser absurd gewordenen Zeit einen Teil ihrer Identität nach außen vertreten.

»Bleiben Sie in London, oder fliegen Sie direkt weiter?«

»Ich fliege nach Berlin.«

Während die Person weitertippte, schaute Ada um sich. Hinter dem nächsten Schalter sahen die anderen uniformierten Personen genauso aus, wie Ada sich Grenzschutzleute in Abrotsiri vorgestellt hatte: weiß und grau, weiß und blond oder, ab und zu, weiß und kahl. Sie alle strahlten Frust, Ärger oder Ungeduld aus. Eine spöttische Mitarbeitende, vier Plätze weiter, hatte gerade die dort vor sich versammelte Familie zum Weinen gebracht. Ada schaute zu mir zurück. Indes wurde meine vorletzte Seite eingescannt.

»Ich mache dort eine Ausbildung«, fügte Ada hinzu.

»In Deutschland!«, nickte die Person. »*Vorsprung durch Technik*, oder?«

»O ja, Mad- Verzeihung. Ja, Genau! Vorsprung durch Technik!«

Den Spruch kannte sie von Papa: »Vorsprung durch Technik!« Dabei hatte er immer »Technik« ausgesprochen, als wäre es ein englisches Wort: »Teknik!« Er war stolz auf seine wenigen Deutschkenntnisse. »Hervorragend!«, hatte er beispielsweise auch oft gerne durch die Gegend gerufen. Ihm gefiel, wie seine Stimme klang, wenn er es in seinem ghanaischen Akzent aussprach, besonders mit dem ungerollten »r« und dem langgezogenen »a«: »Hevohraaaagend!«

»Mein Papa liebt alles Deutsche!«, lachte Ada.

»Hmm.«

Ada biss sich auf die Unterlippe, denn sie merkte, wie doppeldeutig der Satz klang. Aber es stimmte wirklich, dass Papa besessen von Deutschland war. Er war selber nur einmal kurz in München gewesen und bereute es, nicht länger dort geblieben zu sein. Warum er dort war, wie lange er dort war und warum er früher wegmusste – das wusste sie natürlich nicht. Doch selbst Jahre später vermisste er immer noch die köstliche Weißwurst, die traumhafte Aussicht auf den Wendelstein, die ordentliche Mülltrennung und besonders die Spitzenqualität des deutschen Ingenieurwesens. Noch als sie in der Grundschule war, wurde entschieden, dass Ada alt genug war, um jede Woche den vierzigminütigen Fußweg von Osu zu Cantonments alleine zurückzulegen. Denn dort sollte sie so lange Sprachkurse am Goethe-Institut absolvieren, bis sie die Berechtigung erhielt, sich um einen Studienplatz in Deutschland zu bewerben.

»Ich werde Informatik studieren«, erzählte sie der Person hinter dem Schalter weiter. »Eigentlich sind wir eine Fischerfamilie, aber es gibt keine Fische mehr, also zählen alle auf mich. Nach dem Studium werde ich zurückfliegen, um –«

Ich wurde formlos in Adas Hand gedrückt.

»Willkommen in London!«

Ada war bereits einige Schritte weiter, als sie hörte: »Oh, Moment ähmmm … Akwaaba!«

Ada schaute zurück. Die Person war bereits dabei, den Reisepass der nächsten Person zu kontrollieren. Mit etwas Abstand wirkte sie auch weiß und grau. Ada hätte ihr gerne »Medaase!« zugerufen, nur ihr Blick war hart geworden, ihre Stirn war gefaltet, ihre Nasenlöcher flackerten. Plötzlich war sie kaum vom Rest des Teams zu unterscheiden. Ada entschied sich stattdessen für ein geflüstertes »thank you, o!«.

An wen auch immer.

Auf dem Weg zum nächsten Gate blieb Ada vor einem riesigen Poster des London-Underground-Liniennetzes stehen und sah, wie die tiefblaue Linie von den Heathrow Terminals bis in die Innenstadt schlenderte. Laut ihrer Geburtsurkunde hatten Adas Eltern 1996 in London gewohnt. Das war gar nicht *so lange* her.

Immer wenn das Internet während des Deutschkurses gut genug funktioniert hatte, war sie virtuell die Battersea Road hoch und runter geschlendert. Tatsächlich wünschte sich Ada nichts sehnlicher, als mit eigenen Füßen auf dem Asphalt die Schritte ihrer Mutter einmal nachspüren zu können. Papa war allerdings nicht gewillt, ihr dabei zu helfen. Nach mehrmaligem Fragen hatte er eines Abends in einem schroffen Ton behauptet, er hätte keine Bekannten mehr in London. Ihre Mutter wäre dort bei einem Hausbrand gestorben, warum solle er daran erinnert werden wollen? Er starrte weiterhin den Fernseher an und signalisierte somit das Ende des Gespräches. Und Ada hatte sich auf die Lippen gebissen.

Aber bei ihrer Ankunft in London musste sie weinen. Es war ein kurzer Moment, in einer Toilette in der Nähe des Abfluggates. Die »London Underground« war keine fiktive Erscheinung auf Google. Das Liniennetz gab es auch im Taschenformat – was hinderte sie daran, einfach loszufahren? Warum hatte sie nicht den Mut gefunden, ein Hotelzimmer zu buchen und sich alleine auf die Suche zu begeben? Als der letzte Aufruf zu ihrem Flug durch die Lautsprecher ertönte, wischte sich Ada das Gesicht ab und rannte los.

Der Anschlussflug von Heathrow nach Tegel verging ereignislos. Ada schlief beim Abflug sofort ein und öffnete ihre Augen erst, als sie bei der Landung wachgerüttelt wurde.

In der Eingangshalle hatte ein älteres Ehepaar auf die Schlange für »Nicht-EU-Bürger« gezeigt und Ada mit wenigen Staccatolauten dort hingeschickt. Ada bedankte sich vielmals für ihre Hilfe.

»Das Gegenteil von *gut* ist *gut gemeint*!«, lachte der Zollbeamte, als Ada ihm vierzig Minuten später erklärte, warum sie in der falschen Warteschlange gestanden hatte. Die deutsche Sprache fühlte sich noch so sperrig und unecht in ihrem Mund an, aber immerhin verstand sie endlich die Bedeutung des Sprichwortes. Es würde perfekt auf so viele kommende Situationen in Berlin passen.

*

Nun lag ich zusammen mit sämtlichen anderen wichtigen Dokumenten in einer Klarsichthülle auf dem Beistelltisch, bereit für die nächsten Besichtigungen. Ich hörte, wie Ada seufzte und stöhnte, fast klang es wie ein melodisches Summen, und ich versuchte, sie zu beruhigen. Keine Sorge, dachte ich immer wieder, keine Sorge. Da kommt was. Nicht aufgeben. Nicht aufgeben.

»Hey«, murmelte sie. »Hallo! Ruhe da!«

War ich zu laut? Ich war doch zu laut. Oder ich habe das Wort »Sorge« zu stark betont und sie damit aus dem Schlaf gerissen. Vielleicht nicht ganz, aber ich bereute es auf jeden Fall, ihren Traum unterbrochen zu haben.

14:59 Uhr

Nicht nur Ada. Auch ich hatte mich nach dem einen kostbaren Moment gesehnt. So lange wie es bereits gedauert hatte, würde mensch meinen, dass ein paar Monate hier oder dort keinen erheblichen Unterschied machen würden. Aber selbst ich hatte unterschätzt, wie ätzend das Warten sein kann. Wie es sich in unsere Gedanken frisst und auf dem Selbstvertrauen tanzt. Wie es, obwohl seine Finger winzig klein sind, es dennoch schafft, uns Streifen für Streifen die Schönheit abzureißen, bis nur noch ein dünner verwirrter Kern übrig bleibt.

Das Warten sollte bald ein Ende haben: Ada würde sie zeitnah in ihrer Hand halten. Dabei dachte ich an die Goldperlen des selten schönen Armbands. Ich sah schon, wie Ada sie nach der Übergabe zwischen ihren zittrigen Fingern hin und her gleiten lassen würde, ganz berauscht von ihrer eigentümlichen Farbe. Ada war allerdings ganz woanders. Sie dachte an die Schlüssel, die ihr endlich den Zugang zu ihren eigenen vier Wänden ermöglichen würden. Der Tag, an dem sie aus Elles Wohnung ausziehen würde, konnte nicht früh genug kommen.

Und während Ada nichts anderes übrig blieb, als immer wieder zu beten, dass es irgendwie, irgendwann klappen könnte, hatte ich die Gewissheit, dass meine Vision Wirklichkeit werden würde. Gott hatte mir nämlich versprochen, dass ich nur noch versichern müsste, dass das Armband an den richtigen Ort zurückging. Das hing zwar von einer guten Zusammenarbeit zwischen Ada und Elle ab, aber ich hatte Vertrauen – trotz der steigenden Spannung zwischen den beiden –, dass ihre Gemeinsamkeiten stark genug waren, um mich zum Ziel zu führen.

Die Lebenden, die der Meinung waren, die Schwestern würden sich gar nicht ähneln, fokussierten eindeutig die falschen Dinge. Ja, Elle lebte chaotisch. Die meisten Tage begannen so, wie dieser auch angefangen hatte: Elle auf der Suche nach etwas, das sie an einem »sicheren« Ort verstaut hatte; ihr Kopf leicht zur Seite geneigt, Zunge zwischen den Zähnen, ihre Augen auf Gott gerichtet. Überhaupt nahm sie die Sache mit dem Besitz nicht so genau.

»Dafür ist das Leben zu kurz«, sagte sie immer wieder. Sie bediente sich unbesehen der Sachen anderer, kaufte allerdings auch viel (immerhin überwiegend gebraucht) und teilte, ohne zu zögern. Vielleicht würde sie ihre heißgeliebten Bücher, CDs oder Kleidungsstücke zeitnah zurückbekommen, vielleicht auch nicht. Ihr war es egal.

Ada hingegen hatte Anfang des Jahres nur das Nötigste mit nach Deutschland gebracht, darum war ihr Hab und Gut (angenommen, es lag nicht irgendwo zwischen Elles Klamotten) immer fein sortiert und gestapelt; oder sauber, gebügelt und sorgfältig gefaltet; oder frisch geschleudert und strammgezogen an der Wäscheleine. Für meine Wenigkeit hatte Ada sogar direkt bei der Ankunft in Tegel eine Klarsichthülle besorgt. Als einer der letzten britischen Pässe mit der Aufschrift »Europäische Union« sollte ich noch sehr, sehr lange wie neu aussehen.

Obwohl drei Jahre jünger, war Elle tatsächlich größer als Ada, wesentlich eleganter, und sie war stolz auf den mittelgroßen Leberfleck unter ihrem linken Nasenloch. Ada hatte eine Lücke zwischen ihren Vorderzähnen und eine Narbe an der Stirn – in Accra wurde oft angenommen, ihre Haut sei in der frühen Kindheit absichtlich markiert worden.

Elle lebte vegan. Sie jobbte Teilzeit im Bio-Supermarkt, trug Hanf-Sneaker und demonstrierte regelmäßig gegen Massentierhaltung. Eigentlich wusste sie es besser, trotzdem bot Elle immer noch gelegentlich an, Ada das Jollof-Reisgericht mit geräuchertem Tofu zuzubereiten.

»Es schmeckt«, nickte sie »… genauso gut wie Fleisch! Vielleicht sogar besser!«

Ungünstigerweise passierte das oft, wenn Ada gerade dabei war, Rindfleischstücke in grobe Würfel zu schneiden. Das Schlagen der Klinge auf das hölzerne Schneidebrett tönte dann wie abgefeuerte Kugeln. Meistens schwieg Ada, bis die Situation sich von selbst auflöste. Ansonsten war sie durchaus gesprächsfreudig, Elle eher nicht.

Ihre Körper entsprachen den Idealen der Familien, in denen sie aufgewachsen waren: Elle war normschlank und damit zufrieden, Ada war rundlich dick und damit zufrieden. Elle hatte ihre seltene grüne Augenfarbe von ihrer Mutter geerbt. Adas Augen waren dunkel und glänzten im sattesten Braun. Die schulterlangen »Blow-in-the-wind«-Locken schlüpften mühelos aus Elles Kopf, während Adas schwarze Minizöpfe durch stundenlange Feinarbeit mit mindestens drei Packungen Kunsthaar eingeflochten werden mussten.

Aber diejenigen, die sich von Äußerlichkeiten nicht ablenken ließen, erkannten rasch, dass Elle und Ada den gleichen Humor teilten. Und ein warmes, tiefes Bauchlachen, das fast alle um sie herum ansteckte. Es hätte liebenswert sein sollen, nur hatten beide auch einen fiesen Hang zur Schadenfreude. Unendlich viele bedauerliche Situationen wurden losgetreten, weil die eine Schwester vergeblich versucht hatte, dem Anblick des frechen Grinsens der anderen auszuweichen – und am Ende hoffnungslos gescheitert war.

In harmloseren Situationen, beispielsweise im

Supermarkt oder auf der Post, waren sie bisher immer mit einer flüchtigen Entschuldigung durchgekommen. Aber in sensibleren Szenarien – etwa bei Polizeikontrollen oder auf dem Einwohnermeldeamt – hätten die Folgen wirklich schwerwiegend sein können. Einmal hatte Elle es sogar vorgezogen, vor dem Büro zu warten, weil sie wusste, dass jede noch so gut gemeinte Frage nach Adas Heimatland oder jede noch so kreative Aussprache von Adas Namen nicht auszuhalten gewesen wäre.

Immer wenn sie zusammen lachten, wurden Elle und Ada ganz und gar zu den Töchtern ihres Papas. Auch er schloss die Augen, hielt sich mit beiden Händen den Bauch und spitzte den Mund. Auch er lachte zunächst leise, kaum vernehmbar, und dann, nachdem er Luft geholt hatte, mit einem großen Stoß:

»Haaaaaaa!«

Sie waren sogar zu dritt, als sie diese Ähnlichkeit gemeinsam feststellten. Es war vor etwa zweieinhalb Jahren – an jenem verhängnisvollen Tag, an dem Elle in Accra auftauchte und Adas Leben binnen Minuten komplett auf den Kopf gestellt hatte. Ich war damals noch nicht als Reisepass unterwegs – Ada wusste nicht einmal, dass sie die britische Staatsangehörigkeit besaß. Ich huschte als Brise über gewölbte Dächer und neben rasenden Taxis; um wehende Fahnen und zwischen raschelnden Blättern; vor brennenden Müllhalden und hinter reparierten Radios.

An jenem verhängnisvollen Tag, an dem Elle auftauchte, hatte Papa sich geweigert, auch nur einen Schritt nach draußen zu tun. Selbst in der guten Stube, selbst mit der Klimaanlage auf der höchsten Einstellung, schwitzte er angeblich wie ein Springbrunnen. Ada hatte aber keinen nassen Flecken auf seinem grauen Unterhemd gesichtet, und sein frischgewaschenes Taschentuch, das ihm zur Seite stand, sah knochentrocken aus. Obwohl Papas Stirn ein wenig glänzte, war das bisschen Schweiß wirklich nicht der Rede wert.

Von ihrem Schlafzimmerfenster aus sah Ada, wie eine zierliche Frau jenseits des Maschendrahtzauns die letzten Schritte bis zum Tor zurücklegte. Zahlreiche Kinder waren ihr in einer Kolonne hinterhergelaufen; sie hatten gelacht und sich gegenseitig geschubst; sie waren über die Steine gestolpert und hatten den roten Staub hochgewirbelt, der sich auf den frisch gestrichenen weißen Wänden absetzte. Nun standen sie um sie herum auf der Schwelle zu Papas Grundstück und sangen:

»Blɔfono, how are you …?«

Bis dahin hatten die Größten noch nie die Möglichkeit gehabt, ihre wenigen englischen Worte an einer echten blɔfono auszuprobieren. Sie klatschten vor Freude.

»… I am fine, tank you!«, sangen die Kleinsten begeistert mit. Denen war es gleich, dass sie die mechanisch-klingende Sprache kaum aussprechen konnten, Hauptsache der Rhythmus stimmte.

Sie war neu hier. Ada hatte zwischen den Lamellen der Jalousien auf sie geschielt. Mit Sicherheit war die Frau nicht aus Accra, sonst hätte sie die Kinder sofort zum Schweigen gebracht. Also was wollte sie? Menschen aus Abrotsiri verirrten sich selten in diese Ecke. Auf den Hauptstraßen von Osu gab es wohl Nachtclubs und Bars, aber bereits in der ersten Parallelstraße wurden die spektakulärsten Kleidungsstücke nicht um junge Körper gewickelt, sondern an Wäscheleinen aufgehängt. Und der jüngste Beyoncé-Track wurde nicht von einem DJ aufgelegt, sondern tönte als Klingelton durch die Gassen. In den Hinterhöfen von Osu lagen Männer wie Papa auf Sofas herum und keuchten wie Hunde. Und wer würde sich so was freiwillig anschauen wollen?

Etwas an der Art, wie sich die junge Frau bewegte, faszinierte Ada. Es war ein wenig so, als würde sie auf ein Spiegelbild ihrer selbst blicken. Als die Kinder wieder lossangen, verlor Papa die Fassung.

»Was zum Teufel? Ada?!«

Ada schlüpfte in ihre Flip-Flops und rannte los.

»Ich komme schon …«

Inzwischen hatte Papa sein kaputtes Bein auf einen Stuhl gelegt. Ada lief durch das Wohnzimmer, an ihm vorbei und auf die Terrasse. Die junge Frau stand bereits auf dem Grundstück – möglicherweise, um etwas Distanz zwischen sich und die singenden Kinder zu schaffen. Sie klammerte sich mit einer Hand an ihren Rucksack, und mit der anderen hielt sie einen Zettel. Es war zwar hell draußen, doch das war nicht der Hauptgrund, warum Ada ihre Augen verengte. Irgendetwas stimmte nicht. Wer war diese Frau? Warum hielt sie Ada den Zettel entgegen?

Ada blieb kurz vor ihr stehen und überlegte, ob sie den Zettel überhaupt nehmen sollte.

»Ich suche diesen Mann«, sagte die Frau und wedelte leicht damit. Nicht fordernd. Eher schüchtern.

Ihre Haut war trocken, fast grau, und ihre Haare hatten viel Staub zwischen den Locken gesammelt. Offensichtlich hatte sie heute einen langen Weg zurückgelegt.

»Und wer sucht ihn?«, fragte Ada.

»Blɔfono, how are you …?«

Diesmal sangen die Kinder so laut, dass sogar ich aus dem Konzept gebracht wurde. Ich ließ einige weggeworfene Plastiktüten von einer Ecke des Grundstücks zur anderen hin und her wehen und wusste nicht mehr, wo ich sie überhaupt lassen wollte. Und wie diese Frechdachse lachten! Ein überdrehter Junge hatte sein T-Shirt auf den Kopf gezogen, um auf diese Weise die langen, wallenden Haare der blɔfono nachzuahmen. Während er sang, drehte er gespielt verführerisch seinen Kopf nach links und rechts. Eine tiefe, unerbittliche Stimme schoss das Lachen der Kinder weg:

»HAUT ENDLICH AB!«

Papa humpelte seiner Stimme nach. Gehstock in der Hand, hatte er einige Schimpfworte mitschicken wollen, doch auf der Terrasse stolperte er. Das Ende seines furiosen Auftritts wurde durch die Versammlung von staubigen Plastiktüten um seine Füße besiegelt. Da waren sie gut aufgehoben, dachte ich.

»Ich bin seine Tochter«, antwortete die junge Frau, nachdem Ada Papa wieder auf die Beine geholfen hatte.

Papa runzelte die Stirn.

»Wessen Tochter?«, brummte er und schielte gleichzeitig auf die Kinder.

Ada übergab ihm den Zettel: »Deine.«

Es war so still, mensch hätte eine Mücke stechen hören können. Auch ich hörte auf, herumzuwirbeln. Es fuhren keine Autos vorbei, es klingelten keine Handys, selbst das Kratzen der Plastiktüten blieb aus.

Das Schweigen wurde durch ein anderes Kind durchbrochen, das mit einem Stock in der Hand vor das Tor rannte.

»Hausendig-AB!«, schrie das Mädchen, bevor es mit großen theatralischen Gesten zu Boden fiel.

Ada schloss ihre Augen und warf ihren Kopf nach hinten. Ihr Körper bebte so stark, sie dachte, sie würde keine Luft mehr bekommen. Als sie ihre

Augen wieder öffnete, sah sie, wie Elle und Papa sich ebenfalls mit beiden Händen den Bauch hielten. Und dann, als wäre es abgesprochen, lachten sie alle drei im Einklang:

»Haaaaaaa!«

Das war so lange her …

Inzwischen fehlte es an Anlässen zum gemeinsamen Lachen. Ada hatte zwar immer gewusst, dass sie irgendwann Mutter werden würde, denn sie sehnte sich nach dieser besonderen Nähe. Aber weder Cash noch sie hatten so früh mit einer Schwangerschaft gerechnet. Am meisten stritten sie – zumindest dem Anschein nach – über die Tatsache, dass sie heiraten wollte und er dies weder für nötig noch zeitgemäß hielt. Das nutzlose Stück Papier hatte seine Eltern nicht davon abgehalten, sich gegenseitig das Leben zur Hölle zu machen.

»Lass uns einfach zusammenziehen«, wiederholte er immer wieder. »Wir können dann weiterschauen. Lass uns nichts übers Knie brechen.«

»Wenn du dich nicht festlegen willst, kann ich doch gleich alleine bleiben!«, entgegnete Ada dann.

Und selbst nachdem er ihr angeboten hatte, nach Ghana zu fliegen, um ihre Familie kennenzulernen, und nachdem er ihr angeboten hatte, einen Verlobungsring zu kaufen, und selbst nachdem er schließlich anbot, ein Datum für die Hochzeit festzulegen – selbst dann fand sie Löcher in seinen Sätzen und pflückte seine Worte auseinander. Er konnte nichts richtig sagen. Ihre Wut war nicht zu stillen.

»Lass mich in Frieden«, dachte sie.

Aber die Wohnungssuche gestaltete sich noch schwieriger, als sogar Elle es sich ursprünglich vorgestellt hatte.

»Mitte ist schon teuer«, hatte sie anfangs gesagt, »aber hier ziehen die Leute ein und aus, als gäbe es kein Morgen. Wir finden was für dich! Zwölf Wochen sind mehr als genug Zeit.«

Daraufhin besuchte Ada das Studierendenwerk, und mit nur wenigen Unterschriften war sie Ende September aus dem Vertrag raus. Ich hätte ihr sagen können, dass das ein Fehler war, aber sie hörte nicht auf ihr Bauchgefühl.

Der Juli war ein träger Monat. Die ehemals leuchtend gelben Lilien in den Blumenbeeten rund um die Straßenbäume verwelkten; die ausgetrockneten Rasenflächen sehnten sich nach Regen, jeder Grashalm verwandelte sich allmählich in Stroh; müde Hunde keuchten schwer an den Enden von schlaffen Leinen, ihre Zungen fläzten aus ihren verzweifelten Kiefern. Kinder weinten unaufhörlich, ihre Eiskugeln beim dritten Lecken geschmolzen, ihre Eltern am Rande der Verzweiflung. Ohne literweise Trinkwasser plus regelmäßige Nickerchen am Tag wäre es für Ada nicht auszuhalten gewesen. Die Wochen verliefen in einem Wirbel aus Übelkeit, Müdigkeit und das Einzige, was sie zu sich nehmen konnte, ohne es wieder zu erbrechen: lauwarme Gemüsebrühe. Der August brachte nicht die erhoffte Verbesserung. Die wenigen, die der Berliner Hitzewelle nicht entkommen waren, schlichen schwitzend in den Schatten der Stadt herum und hatten offenbar herzlich wenig Lust auf Umzug.

Mitte August waren Elle und Ada also immer noch auf der Suche. Sie schauten inzwischen auch nach Ein-Zimmer-Wohnungen, Studiowohnungen, Zimmern in Wohngemeinschaften, auch in den weniger begehrten Stadtbezirken.

»Tiergarten ist mit den Öffentlichen eigentlich easy zu erreichen«, meinte Elle, als sie die neuesten Angebote durchlas. Ada lächelte müde. Ihre Schwester hatte bis dahin gewiss Hunderte von E-Mails geschrieben, Nachrichten auf Facebook und Instagram sowie Twitter veröffentlicht. Sie hatte sich bei diversen Immobilienagenturen registriert, und Ada sogar ermutigt, Flyer auf Straßenlaternen und Plakaten anzubringen.

Dennoch, trotz all dieser Bemühungen, wurde Ada immer erst dann zu Besichtigungen eingeladen, wenn sie Elles Nachnamen für die Anmeldung verwendete. Und selbst jene Wohnungen, die »Frau Hückel« angeboten wurden, fielen weg, sobald Ada vorstellig wurde. Sie stünden doch nicht mehr zur Verfügung oder eine andere Person hätte gerade noch bestätigt, oder gelegentlich weniger phantasievolle Begründungen.

»Wir wissen ja«, hatte eine ängstlich aussehende Frau Ende August an der Wohnungstür gesagt, »dass es Diskriminierung auf dem Arbeitsmarkt gibt. Sowieso gegen Frauen. Dann mit Kind. Und dann auch noch mit ausländischem Pass …«

Ausländischer Pass? *Ausländischer Pass?* Sie meinte mich!

»Meine Schwester ist Britin«, hatte Elle erwidert. »Noch EU.«

Es bestand zu der Zeit noch die leise Hoffnung, dass das ganze Brexit-Ding demnächst rückgängig gemacht würde. Gefühlt ganz Europa drückte die Daumen.

»Nun ja«, meinte die zittrige Frau, und es wurde weiterhin kräftig mit den Händen gewrungen. »Wie soll sie denn die Miete zahlen, wenn sie nach der Elternzeit keine Arbeit findet?«

Ada bemühte sich um Augenkontakt mit ihr. Wenn sie mich nur anschauen würde, dachte Ada. Wenn sie mich einfach nur *ansehen* würde – sicherlich würde sie mich nicht abweisen können, wenn sie mich kennenlernen würde? Doch die Vermieterin blieb hartnäckig dabei, ihre Aufmerksamkeit überallhin zu richten, auf Elle, auf vorbeihüpfende Kinder, sogar auf eine tote neben der Treppe liegende Fliege, nur nicht auf die Person, die ihr direkt gegenüberstand. Ada war gleichermaßen dankbar und ärgerlich, dass Elle das Gespräch weiterhin freundlich mit ihr aufrechterhielt.

»Erst mal wird sie weiter studieren«, antwortete Elle. »Auch Studierende mit Kindern müssen irgendwo wohnen.«

Indes wurden die Hände blass gewrungen.

»Ja, schon klar …«

Es wurde verständnisvoll genickt. Die blonden Locken hüpften sanft um die Schultern der Vermieterin. Sie war eine Bilderbuchversion von Unschuld.

»… Natürlich. Freilich. Selbstverständlich. Aber *danach*?«

In ihren Augen sammelte sich eine vertraute Mischung aus Angst, Scham und Reue. Ada packte Elle am Arm und drückte ihn nur so lange fest, bis Elle sich endlich auch wegdrehte. Somit blieb die als Frage getarnte Ausrede unbeantwortet.

Für das ungeschulte Auge wird dieses Verhalten wie Unterwürfigkeit ausgesehen haben. Und ich muss gestehen, auch bei mir hat es einige Runden gedauert, bis ich die tatsächliche Leistung hinter Adas Handlung erkennen konnte.

In Ghana war Ada vieles: eine Tochter, eine Schülerin, eine geliebte Freundin. Sie war ehrgeizig, fleißig und vertrauenswürdig. Mal launisch, mal ärgerlich, doch eigentlich immer fair. Wenn es um Mathematik ging, war Ada im Herzen eine unerträgliche

Klugschwätzerin. Aber trotzdem war ein schulischer Erfolg nur möglich, weil sie von klein auf die wichtigste Lektion von allen gelernt hatte: wenig Platz einzunehmen.

Ob sie noch brüllen konnte, wusste Ada nicht, denn sie hatte es seit Jahren nicht mehr versucht. Irgendwann wurde ihr bewusst, dass sie ihre Knie stets geschlossen hielt, und sie erinnerte sich nicht, wann sie damit angefangen hatte. Wo war ihre Kindheit hin? War es nicht gestern, als sie am Strand von Labadi mit den Jungs um die Wette gelaufen war? Bis sie gemeinsam lachend in den Sand fielen? War es nicht vorgestern, als sie mit ihnen am Straßenrand gegenüber vom Stadium Fußball spielte? Wie schnell diese Tage vorbeigegangen waren! Ab einem gewissen Zeitpunkt wurde Schminken wichtiger als Schwimmen, Kochen wichtiger als Klettern, und Mode um einiges wichtiger als »Mensch ärgere Dich nicht«. In Ghana wurde Ada schleichend zur Frau und bekam es kaum mit. In Deutschland wurde Ada schlagartig zur Schwarzen und spürte es sofort.

Einem Gespräch schweigend zuzuhören, bei dem sie eigentlich die Hauptakteurin sein musste, war an sich nichts Neues. Ada kannte den bitteren Geschmack des heruntergeschluckten Stolzes. Gelegentlich konnte sie sogar darüber lachen. Aber die Abwertung, die sie in Ghana erlebte, hatte eine andere Qualität. Sie war leichter, erträglicher. In Accra war Ada zwar weiblich, aber doch auch ein kostbarer, liebenswerter Mensch. In Berlin erfuhr sie außerhalb ihrer Welt nur selten Wertschätzung. Viel zu oft hatte ihr Körper sie verraten, bevor Ada überhaupt den Mund aufmachen konnte. Und es kostete sie jedes Mal noch ein bisschen mehr Kraft, den Riss in ihrem Hals zu spüren. Es schnitt jedes Mal ein wenig tiefer, immer an der gleichen Stelle. Und irgendwann reichte es. Sich aus erniedrigenden Situationen zu lösen, war keine Unterwürfigkeit von Ada. Das war Widerstand.

Anfang Oktober schleppte sie ihren Koffer zu Elle und ließ alle Kontaktversuche von Cash unbeantwortet. Relativ bald danach kam Ada die Idee mit der Rassismus-Bonitätsprüfung. Elle war sofort einverstanden, denn auch sie hatte immer weniger Lust auf die langatmigen, flapsigen Ausreden vor irgendwelchen sich schließenden Wohnungstüren. Bis Ende November war Elle in der Sache so geübt, dass sie es in einem knappen, pointierten Telefongespräch schaffte, sowohl alle wesentlichen Informationen über eine Wohnung herauszubekommen, als auch diejenigen auszusortieren, die Adas Würde zu schaden drohten. Oft beendete sie das Telefonat mit dem Satz:

»Das führt zu einer Anzeige, seien Sie darauf gefasst!«

Aber immer mal wieder gab es auch gute Menschen am Apparat. »Gute Menschen« waren die, die keine Bedenken darüber äußerten, dass Ada schwanger war, oder die, die nicht fragten, ob Ada ein Kopftuch trug. Zwar kam es auch zu oft vor, dass sie Elle die ausführlichen Details irgendwelcher Tansania-Urlaube nicht ersparten, dennoch waren Ada und Elle beide optimistisch, was die drei Termine, die heute stattfinden würden, betraf.

Elle hatte extra ihre Schicht getauscht, damit sie dabei sein konnte. Sie hielt eine glimmende handgedrehte Zigarette zwischen den Lippen, ihr Smartphone in der linken Hand und streichelte mit ihrem rechten Zeigefinger über den Bildschirm.

»Ja«, murmelte sie. »Ich habe mich vertan. Verzeihung. Wir sind eine halbe Stunde zu früh.«

Elle steckte ihr Phone weg, entfernte die Zigarette aus ihrem Mund und atmete aus. Die Rauchwolke driftete Ada ins Gesicht, Elle schien es nicht zu merken. Ada zog den Mantel – Elles Mantel – enger um ihren Körper und rieb sich die Hände. Elle zeigte zitternd auf ein Café gegenüber.

»Wir könnten dort einen Tee trinken.«

Das letzte Mal, als Ada diese Straße entlangspaziert war, vielleicht vor zwei Monaten, als sie Elles Mantel noch zuknöpfen konnte, war es ein heruntergekommener Fahrradladen. Heute waren die bodentiefen Fenster von einem glatten, schlichten Grün umrahmt, durch das sie Menschen sah, die auf

MacBooks tippten und Milchkaffees schlürften. Sie schimmerten und glühten, als wären sie Teil eines Werbespots für eine Dating-App.

Ada machte ein Geräusch, ohne ihre Lippen zu öffnen. Ich wusste, dass dies weniger Zustimmung bedeutete, mehr so etwas wie: »Ja? Mit wessen Geld?«

Sie hätte gern noch viel mehr gesagt, aber kaute stattdessen auf ihrer Zunge. Sie juckte.

»Lasst uns einfach klingeln«, sagte Ada schließlich. Einige Momente lang dachte sie, Elle hätte sie nicht gehört, und setzte an, sich zu wiederholen. Doch schließlich schüttelte Elle den Kopf.

»Nein, so was ist scheiße.«

Das war wieder typisch von Elle. Lieber sollten sie auf der Straße erfrieren, als irgendwo nur eine Minute zu früh zu sein. Aber Ada würde sich nicht beschweren. Sie hatte Elles einzigen Mantel an. Den ganzen Winter lang würde Elle mit einem alten Kapuzenpulli und einer Jeansjacke durchkommen müssen.

»Wenn dieser«, Ada schaute auf ihr Phone und las den Namen ab, »Alfons – wenn er nicht da ist, dann können wir zum Café, meinetwegen. Aber wenn er von sich aus die Tür aufmacht …«

Ada wollte den Satz beenden mit »wo ist das Problem?«, aber als sie Elle anschaute, entschied sie sich, stattdessen ein Fragezeichen in ihrer Stimme anklingen zu lassen. Auf keinen Fall wollte sie aggressiv wirken.

»Vielleicht rechnet er mit einer anderen Person?«, entgegnete Elle. »Vielleicht steht er unter der Dusche? Was weiß ich?«

»Wäre das so schlimm?«

Elles Hände zitterten, als sie die nächste Zigarette drehte.

»Klingel du«, seufzte sie und machte einen Schritt zur Seite.

Ada starrte das Klingelschild an. Einige der Tasten waren überklebt. Ein oder zwei hatten überhaupt keinen Namen. Elle drückte auf ein Namensschild oben rechts. Ada runzelte die Stirn.

»Müller?«

»Alfons ist der Vorname.«

Und das sagst du mir jetzt erst, schrie die Stimme in Adas Kopf – so laut, dass ich mich fast wunderte, dass Elle sie nicht hörte. Ada zog den Mantel wieder enger um sich und atmete einmal tief ein und tief aus. Es könnte sich nur noch um Tage handeln. Höchstens ein paar Wochen. Aber dann würde sie ihre eigene Wohnung haben.

Die mit Graffiti beschmierte hölzerne Haustür brummte. Elle schob sie auf und ließ Ada zuerst rein. Als sie in das Treppenhaus traten, stellte Ada fest, dass das Haus keinen Aufzug hatte. Und spätestens als sie den zweiten Stock erreichte und immer noch kein »Müller« sah, wusste sie, dass es mit dieser Wohnung nicht klappen würde.

»Lass uns sie wenigstens anschauen«, raunte Elle und schob ihren Arm unter Adas Ellenbogen.

»Es lohnt sich nicht«, keuchte Ada. Das bisschen Seitenstechen, das sich bereits nach dem ersten Stock bemerkbar gemacht hatte, wurde langsam zur Folter. »Wie soll ich das mit Socke schaffen? Kinderwagen und Einkauf? Ich bin jetzt schon halbtot.«

Sie hätte es nicht für möglich gehalten, aber die nächsten zwei Etagen waren *noch* schlimmer. Bis die letzten Treppen geschafft waren, waren Adas Beckenschmerzen überwältigend. Es fühlte sich an, als hätte das Baby ohne weiteres Aufsehen sofort herausschlüpfen können.

»Gott im Himmel«, hauchte Ada, als sie sich an den Bauch fasste. »Wenn es dich wirklich gibt, hilf mir bitte!« Wenn du nur wüsstest, dachte ich.

»Nur noch zehn Treppen«, flüsterte Elle. »Jetzt nur noch neun … acht …«

Ada musste zwei weitere Pausen machen, bevor sie die fünfte Etage erreichten. Der Blick aus dem Fenster wäre zauberhaft gewesen – zur Linken hätte sie den imposanten roten Backsteinbau der Heilig-Kreuz-Kirche sehen können, und rechts die winzigen Menschen, die umarmt in Decken, sich immer noch trauten, vor der Marheineke-Markthalle zu sitzen. Doch Ada hatte nur Sterne vor den Augen und konnte kaum atmen. Sie suchte vergeblich in ihrer Tasche nach einer Wasserflasche.

Eine fröhlich anmutende Stimme, gekleidet in Worte, die Ada nicht sofort erraten konnte, schwebte ins Treppenhaus.

»Sollen wir die Schuhe ausziehen?«, rief Elle.

Aber es gab darauf keine Antwort. Ada folgte ihrer Schwester in die Studiowohnung. Sie war, wie in der Annonce beschrieben: »überschaubar«. Außerdem war sie, wie so vieles in Deutschland, funktional, strapazierfähig und sauber. Aber es fehlte eine gewisse Wärme, die die Ringelblumen auf dem Fensterbrett nicht ausgleichen konnten – sosehr ihre Farbe auch an Sonnenstrahlen erinnerte. Rechts balancierte jemand auf einem Holzstuhl und schraubte an einer Gardinenstange. Eine Tätowierung verlief unter dem engen Pullover seinen Hals entlang. Sein schulterlanges blondes Haar war am Hinterkopf locker zusammengebunden, und seine Jeans hing etwas zu tief, so dass Ada seine Unterhose sehen konnte. Sie schaute weg.

Nach monatelangen erfolglosen Wohnungsbesichtigungen war ihr Blick darauf getrimmt, das Wesentliche innerhalb der ersten dreißig Sekunden zusammenzufassen: Herd und Spüle in der hinteren linken Ecke, rechts gegenüber, eine weiße Tür, vermutlich zum Bad. Ansonsten waren überall nur Umzugskisten verschiedener Größen zu sehen. Einige waren halbleer, viele waren voll, aber noch nicht zugeklebt. Elle zwängte sich gekonnt zwischen den

Kisten hindurch und erreichte mit wenigen Schritten die Küchenecke. Während sie den Herd prüfte, stieg der blonde Mann vom Stuhl herunter. Die Gardinenstange hing noch immer über dem Fenster.

»I'll finish that later«, lachte er und streckte seine Hand zu Ada.

Er muss Ende zwanzig gewesen sein, vielleicht Anfang dreißig. Er sah erschöpft aus. Nicht genervt, aber auch nicht wie eine Person, die unendlich viel Zeit hatte. Als er seine Hand Ada hinhielt, fiel ihr die Narbe über seiner linken Augenbraue auf.

»Alfons!«, grinste er.

Ada hätte gerne geantwortet, aber sie keuchte noch. Ihre Hände lagen weiterhin auf ihrem Bauch, die Finger massierten ihn in kleinen Kreisen. Er ließ allmählich seine Hand fallen und tat, als jucke es ihm plötzlich am Bein. Nach mehreren Atemzügen konnte Ada offenbar immer noch nicht reden. Seine Augen verengten sich.

»Água?«, fragte er.

»A-da«, sagte sie schließlich. »Ich heiße Ada.«

Sprachen, dachte ich und rollte innerlich mit den nicht vorhandenen Augen.

»Nein«, raunte Alfons. »Água… äh… Water? Wasser?«

Er zeigte auf sie und bildete anschließend mit seinen Fingern einen Kreis und tat so, als würde er daraus trinken.

Elle erschien an seiner Seite und hielt Ada ein Glas entgegen.

»Hoffe, das war ok«, sagte sie zu ihm, während sie Ada das Wasser reichte.

Er machte eine Handbewegung, die so viel bedeutete wie: »Gar kein Problem.«

Einige Sekunden lang war es in der Wohnung still. Sie schauten sich gegenseitig schüchtern an. Als Ada fertig getrunken hatte, nickte sie langsam, dabei schweifte ihr Blick durch die Wohnung.

»Tja«, sagte sie.

Elle hustete. Ada entschied sich – trotz des strengen Blickes – weiterzureden und wandte sich mit einem gekünstelten Lächeln an Alfons.

»Ich muss leider gleich sagen, ich glaube es klappt n-«

Augenblicklich zeigte Elle auf dem Boden.

»Echtes Holz?«

Alfons schaute verwirrt von Ada zu Elle.

»Sorry?«

»Holz«, wiederholte Elle. »Real wood?«

»Oh yes«, nickte er. »From oak. I think in German you say Eiche? Yes? Very strong. Stark. Massiv.«

Elle zuckte mit den Schultern, als Ada sie mit offenem Mund anstarrte. Alfons grinste.

»Where do you come from?«

Er hatte zu Elle gesprochen, allerdings tat sie, als hätte sie ihn nicht gehört. Sie drehte sich weg und lief zurück zur Küche, also lächelte er erwartungsvoll in Adas Richtung.

»Ghana«, seufzte sie. Ihre Hoffnung, dass der Besuch abgekürzt werden könnte, hatte sich gerade zerschlagen und lag nun in einer Million Splitter auf dem Holzboden. Stark. Massiv.

»Ghana!«, strahlte der Blonde. »I thought so! I have been there last year!«

Ada machte ein »o« mit dem Mund und atmete langsam aus.

»I was many days in Obuasi!«, strahlte er. »Making a film.«

Er fuhr hektisch mit dem Finger über sein Smartphone, während Ada die Augenbrauen hob.

»Obuasi?«

Alfons grinste. »My grandfather's father was born there.«

Ada schielte. Dass er Vorfahren aus Ghana hatte, war ihm gar nicht anzusehen. Sie suchte in seinen Sommersprossen nach einem Hinweis.

»You know Obuasi?«, fragte er.

Ada nippte wieder am Glas. Je schneller sie aus der Wohnung flüchten könnte, desto besser.

»Und wie viel Abstand wolltest du?«, rief Elle aus der Küche. Sie stand am Herd und öffnete die Türen zum nebenstehenden Schrank. Vielleicht machte sie die Türen etwas lauter zu, als unbedingt nötig. Alfons war kurz zerrissen, denn selbstverständlich hätte er sich gerne noch länger mit Ada unterhalten. Schließlich drehte er sich doch um. Auf dem Weg zu Elle schob er einige Kartons zur Seite.

Ada konnte der Diskussion zwischen Elle und Alfons nicht folgen, aber als sie die Empörung in Elles Stimme hörte (»dreitausend Euro?«), war klar, dass es nicht mehr allzu lange dauern würde. Kein Wunder, dachte sie, dass er noch keinen Nachmieter gefunden hatte. Gleichzeitig wusste sie wohl, dass er nicht auf einen einzigen Euro würde verzichten müssen. Höchstens auf eine schnelle Abwicklung. Das leise Murmeln der weiteren Verhandlungen wurde unterbrochen, als Elle durch die Wohnung rief:

»Schau Ada, willst du die Schränke überhaupt?«

Ada atmete langsam aus und kratzte sich an der Stirn.

»Ada?«

»Ja-ha. Moment!«

Ada drückte sich an mehreren halbgepackten Umzugskartons vorbei und tat ihr Bestes, zwischen ihnen durchzugleiten, doch schließlich prallte ihr Bauch gegen eine besonders volle Kiste. Sie stieß gegen eine, die eine andere traf und so weiter. Mehrere Bücher, Broschüren, lose Blätter und Umschläge stürzten auf den Boden. Das in Zeitlupe laufende Bild der herunterfallenden Gegenstände erinnerte Ada an eine dieser sinnlosen Berliner Kunstperformances.

»I'm so sorry, o!«

Sie beugte ihre Knie leicht an, aber ein Stechen schoss durch ihren Beckenboden. Es gab nichts in der Nähe, woran sie sich hätte festhalten können, die anderen Kisten waren zu instabil.

»It's ok!«, lachte Alfons.

Er stand bereits neben ihr und hatte schon einige der verstreuten Unterlagen eingesammelt. Elle kniete auf dem Boden und stapelte ein Buch nach dem anderen in eine aufgerichtete Kiste. Ada rieb mit einer Hand über ihren Bauch.

»I'm really very sorry …«

»Forget it«, lächelte Alfons.

Er wedelte mit einer großen Rolle Packband in die Luft.

»This time I will tape them!«

Ada konnte nur beobachten, wie er die wiederverpackten Kisten abklebte. Wenn sie versucht hätte, etwas hochzuheben, hätten Alfons und Elle am Ende sie *und* die verstreuten Dokumente retten müssen. Das Gegenteil von gut, erinnerte sich Ada, ist gut gemeint.

»Was ist das?«

Elle hielt eine Hochglanzbroschüre in den Händen und blätterte durch die Seiten. Alfons drehte sich zu ihr.

»Hmm?«

»What is this?«, wiederholte Elle.

»No idea«, sagte er, während er das Packband

wieder weglegte. »I *accidentally* took it from a Canadian.« Als er das Wort »accidentally« betonte, hob er beide Hände in die Luft, um Anführungszeichen anzudeuten.

»Was?«, fragte Ada.

»Er sagt, er hätte es von einer Person aus Kanada mitgehen lassen …«

»Nein«, Ada hielt ihre Hand der Broschüre entgegen. »Was ist das?«

Elle stand auch auf, und hielt sie Ada hin. Es war ein Katalog zu einer Sonderausstellung.

»Vorkoloniales Westafrika«, murmelte Ada, als sie den Titel las. Der Katalog war wunderschön gemacht. Zahlreiche Farbfotografien der Objekte glänzten neben detaillierten Beschreibungen.

»… and? You like it?«

Ada nickte, und in einer kompliziert aussehenden Aktion reichte sie das Glas von ihrer Rechten zur Linken, bevor sie anschließend die Broschüre von Elle nahm.

»It's so funny, this left hand thing«, grinste Alfons und wartete kurz auf die Frage, was er denn meinen würde – die allerdings nicht gestellt wurde. Ada versuchte, sich auf die Lektüre zu konzentrieren, konnte aber leider noch zu gut hören, wie Alfons Elle animiert erklärte, warum er es lustig fand, dass Ada es vermieden hatte, ihre linke Hand zu benutzen. Wie schaffte er es, nicht zu sehen, wie eng Elles Augen wurden, während er über »traditionelle Sitten« sinnierte?

»Es gibt inzwischen auch in Ghana Toilettenpapier, falls das die Frage ist!«, zischte Elle irgendwann.

»Please …?«, stotterte er. »I don't …«

»You said Ghanaians use their left hand to clean themselves? I'm saying they have toilet paper there too!«

Alfons Gesicht explodierte in Rot.

»Oh. Sure. Of course! I –«

Elle drehte sich von ihm weg und schaute Ada an.

»Wɔ te«, sagte sie. Ada nickte. Endlich.

*

Um zurück zu Elles Wohnung zu fahren, wäre es am schnellsten gewesen, mit der U7 von der Gneisenaustraße zum Hermannplatz zu fahren, und dort in die U8 Richtung Wittenau umzusteigen. Am schnellsten, doch nicht am schönsten. Die gesamte Fahrt verlief durch unterirdische Tunnel, und die Bahn war oft überfüllt. Im Winter unangenehm, im Sommer unerträglich. Aber zumindest waren die Rolltreppen am Hermannplatz selten kaputt. Allerdings hatten weder Elle noch Ada es eilig. Die nächste Wohnungsbesichtigung, die sogar bei Elle um die Ecke gewesen wäre, fiel kurzfristig aus.

»Ach schade!«, hatte Ada gesagt. »Warum?«

»Keine Ahnung«, hatte Elle gebrummt. »Kann ich Gedanken lesen?«

Und so wie Elle die Menschen auf den U-Bahn-Treppen im Vorbeigehen anpflaumte, erschien es Ada besser, einfach wortlos zu folgen. Als Antwort auf die Frage, warum sie auf dem falschen Bahnsteig stehen würde, hatte Elle gezischt: »Hermannplatz stinkt nach Pisse!«, womit sie nicht ganz Unrecht hatte. Ada zog lediglich die Augenbrauen hoch. Wenigstens ist Pisse Bio, dachte sie, als sie neben Elle Platz nahm.

Die Fahrt zum Mehringdamm war kurz und ereignislos. Es war, als ob die anderen Fahrgäste wussten, dass sie jede Art von Kontakt mit Elle vermeiden sollten. Sogar der Elvis-Imitator, der sonst wirklich alle ansprach, lief beim Spendensammeln wortlos an ihr vorbei. Elle hatte auf ihr Phone gestarrt, als Ada ihm fünfzig Cent in den Hut schmiss.

Erst als sie in der U6 saßen und bereits am Bahnhof Kochstraße angekommen waren, hatte Ada sich getraut, noch mal mit Elle zu reden.

»Von allen Ga-Ausdrücken, die ich dir beigebracht habe«, sagte sie, »blieb dir wirklich nur *wɔ te* übrig?«

Elle schaute von ihrem Phone kurz hoch.

»Warum? Es heißt doch: Wir gehen. Oder?«

Elle klang versöhnlicher. Ihre Stirn war entspannter, ihre Augen wieder weich. Also traute Ada sich auch noch, ein wenig zu lächeln.

»Klar!«, nickte sie. »Ganz genau. Und trotzdem. Wann redest du schon Ga mit mir?«

Zwischen den Gesprächsfetzen pubertierender Jugendlicher und den dumpfen Bahnhofsdurchsagen war Elles Antwort kaum zu hören. Auch wenn Ada sich näher beugen musste, um mit allen Teilen ihres Körpers Elles Worte aufnehmen zu können, war sie erleichtert, dass Elle überhaupt mit ihr sprach.

»Ich weiß mehr, als du denkst«, grinste Elle. »Deutsch reden wir ja nur wegen dir.«

»Eigentlich wegen Papa.«

Elle zuckte mit den Schultern, und Ada schaute aus dem Fenster. Obwohl sie nichts außer gelegentlichen Lichtstreifen in der Dunkelheit sah, war es ihr lieber, als auf die Menschen zu blicken, die direkt vor ihr standen. Die Frau mit den Taschen zum Beispiel. Sie sah so müde aus. Sie lehnte sich mit gebeugtem Rücken gegen den gelben Handlauf und sah sich in der Bahn um. Ihr praller Rucksack zog an ihren Schultern, ihre überfüllten Einkaufstüten zogen an ihren Armen. Eigentlich hätte Ada ihr gerne den Platz angeboten. Aber immer, wenn Ada diesen Impuls bekam, musste sie an das eine Mal denken, als sie im Bus neben Cash gesessen hatte. Es war genau die gleiche Situation.

Damals war Ada aufgestanden und hatte auf ihren Platz gezeigt. Die Frau hatte daraufhin zunächst gelächelt und verteilte bereits ihre Taschen von den Schultern auf die Hände, als sie Ada zunickte. Dann registrierte sie, neben wem sie würde sitzen müssen. Die Grimasse, die sie dabei zog. Es war, als hätte Ada ihr keine größere Beleidigung zumuten können. Ada blieb regungslos neben dem leeren Sitzplatz stehen, während es ihr langsam dämmerte, was vor sich ging. Cash war keineswegs überrascht. Im Gegenteil. Sein steiniger Gesichtsausdruck veränderte sich während des gesamten Vorfalls nicht. Ada biss sich auf die Unterlippe und versuchte, auf andere Gedanken zu kommen.

»Wie schön wäre es«, sagte sie, als die U-Bahn bremste, »Ga als unsere Geheimsprache zu haben.«

Elle zog die Augenbrauen hoch.

»Weißt du denn nichts über Deutschland, Ada? Hier wurde doch versucht, alle mehrsprachigen Menschen zu töten.«

Die Frau, die Ada gegenüberstand, starrte Elle mit weit aufgerissenen Augen an. Ihre Haut wurde rot und fleckig. Elle schien sie nicht zu bemerken.

»Ich weiß gar nicht, warum ich in der Vergangenheitsform spreche«, murmelte sie. »Eigentlich machen sie es immer noch …«

»Außer bei den Englischsprechenden«, nickte Ada.

Elle schaute zurück auf ihr Phone: »Wenn es hart auf hart kommt, werden auch *sie* nicht sicher sein.«

Als die Bahn in der Station Stadtmitte hielt, stieg eine Kindergartengruppe ein. Zwei Kinder stürzten sich kichernd auf denselben Sitz, um Sekunden später zu entscheiden, dass er doch groß genug für beide war. Drei andere versuchten, mit ausgestreckten Armen das Gleichgewicht zu halten, als die Bahn ruckartig losfuhr. Das Kreischen tat Ada in den Ohren weh. Sie holte den Ausstellungskatalog aus ihrer Tasche.

»Ach«, staunte Elle. »Du hast ihn mitgenommen?«

Ada zuckte mit den Schulten.

»Der Typ wollte ihn nicht mehr«, sagte sie. »Und ich wollte dir was zeigen.«

Sie blätterte in der Broschüre, bis sie die richtige Seite fand. »Hier. Siehst du das?«

Sie lehnte sich zu Elle herüber und hielt ihr den Katalog entgegen. Ein Kind weinte in einem beeindruckend langen Einzelton los, während Elle verwirrt auf die beiden Seiten schaute.

»Nein, hier«, zeigte Ada. »Anscheinend haben die Menschen aus Portugal viel früher die Goldküste betreten als die Ga Leute!«

»Was?!«

Elle nahm Ada die Broschüre aus den Händen und las weiter.

»Die Gas kommen ursprünglich aus Nigeria?«

»Aus der Gegend, die wir heute Nigeria nennen …«, nickte Ada.

Elle schaute sie verdutzt an.

»Wusstest du das?«

»Nein!«

Elles Lippen bewegten sich leicht, während sie las. Ada beobachtete sie so genau, dass sie kaum bemerkte, dass die U-Bahn bereits die Französische Straße erreicht hatte. Mehrere aufgeregte Kindergartenkinder wurden von ihren jetzt schon angestrengt aussehenden Erzieherinnen hinausgehetzt. Erst als die Türen wieder zugingen, wurde Ada bewusst, dass die Frau, die Elle so entsetzt angestarrt hatte, unbemerkt auch ausgestiegen war.

»Krass«, flüsterte Elle und deutete auf eine Textstelle.

»Der verschleppte Junge?«, nickte Ada. »Er kann nicht älter als acht gewesen sein.«

Elle strich mit ihrem Zeigefinger über ein barockes Gemälde eines verschreckten Kindes im Hofstaat.

»Armer Afonso«, murmelte sie.

»Afonso? Wie der Alfons eben?«

»Ja, aber ohne ›l‹. Sie hatten ihn wohl nach dem damaligen König benannt.«

»Vielleicht«, sagte Ada, »vielleicht dachten sie, es würde besonders lustig sein, einem Jungen wie ihm einen solchen Namen zu geben.«

Elle nickte traurig.

»Sie spielen mit uns«, sagte sie langsam und so leise, dass Ada sie kaum hörte. Ada schaute zu ihrer

Schwester und studierte ihren Blick. Die gerunzelte Stirn, die gesenkten Augenlider, die steifen Lippen, alles kam Ada bekannt vor.

»Elle, was ist los?«

Elle blickte Ada einmal kurz an, flüchtig, und schaute dann sofort weg. Sie presste ihre Lippen zusammen und redete erst wieder, als die U-Bahn-Ansage vorbei war.

»Warum hast du ihm geantwortet?«

Ihre Stimme war leise und bemüht ruhig, aber unter der Oberfläche brodelte es. Ada wusste, dass sie vorsichtig vorgehen musste.

»Wann?«

»Als er fragte, woher du kommst?«

Es wurde wieder eng um Adas Bauch. Die Diskussion drohte zu eskalieren, und Ada hatte keine Energie dafür. Sie suchte nach dem am besten passenden Satz, um es kurz zu halten.

»Ach so«, log sie. »Ich habe nicht darüber nachgedacht.«

Die Bahn rüttelte sie bis zur Friedrichstraße durch. Ada schaute wieder aus dem Fenster und versuchte, ihre Gedanken zu ordnen.

»Du hast keine Vorstellung davon, wie scheiße diese Frage für mich ist, oder?«

Ada rollte innerlich mit den Augen und zählte wortlos bis zehn. Inzwischen versuchte sie erst gar nicht mehr, diese Frage zu beantworten.

»Ich lebe hier. War nie woanders. In meiner Familie war ich immer die einzige Schwarze. Alle sagten mir, wir sind gleich. Aber ich sah doch mit eigenen Augen, dass es nicht stimmte. Weißt du, was für ein Scheißgefühl das ist? Ständig und von allen Menschen angelogen zu werden?«

Ada schaute auf den Boden. Elle redete zu laut. Und viel zu lang.

»Als einzige Person in der Klasse oder auf der Arbeit oder einfach, wenn ich mit meinen Leuten unterwegs bin – als Einzige werde ich gefragt, wo ich herkomme. Einfach so. Auf einer Party, auf der Straße, beim Einkaufen. Mein Leben ist wie eine einzige, fucking Personalkontrolle …«

Der Teil mit der Personalkontrolle war neu. Personalkontrolle. Really? Ada rollte innerlich wieder mit den Augen.

»Du brauchst nicht so zu gucken«, zischte Elle. »Ich weiß, es gibt Schlimmeres. Trotzdem fühlt es sich scheiße an. Und wenigstens hattest du Papa.«

Die Menschen, die ihnen gegenübersaßen, schauten auffällig in die andere Richtung. Ada rieb sich den Bauch und schwieg einige Momente lang.

»Es tut mir sehr leid«, sagte sie schließlich. »Manchmal wirkt es auf mich, als würden die Leute sich ehrlich interessieren –«

»Interesse?!«

Die, die Elle nicht besser kannten, dachten bestimmt, dass sie lachen wollte. Aber Ada wusste, dass in ihrer Stimme keine Freude war.

»Warum geht es dann nie darum, was wir *machen*? Oder was wir studieren, oder arbeiten? Was unsere Lieblingsshows sind? Unsere Lieblingsfarbe? Weißt du, woher ich weiß, warum es nicht um mich geht?«

Ada schüttelte den Kopf, obwohl es eine rhetorische Frage war.

»Weil die Antwort egal ist. Solange ich etwas zwischen Südamerika und Südafrika abliefere, geht es dann nicht mehr um mich, sondern um Fußball. Oder Essen. Oder Urlaub.«

Ada suchte nach Elles Hand, aber Elle zog sich zurück und schaute weg.

»Elle …«

Den ganzen Weg bis zur U-Bahn-Station Oranienburger Tor saßen sie wortlos nebeneinander. Elle knabberte wieder an ihrem Daumennagel. Erst als die Türen wieder zugingen, sprach Ada wieder.

»Es tut mir leid. Wirklich. Ich werde so oft gefragt, wo ich herkomme, ich …«, und machte eine entsprechende Handbewegung, »… denke einfach nicht mehr darüber nach.«

»Das kann für dich auch wirklich eine harmlose Frage sein«, antwortete Elle. »Du bist ja woanders aufgewachsen.«

»Ja«, nickte Ada. »Aber weißt du? Diesmal war

es anders. Alfons sagte, sein Urgroßvater kam aus Obuasi.«

Elles Augenbrauen trafen sich blitzartig mitten auf der Stirn.

»Mir geht es nicht um Alfons!«, stöhnte sie. »Mir geht es um diesen Schubladenblick. Nur einmal, nur einmal möchte ich einen Raum betreten und einfach als Elle gesehen werden. Weißt du?«

Ada nickte.

»In Ghana riefen die Kinder mir ›blɔfono!‹ hinterher, weißt du noch? Und in Deutschland werde ich wie eine Ausländerin behandelt. Was soll das?«

Ada nickte noch einmal. Sie wollte einen Witz über »Kartoffeln« machen – aber es hätte nicht gepasst. Elle blätterte schweigend wieder durch den Katalog. Die Abbildung eines ungewöhnlichen Armbandes flackerte einen Moment lang vor Adas Augen.

»Was sind das für Perlen?«

Aber Elle war gedanklich woanders und hatte bereits mehrere Seiten überblättert, bevor sie merkte, dass Ada mit ihr redete.

»Was?«

»Moment«, sagte Ada, und blätterte zurück.

»Hier.«

Ada deutete mit dem Zeigefinger auf den Schmuck. »Dreiunddreißig Perlen sind das? Ist die Nummer vielleicht symbolisch?«

»In manchen Religionen schon«, zuckte Elle mit den Schultern. »Was ist das für ein Armband?«

»In der Bildbeschreibung steht: Fruchtbarkeitsperlen. Fünfzehntes Jahrhundert, Westafrika. Privatbesitz.« Ada schaute von der Seite hoch. »Wie kommt ein solches Armband in eine deutsche Ausstellung?«

Elle schüttelte langsam den Kopf. Fast, als würde sie dabei nicht nur Adas Frage beantworten, sondern die gesamte Ausstellung damit beurteilen.

Ada blätterte wieder vor, auf der Suche nach irgendwelchen Anmerkungen oder Quellenangaben. Vergeblich. Sie runzelte die Stirn.

»Was haben die Museumsleute gedacht?«, fragte Ada. »Welche Menschen können das überhaupt sehen?«

Die Bahn rüttelte zum Halt. Elle gab ihrer Schwester die Broschüre zurück und stand auf.

»Vermutlich nur die Glücklichsten«, antwortete sie.

Unter den Betrogenen

06:48 Uhr

Am frühen Morgen wusste Ada noch nichts über einen kuriosen Ausstellungskatalog, geschweige denn von dem auf Seite 37 so prominent dargestellten Armband. Es war ein windstiller Start, dunkel und launisch – eine Tatsache, die sie in ihrem halbwachen Zustand eher beunruhigend fand, auch wenn sie den Grund nicht ganz zuordnen konnte.

Nichtsdestotrotz hatte *ich* ein gutes Gefühl. Als britischer Reisepass besaß ich gewisse Möglichkeiten, von denen ich vorher nur hätte träumen können. Hätte Ada im neunzehnten Jahrhundert die Reisefreiheit gehabt, die sie mit mir augenblicklich genoss, hätte sie ihren Ehemann sofort verlassen, da bin ich mir sicher. Was erzähle ich? Sie hätte ihn gar nicht erst geheiratet –

Meine Gedanken wurden unterbrochen von einem lauten: Ähem! Gott schwebte im Habitus eines älteren Mannes ein – lange wehende Gewänder, eine imposante schulterlange Mähne, leuchtende Augen, eine leicht faltige Haut, ein prächtiger Bart. Alles weiß. Ein stechendes Weiß. Noch mehr weiß. Blendend.

Klischee, proklamierte ich. Wie langweilig.

Oper, sagte Gott und lief auf und ab, dabei zog er mehrmals an Kinn und Bart – als würde er versuchen, sich an etwas zu erinnern.

Was, sagte ich.

Hätte ich Augenbrauen, hätte ich sie gerunzelt.

Gewonnen, jubelte er und klatschte sich in die Hände, welche prompt auseinanderfielen. Wie zerbrochenes Glas. Das Klimpern der Fingerscherben auf dem Holzboden, zärtlicher als ein lauer Sommerregen.

Ach, sagte ich, bitte keine Assoziationskette. Überhaupt keine Kette! Ich möchte, wenn überhaupt, über das *Armband* sprechen.

Hmm, brummte Gott. Was ist damit?

Ich nahm mir vor, geduldig zu sein. Nicht ärgern lassen! So weit, so gut. Gott legte sich quer durch den Raum und streckte den rechten Arm nach vorne aus, als sollte der Zeigefinger irgendetwas berühren. Das weiße Kleid saß ein wenig zu eng auf dem Oberkörper und war so kurz, dass ich sein Knie sehen konnte.

Alles ist damit, erwiderte ich.

Ich wollte wissen, wo das Armband war. Ich wollte wissen, wer es diesmal bekommen sollte. (Ich wollte wissen, ob Gott vielleicht ein anderes Kleid anziehen könnte.) Ich wollte wissen, ob ich noch eine Chance bekommen würde, sollte es auch diesmal mit der Übergabe nicht klappen. Denn trotz meines grundsätzlichen Optimismus gab es doch einen Anflug von Zweifel in mir. Ich spürte, dass gewisse Wände auf mich drückten – besonders auf die eine Stelle, da, wo meine Gedanken sich formierten. Nur mit Mühe habe ich mich drehen können. Richtig mulmig wurde es mir, als ich mich fragte, ob ich bei der nächsten Schleife nur Tierkarten zur Auswahl bekommen würde? Darauf hatte ich herzlich wenig Lust. Wer wird bitte schön freiwillig ein Tier? Oder gar ein Insekt? Eine Fliege sein? Und gleich im zweiten Kapitel von Mami Ashitey erschlagen werden? Nein.

Danke.

Der Tag ist noch jung, sagte Gott. Du brauchst dir darüber noch keine Sorgen zu machen.

Aber dann, konterte ich, wird es plötzlich stürmen, und Ada wird sich im Weißen auflösen, und ich werde es am Ende – o Wunder! – wieder nicht geschafft haben. Ich weiß doch, wie das läuft. 1848 hat William das Armband nicht einmal in die Hände bekommen!

Gott zuckte mit den Schultern. Tja.

Tja?

Tja! Was nutzt es dir denn, wenn du noch hundert Chancen bekommst? Wie willst du es besser machen, wenn du nicht einmal weißt, warum es vorher nicht geklappt hat?

Irgendwo im Bereich meiner Vorstellung wurden winzige Rädchen aktiviert, sie surrten und summten. Wollte Gott mich veräppeln? Sein Gesichtsausdruck war schwer zu deuten. Eine Mischung aus gelangweilt und überrascht.

Ist es nicht klar, sagte ich schließlich, warum es nicht geklappt hat?

Gott zuckte wieder mit den Schulten. Mir nicht.

Erst als ein leichtes Lächeln auf seinen Lippen erschien, ließ meine Irritation nach.

Schau, sagte ich. In London bin ich kläglich gescheitert. Ein völliges Versagen. So eklatant war es, dass ich am Schluss das einzige Wesen war, das um den Verlust des Löwenkopfes getrauert hat.

Das war keine Übertreibung. Kurz nach der Beerdigung seiner Frau ließ William das Haus in der Battersea Road versteigern. Mord, auch wenn er versehentlich geschieht, ist teuer. Aufgrund der finanziellen Lücke, die durch seine Anwaltskosten detoniert war, musste es schnell gehen. Der sonst rühmliche Lord King wurde gezwungen, ein eher bescheidenes Angebot zu akzeptieren.

Die Gattin vom neuen Besitzer, eine ältere Dame mit grauen Haaren, grauen Augen, grauen Zähnen und einem unerklärlichen Faible für Ostlondon, hielt *»den grausamen Türklopfer!«* für ein schlechtes Omen und ließ mich umgehend von der Haustür entfernen. Allerdings hatte sie, die gute Mrs. Widdecombe, missverstanden, was zu Adas frühzeitigem Tod geführt hatte – und meine Rolle darin völlig überschätzt. Zunächst fühlte ich mich geschmeichelt, dass sie tatsächlich geglaubt hatte, ich würde so viel Einfluss haben. Dann entsann ich mich wieder: Lebende sind immer auf der Suche nach anderen, die sie beschuldigen können – vorzugsweise denen, die nicht widersprechen können.

Lizzie wäre sowieso nicht interessiert gewesen, auch wenn William sich die Mühe gemacht hätte, mich ihr anzubieten. Von heute auf morgen arbeitslos und ohne nennenswerte Rücklagen – Lizzie hatte ganz andere Sorgen. Was soll ich mit einem Türklopfer, hätte sie gesagt, wenn ich nicht mal eine Tür habe?

Wenige Wochen nach der Schlüsselübergabe saß William zufällig in einer klapprigen Kutsche auf der Battersea Road. Im Vorbeifahren blickte er kurz hoch auf die roten Backsteine, die großen Flügelfenster und das Kletterefeu, das die Fassade erobert hatte. Ich hing nicht mehr auf dem Ehrenplatz am Eingang des Hauses – und das war auch gut so.

Gott ließ seinen Arm sinken. Es wirkte, als würde er nicht mehr auf mich reagieren; es wirkte, als hätte er die Lust an unserem Gespräch gänzlich verloren. Aber mein Eindruck täuschte. Auch bei ihm surrte und summte es.

Warum war es gut, fragte er schließlich.

Geduldig sein. Nicht ärgern lassen! Ich ließ die Frage zwischen uns schweben, etwas zu lang vielleicht. Sie verblasste nach einiger Zeit. Erst als meine Antwort ausgereift war, sprach ich.

Ich habe mein Versprechen absolut nicht eingehalten. Weder Stärke hatte ich ausgestrahlt, noch Macht besessen. Ada ist buchstäblich vor meinen Augen verblutet, wo war der versprochene Schutz? Ich bin meinem Auftrag nicht gerecht geworden!

Und das Gefühl, das sich in mir ausbreitete, das war wahrscheinlich das, was sie Verzweiflung nennen.

Gott schüttelte den Kopf. Die Haare nahmen Strähne für Strähne einen dunkleren Ton an, fast wie Ebenholz. Zunächst nur an einzelnen Spitzen.

Du weißt doch nicht einmal, sagte er, ob William das Armband hätte bekommen sollen.

Die Wände drückten noch einmal enger auf mich ein. Die Grenze zwischen Geborgenheit und Unbehagen war hauchdünn. Über Jahrzehnte bin ich nicht einmal auf den Gedanken gekommen, dass das Armband nicht zu William gelangen sollte. Das war, immer und immer wieder, mein Ziel gewesen – also warum jetzt das? Ich –

Andererseits.

Hatte doch William das Armband seiner Ehefrau geschenkt? Warum denn *genau* sollte es dann an ihn zurückgehen? Das ergab wirklich gar keinen Sinn.

Denk doch darüber nach, sprach Gott weiter. Silberne Kugeln erblühten am Ende seiner Arme, schwarze Locken hüpften um sein Gesicht. Die faltige Haut verschwand.

Wenn Lizzie das Armband nicht behalten hätte, hätte sie es nicht an Charlie Huckle verkaufen können.

Charlie Huckle, wiederholte ich. Der Fischhändler?

Gott nickte.

Sie wäre sonst einsam und mittellos auf der Straße gelandet, fuhr er fort. So hat sie aber sich selbst und auch ihren Bruder retten können. Schau doch selbst. Charlie Huckle hat ihr dafür seine ganzen Tageseinnahmen direkt in die Hand gedrückt. Nicht einmal die Hälfte des Wertes des Armbandes, aber immerhin mehr Schotter, als Lizzie je zwischen den Fingern gehalten hat.

Alfie bekam neue Klamotten, murmelte ich.

Genau richtig, strahlte Gott. Und auch für Charlie Huckle war es wie Weihnachten und Ostern zusammen. Gleich am nächsten Morgen konnte er den Schmuck gegen eine beträchtliche Menge Fisch und einige erlesene Hummerschwänze eintauschen: *Win-Win-Win!*

Gottes Wimpern waren inzwischen beneidenswert lang. Die silbernen Kugeln am Ende seiner Arme wurden dünner und verwandelten sich vor meinen Augen in zwei Handflächen mit jeweils fünf eleganten Fingern.

Ich sagte: Ach so. Weil es sich halbwegs richtig anhörte. Aber eigentlich deckten diese beiden abgehackten Worte in keinster Weise die Breite und Tiefe meiner Gefühle ab. Innerlich bebte ich. Was zur Hölle habe ich dann dort die ganze Zeit gemacht?

Gott bewunderte die eigenen glänzenden Hände, beugte alle Gelenke eines nach dem anderen, strich ein Löckchen aus den Augen und deutete schließlich mit dem rechten Zeigefinger auf mich.

Was warst du?

Ich war ein Türklopfer.

Genau richtig!

Häh, sagte ich. Das soll eine große Errungenschaft sein? Was habe ich erreicht? Außer ab und zu Lizzie darauf aufmerksam zu machen, dass Besuch da war?

Gott zeigte mit beiden Zeigefingern auf mich: Und?

Ich ärgerte mich über die Frage, hatte ich doch bereits gesagt, dass ich in meiner belanglosen Zeit als Türklopfer nichts Sinnvolles erreicht hatte.

Und, stöhnte ich, *einmal* in seinem Leben hat William an die Haustür geklopft. Da war Lizzie nicht da. Ok, also dann habe ich *Ada* darauf aufmerksam gemacht, dass sie Besuch bekam.

Und weiter?

Und nichts weiter! Was soll dann weiter gewesen

sein? Ada hat William hineingelassen. Obwohl sie das lieber nicht gemacht hätte.

Siehst du!

Was?

Alles war inzwischen so eng um mich, dass ich kaum nachdenken konnte. Gott redete weiter, dabei flogen die silbernen Hände hoch und runter, betonten einzelne Silben, unterstrichen erhellende Wörter, umfassten ganze Gedanken.

Ada hatte kein eigenes Eigentum, meinte Gott. Alles gehörte William. Auch sie gehörte William. Selbst-ver-ständ-lich hatte er freien Zugang zu ihr!

Aber ich ließ das zu, schrie ich.

Du machtest es *deutlich*. William wäre auch mit Gewalt in das Haus hineingegangen. Die Tatsache, dass Ada die Tür selbst öffnete, war kein Beweis dafür, dass er wirklich willkommen war. Sie hätte ihn sowieso nicht aussperren können. Das wusste er auch. Du hast diese Scheinheiligkeit deutlich gemacht.

Hmm, seufzte ich. Und was hat das gebracht?

Gott ließ die Hände fallen. Sie verschwanden in den wogenden weißen Gewändern.

Wahrlich eine gute Frage, sagte Gott. Sag es mir, wenn du dir die Antwort erarbeitet hast.

*

Es gefiel mir gut, ein Pass zu sein, ein Teil von Ada zu sein – manche behaupten sogar, ich wäre der edelste Teil. Ada hatte sich so sehr daran gewöhnt, ihren Körper mit einem Baby zu teilen, dass der Gedanke, ihn demnächst wieder ganz für uns alleine zu haben, ihr heute Morgen wie ein schlechter Witz erschien. Woher kam dieser Gedanke überhaupt? Nicht einmal an ein Dasein ohne Sodbrennen konnte sie sich erinnern.

Ich musste unfreiwillig an Gott denken: Adas feste Überzeugung, sich nie wieder bücken, auf dem Bauch liegen oder zum Bus rennen zu können, wurde ihr bestimmt von dem Spaßvogel eingepflanzt. Denn obwohl ihre gepackte Kliniktasche schon seit Anfang November im Flur neben der Wohnungstür stand; obwohl der Schrank in Elles Wohnzimmer mit geschenkten Schlafanzügen, Wickelbodys aus zweiter Hand, mindestens drei Jäckchen und einer selbstgestrickten Mütze vollgestopft war; obwohl Ada die passende Wolldecke fast fertig hatte; und obwohl Elle jede Menge Bio-Stoffwindeln besorgt hatte – war es Ada dennoch nicht gelungen, das Gefühl, bald einen Säugling in den Armen zu wiegen, mit den Bewegungen im Bauch zusammenzubringen. Das eine war ganz klar ihr Körper, ihr Rückenschmerz, ihre volle Blase. Etwas komplett anderes: der vage Umriss eines eigenständigen Menschen – samt eigenem Rücken und eigener Blase –, den sie noch kennenlernen müsste.

Anfangs fand ich es seltsam, dass ich so viel Anerkennung von Ada bekam. Ich war ein guter Pass, sicherlich. Aber doch nicht besser als ein Mensch? Socke war genauso ein Teil von ihr! Aber nach einer Zeit spürte ich in den leisesten Momenten des Tages ihre gesammelten Ängste. Zum Beispiel ihre Bedenken, dass sie nach der Entbindung Socke nie wieder so nah sein würde. Oder ihre Sorge, dass sie gar keine Mutterliebe würde empfinden können. Oder ihre schleichende Furcht, dass das Kind die Geburt gar nicht überleben würde. Solche Überlegungen verdrängte Ada lieber und konzentrierte sich auf das Hier und Jetzt. Allein das Tückische am Schlaf ist, zumindest wurde es mir so erzählt, dass sich die Gedanken gerade dann am freiesten und am ungehemmtesten wandeln.

Als Ada, zurück vom Badezimmer und noch zwischen den Träumen, sich in eine einigermaßen gemütliche Liegeposition bemühte, flackerte das gerahmte Bild ihrer Mutter wieder auf. Es hing neben Jesus in der guten Stube, das Foto. Schwarzweiße Puzzlestücke davon drifteten hin und wieder hinter Adas Augenlidern vorbei: die enganliegende Kopfbedeckung, die perfekt geformten Augenbrauen, die eleganten Wimpern, die hohen Wangenknochen, die angemalten Lippen. Adas Mutter schaute seit Jahren immer nur zur Seite. Ihr Blick wirkte ernst, definitiv nicht glücklich, aber auch nicht zornig oder traurig.

Vielleicht nachdenklich? Ob sie sich gefreut hätte, bald Oma zu werden? Ob Cash seinen Eltern erzählt hat, dass ein Nachkomme unterwegs war?

Ada legte ihre Hände auf beide Seiten ihres Bauches und bewunderte dessen weiche Rundheit. Die Beulchen waren wieder im Anmarsch. Vermutlich versuchte Socke gerade, die Arme zu strecken. Für einen kleinen Moment wurde die eisige Stille im Wohnzimmer durch ein Kichern von Ada durchbrochen. Überhaupt einen »Arbeitstitel« für ein Baby zu haben, war eine seltene Idee. Und dann auch noch »Socke«?

»Na ja«, hatte Cash argumentiert. »Mit dem Baby auf dem Arm wirst du dich so kuschelig und geborgen fühlen, wie dein Fuß in einer deiner selbstgestrickten Socken, ne?«

Adas Lächeln verblasste, als so etwas wie eine vorauseilende Einsamkeit sie überkam. Cash konnte ihr gestohlen bleiben. Sein Pech. Aber Socke würde ihr schon fehlen. Hatte ihre Mutter das auch gehabt?

Papa hatte, wenn überhaupt, nur spärlich über seine Zeit in London geredet, und von seiner Frau verriet er nie ein Wort. Ada hatte es sich abgewöhnt, ihren Namen in seiner Gegenwart überhaupt zu erwähnen. Sie ertrug es nicht, zu sehen, wie die winzigen Muskeln in seinen Mundwinkeln zuckten, als wäre der Geschmack der Trauer nur solange erträglich, wie seine Lippen fest zusammengepresst blieben. In solchen Momenten war sie sich sicher, dass ihr Papa vergessen hatte, wie Liebe funktioniert. Er hatte es so lange nicht geübt.

Was Ada von ihm nie hören würde, war, wie falsch sie lag. In Wahrheit hatte er Himmel und Erde in Bewegung gesetzt, um dafür zu sorgen, dass seine Augusta nicht als Tochter eines afrikanischen Putzmanns im kalten Ausland aufwachsen würde, sondern in der Wärme seiner Heimat. Warum gar keine Mutter, wenn sie gleich mehrere haben könnte? Er hatte genau gesehen, wie die Kinder seinesgleichen in London groß wurden. Mittellos und hoffnungslos. Ohne Glaube an sich selbst, ohne Respekt für die Ältesten. Seine Tochter dürfte unter keinen Umständen so leben. Sie sollte geschätzt werden, sie sollte geliebt sein, seine Augusta.

In England verrichtete er widerwärtige und würdelose Dinge, die er in Ghana nicht einmal im Traum machen würde. Hunderte von Toiletten und Tausende von Böden wurden von ihm geschrubbt und gewischt. Er nahm jede Verhöhnung und Beleidigung wortlos hin. Alles für sie. Und in Erinnerung an ihre zu früh gestorbene Mutter.

Das bisschen, was Ada über sie erfuhr, war zusammengepuzzelt aus Satzfetzen anderer, und selbst diese waren meist frei erfunden. Was ich durchaus sympathisch fand, denn was sonst ist die Vergangenheit außer ein Projekt der Imagination?

»Sie war schmal, o!«, hatten sie immer wieder erzählt. »Dünn wie eine Nadel. *Shwɛ!*«

Das war der Tag vor dem Abflug, kurz vor dem Sturm. Ada hatte erwähnt, dass sie in London würde umsteigen müssen. Da fingen Papas Schwestern von sich aus an, seine Londoner Zeit zu diskutieren, und kamen so auf Adas verstorbene Mutter zu sprechen. Das heißt: auf das einzige noch vorhandene Foto von Adas Mutter.

»Als hätte sie kein Geld für Essen gehabt!«

»Eh-eh!«

»Wenn dein Vater sie wenigstens einmal mit nach Hause gebracht hätte, hätten wir sie rund gekriegt!«

Sie lachten und johlten, und meinten es sicherlich gut, aber Adas Magen hatte sich verkrampft. Wo hatten sie plötzlich ihre Zungen gefunden? Umgeben von gerupften Federn und ausgenommenen Hühnern, hatte Auntie Clara mit einem Messer in der einen Hand gewedelt, während sie die Füße einer sich windenden Henne in der anderen hielt. Eigentlich waren Auntie Lucy und Auntie Henry auch am Kochen, aber die Yamswurzeln fielen ihnen aus den Händen, so sehr mussten sie lachen. Ada schielte und wandte ihren Blick zum Abendhimmel. Das brennende Rot schmolz allmählich über den Horizont, die herabsinkende Kombination aus Violett und Dunkelblau würde es bald ersetzen.

Solange sie denken konnte, blieb dieses Thema

während Adas gesamter Kindheit in Schweigen gehüllt. Aber warum? Hätte mensch sie alle gefragt, hätten ihre Mütter alle erzählt, dass sie Ada lediglich vor etwas haben beschützen wollen. Aber wovor denn genau? Hätte mensch sie alle noch einmal gefragt, hätten ihre Mütter wiederholt: Etwas. Und sie hätten dann mit einer hochgezogenen Augenbraue so entschlossen geschaut, dass klar gewesen wäre: Es gab nichts mehr zu diskutieren.

Nur dieses »Etwas« lag wie ein herrenloser Geruch über den Kochstellen, Verkaufsständen, Mahlzeiten, überall, wo sie zusammensaßen und sonst alles Mögliche mit Ada teilten. Dieses »Etwas« schmerzte. Dieses »Etwas« hinderte Ada daran, sich von der Vorstellung zu lösen, dass sie eines Tages eine unbekannte Person auf der Straße anhalten würde, um ihr zu sagen: »Ich kannte deine Mutter, o!«

Ada würde eine solche Person mit Tausenden von Fragen überhäufen: Wo hatte sie gelebt? Ob sie gearbeitet hatte? Ob sie andere Kinder gehabt hatte? Wie sie Papa kennengelernt hat? Was ihr Lieblingsessen war? Welche Musik sie gern gehört hatte? Ob es ein zweites Bild von ihr gäbe? Ob sie darauf lächelte?

Nur, wo sollte Ada jene wundersame Person über den Weg laufen? Eine Person, die ihre Mutter so gut kannte, dass sie Ada allein an der Nasenform oder Mundpartie würde erkennen können?

Einige Minuten nachdem sie es sich auf Elles Sofa

wieder bequem gemacht hatte, schlief Ada ein. Ihre Atmung wurde immer langsamer, immer tiefer und ging in ein leises Schnarchen über. Sie redete nur noch einmal, kurz vor dem Tiefschlaf.

»Meine Mutter«, murmelte sie, »hieß Ijemma.«

18:48 Uhr

Die Miete war unschlagbar, und das wurde für sie zum entscheidenden Grund. Für mich ging es nach wie vor um das Armband. Das Zimmer – oder zumindest dessen Besichtigung – war ein Schritt in die richtige Richtung. Ich spürte, ich war dem Ziel nah.

Du bist nicht nah, du bist besessen.

Gott schon wieder. Ich entschied mich, diese Bemerkung keiner Antwort zu würdigen.

Auch Adas Kopf blieb vernünftig. Es ist nicht ideal, sagte er, aber es ist ein Anfang; du und Socke, ihr werdet immerhin dann nicht mehr auf Elles klumpigem Sofa schlafen müssen; wer weiß, ob du rechtzeitig etwas anderes finden wirst; zwanzig Quadratmeter ist doch ordentlich; bei dieser Miete hast du wenigstens keinen Geldstress – vielleicht kannst du sogar jeden Monat ein wenig zur Seite legen. Solche Sachen sagte er. Alles richtig. Trotzdem grummelte Adas Herz bei der Antwort: Aber. Charlottenburg?

So weit weg. So konservativ. So *kartoffelig*. Selbst

die auf dem Klingelschild diversen Schreibweisen eines einzelnen Familiennamens (»Mayer«, »Mayr«, »Meyer«, »Maier« und »Meier«) wirkten vielfältiger als die Menschen, die dort wohnten. Als sie gemeinsam das Haus betraten, hatte Elle Adas Schweigen richtig interpretiert.

»Ich weiß«, nickte sie. »Ich weiß. Aber immerhin ist es eine *Frauen*-WG, ne?«

Ada verengte ihre Augen. Wäre ich sie gewesen, hätte ich es auch getan. Wie oft hatte Elle allein in den vergangenen Monaten angewidert eine SMS gelöscht und dabei verkündet, dass sie nie – wirklich *nie!* – in einer Wohngemeinschaft leben könnte? Dass sie lieber in drei Jobs arbeiten würde, als sich mit gemeinsamen Kassen und spießigen Putzplänen herumzuschlagen. Dass Ada so lange bei ihr bleiben sollte, bis sie die perfekte Wohnung gefunden hatten. Was hatte sich so schnell verändert?

Bestimmt war es der Geburtstermin. Er war zwar näher gerückt, das erhoffte Zuhause für Ada und ihr Kind aber nicht. Plötzlich machte Elle keine abfälligen Kommentare mehr, egal wie teuer, wie klein oder wie weit entfernt die Wohnangebote lagen. Ada kam es vor, als wollte Elle sie so schnell wie möglich loswerden. Ein Blick hier, eine Handbewegung da, nichts Eindeutiges. Es hing einfach in der Luft, auf der Zunge, im Hals, im Bauch. Zu sehr hatte sich Ada ans Schweigen gewöhnt. Hätte sie Elle einfach gefragt.

So standen sie unbeholfen Seite an Seite in einem fremden Flur. Glänzend und sauber, aber dennoch wenig einladend. Ada holte Luft, um etwas zu sagen, genau als Elle auf die Aufzugtaste drückte.

»Wenn es gut läuft«, grinste sie dabei, »werden sie dir bestimmt mit Socke helfen!«

Und dann streichelte sie wieder Adas Bauch. Einfach so. Es war liebevoll gemeint, ohne Frage. Aber das Gegenteil von gut und so weiter. Ada biss die Zähne zusammen. Alle ihre Gedanken, ihre Unsicherheiten, ihre Ängste verflüchtigten sich. Es blieb nur die Frage, ob der Fahrstuhl kaputt war. Denn es passierte nichts. Elles Hand lag immer noch auf Adas Körper. Und ansonsten passierte nichts. Wo blieb dieser Scheißfahrstuhl?

Ada drückte auch auf die Aufzugtaste und starrte hartnäckig die Anzeige über den Türen an.

»Ich hatte schon«, sagte Elle.

Ada regte sich nicht, darum schien das »Hmm« aus ihren Ohren zu kommen. Elle nahm die Hand von Adas Bauch, zog sich den Kragen ihres Kapuzenpullovers über die Nase und atmete einmal tief aus. Endlich flackerte die Anzeige von neun auf acht. Es passte zu dem sinkenden Gefühl, das Ada seit einer guten Stunde mit sich herumtrug. Seit dem Telefonat mit Papa.

Ada kratzte sich am Armgelenk und ließ sich alles noch mal durch den Kopf gehen. Gleichzeitig atmete sie langsam ein, und durch ein »o« noch langsamer aus. Es ging ihr schlecht. Schon seit längerer Zeit. Eigentlich seit jenem verhängnisvollen Moment, in dem der zweite Strich des Schwangerschaftstests erschienen war.

Acht, sieben.

Seitdem sie wusste, dass sie Mutter werden würde, hatte Ada mindestens einmal die Woche eine detaillierte Nachricht an den zukünftigen Opa formuliert. Dabei hatte sie ungewöhnlich langsam getippt, jede Formulierung überdacht und auffällig wenig Emojis benutzt. Die Nachrichten waren immer perfekt: Nicht zu lang, nicht zu kurz, heiter, ohne respektlos zu sein, optimistisch, ohne naiv zu wirken, und nach fünfmaligem Korrekturlesen immer noch sehr, sehr gut. Doch ab einem gewissen Punkt musste ihr Zeigefinger über dem kleinen grünen Symbol gehalten werden. Nur noch einmal drücken, und dann wäre die Nachricht versendet.

Sechs.

Mal sofort, mal erst nach einigen Sekunden, entschied sie sich dagegen. Egal wie lange der Gesamtvorgang dauerte, der Akt des Löschens fühlte sich immer richtig an. Entlastend.

Fünf.

Noch im Juli hatte Ada einmal überlegt, einen altmodischen Brief zu schreiben. Richtig ausführlich, mit mehreren Blättern und allem Drum und Dran.

Nicht solche Zweizeiler wie jene, die Papa seinerzeit immer geschrieben hatte.

Über zwanzig Minuten zu Fuß dauerte es bis zum nächsten Postamt. Ada hatte die Hitze, den Gestank, den Lärm, den Müll ertragen; sie hatte die Übelkeit, die sich immer wieder ihren Hals hochkämpfte, geduldet – denn nur dort, auf der Torstraße, einige Schritte vom Rosenthaler Platz entfernt, nur dort würde sie, so ihre Hoffnung, den Umschlag für einen Luftpostbrief bekommen.

Vier, drei.

Aber wieder zu Hause angekommen – ohne den seit Jahren in Deutschland nicht mehr existierenden Luftpostbrief, dafür aber mit einer Packung edler perlweißer Umschläge –, brachte sie nicht einmal den Stift zu Papier. Schließlich wusste sie, dass das ewige Warten auf eine Antwort ihr sicherer Tod gewesen wäre.

Zwei.

Am liebsten wäre sie zu ihm gefahren und hätte ihm persönlich gesagt: »Gratulation! Du wirst Opa!« Der Anlass hätte zweifellos einen solchen Aufwand gerechtfertigt. Doch erst fehlte ihr der Mut, dann das Geld, und irgendwann war die Schwangerschaft einfach zu weit fortgeschritten.

Seitdem hatte Ada sich eingeredet, dass egal wie die frohe Nachricht bei ihm ankäme, Papa wahrscheinlich erst mal verwirrt sein würde. Vielleicht würde er nicht sofort die richtigen Worte finden. Bestimmt würden ihm erst mal gar keine Worte einfallen. Aber letztendlich würde er mit stolzgeschwellter Brust durch ganz Osu laufen, um sich für das Geschick gratulieren zu lassen, endlich ein Enkelkind errungen zu haben. Vorausgesetzt natürlich, *dass* die Nachricht jemals bei ihm ankäme.

»Du bist so ruhig«, sagte Elle.

Eins.

Vor einer Stunde hatte Elle auf dem Balkon heimlich eine geraucht, als Ada in der Küche heimlich telefoniert hatte. Seine vernichtenden Worte hallten in ihren Ohren noch nach.

»Ja«, nickte Ada. »Ich bete, dass es mit einer der nächsten beiden Besichtigungen klappt.«

»Echt?«

Die Fahrstuhltüren gingen endlich auf. Ada hätte gerne getan, als hätte sie die Frage nicht gehört. Sie gingen allerdings beide auf eine riesige Spiegelwand zu. Somit sah Ada genau, wie beide Elles ihre Frage einfach wiederholten.

»Was?«, antwortete Ada. »Beten? Ja, echt.«

Mit einem Ruck ratterte der Aufzug los, auf der Suche nach der vierten Etage. Ada stöberte in ihrer Tasche herum. Doch vergeblich, denn die Falten, die dabei auf Elles Stirn erschienen, ließen sich nicht so einfach abwimmeln.

»Du glaubst wirklich an Gott?«

Immer wenn ich diese Frage hörte, wurde es mir ganz anders. Dieses Mal knickte die Ecke einer meiner Seiten um. An Gott glauben? Wen rufen die Lebenden denn, wenn etwas Unglaubliches passiert? Oder wenn sie überaus dankbar sind? An wen wenden sie sich, wenn sie große Angst haben? Welchen Namen schreien sie unmittelbar vor dem Orgasmus?

»Ob sie an mich glauben oder nicht«, meinte Gott irgendwann, als meine ganzen Fragen im Raum durcheinanderschwirrten, »geht mich doch gar nichts an!«

Die Zahl vier flackerte auf der Anzeige auf.

»Hmm?«, sagte Ada.

Einen Moment lang passierte nichts. Ada biss sich auf die Unterlippe. Vielleicht, dachte sie, waren sie im Fahrstuhl eingeschlossen. Vielleicht würde sie den Rest des Abends damit verbringen müssen, sämtlichen Fragen Elles auszuweichen.

»Du glaubst wirklich an Gott?«, wiederholte Elle.

Die Türen gingen endlich auf.

»Für mich«, antwortete Ada, als sie gemeinsam den Fahrstuhl verließen, »ist die viel interessantere Frage: Glaubt Gott wirklich an uns?«

Das Licht war grell, aber ansonsten wirkten die neutralen Farben im Flur – beige Wände und grauer Boden – beruhigend. Und irgendwie roch es nach Gelb. Das war zumindest das Erste, was Ada zum Geruch einfiel. Es duftete weder nach geschnittenen

Zitronen noch nach frisch gepflückten Osterglocken, und auch nicht nach einem einzelnen polierten Rohbernstein. Ada schnüffelte noch einmal. Enttäuschung war das. Und Resignation vielleicht, aber mit einem Hauch roher Wut.

Die erste Wohnungstür rechts war nur einen winzigen Spalt geöffnet. Dennoch sickerte der Geruch heraus und prallte in seiner Eile von den Wänden im Treppenhaus ab, dem Fahrstuhl entgegen. Endlich frei.

Eine kurze metallische Kette machte es unmöglich, die Tür noch weiter aufzudrücken, daher war die Stimme, die aus der Wohnung hervordrang, nicht sofort zuzuordnen:

»Wer ist da?«

Elle stand dem Türspalt am nächsten und wurde von einem runzligen Auge so lange kritisch begutachtet, bis sie sich endlich vorstellte.

»Ich bin Frau Hückel.«

»Wie bitte?«

»Frau. Hück. El.«

Das Auge reagierte nicht. Elle warf einen flüchtigen Blick hinter sich auf Ada, die prompt aufmunternd nickte. Elle drehte sich zurück zum Auge.

»Nachdem wir telefoniert hatten, hatte ich Ihnen per Mail …«

»Wie bitte?!«

»Ich habe Ihnen eine Mail geschickt.«

»Eine was?«

»Eine E-Mail. E. Mail.«

»Lese keine Mails.«

»Ach so.«

Elle drehte sich noch einmal kurz um und blickte Ada entnervt an. Ada rollte mit den Augen.

»Na ja«, sagte Elle und schaute wieder direkt in die schwarze Pupille. »Meine Schwester und ich, wir wollten uns das Zimmer anschauen. Ist es noch frei?«

Auf diese Frage wurde die Tür prompt zugeschlagen. Eigentlich nicht geschlagen, es war nicht sonderlich laut. Aber es hallte im Flur, und die Türen zum Fahrstuhl gingen mit einem Ruck zu. Elle drehte sich ein letztes Mal zu Ada um und hob eine ihrer Augenbrauen. Ada fragte sich, ob die nächste Besichtigung vorgezogen werden könnte, doch noch bevor sie einen passenden Gesichtsausdruck fand, klapperte die silberne Kette gegen den Türrahmen, und nach einem Augenblick wurde die Wohnungstür wieder geöffnet.

Die Frau, die vor Elle stand, sah noch älter als Auntie Clara aus, bestimmt war sie in ihren späten Siebzigern. Ihr Haar war fest umwickelt, und unter dem hell bedruckten Kopftuch lugten vereinzelte graue Afrohaare hervor. Ein oder zwei sprossen auch aus dem Kinn. Ihr Rücken war leicht gebeugt, als sie gemütlich durch den Flur schlurfte.

»Sollen wir unsere Schuhe ausziehen?«, rief Elle ihr hinterher.

Die Frage driftete durch den Flur und verflüchtigte sich schließlich, weil sie unbeachtet blieb. Am Ende des Flurs bog die alte Frau links in ein Zimmer, in dem offenbar eine Spielshow im Fernsehen lief. Es wurde per Knopfdruck geklatscht und gejubelt.

»Ich helfe dir«, flüsterte Elle Ada zu, als sie ihre eigenen Turnschuhe aufband. Mit den Knoten in Adas Schnürsenkeln hatte sie allerdings Mühe, da ihre Nägel so kurz waren. Immer wenn sie sich ärgerte, schnürte Ada sie viel zu fest.

Geklatsche und Gelächter drang aus dem Wohnzimmer, zusammen mit dem Ruf: »Wo seid ihr denn?«

»Verzeihung«, sagte Elle, als sie an der Schwelle zum Wohnzimmer standen. »Hier sind wir.«

Ada musste sofort an Papas Wohnzimmer denken. Wenn auch in unterschiedlichen Farbkombinationen, so war doch alles vorhanden: die gewagt gemusterten Sofas, verziert mit Häkeldeckchen, die verblassten gerahmten Bibelzitate, die obligatorische Holzstatue einer grazilen Frau (samt Wasserkrug auf dem Kopf), die beiden angestaubten Kunstpflanzen und die gräulichen Spitzenvorhänge. Das Einzige, was fehlte, war der ständig blasende Ventilator. Und selbstverständlich Papa selbst.

»Kommt rein, kommt rein!«, lachte die alte Frau. »Könnt ihr rausgucken!«

Als sie nach Elle das Zimmer betrat, tat Ada so, als würde sie husten. Auf diese Weise konnte sie ihre nassen Wangen mit einem Taschentuch bedecken. Eine zweite genauso alte Frau stand direkt neben dem Fernseher und deutete zum Sofa.

»Kommt!«, kicherte sie. »Setzt euch.«

Ihr Kichern erinnerte Ada an ihre Mütter, aber ihre Augen waren überraschend hell. Bei genauerem Hinsehen merkte Ada auch, dass ihre Pupillen ein milchiges Gelb hatten. Diese Frau hatte ein Tuch um den Kopf gewickelt, das weniger farbenfroh als das andere, trotzdem erkennbar aus Westafrika war. Sie kratzte sich leicht an einer Stelle hinter dem Ohr und nahm auf einem Stuhl schräg gegenüber vom Sofa Platz.

»Wollt ihr etwas trinken?«, fragte die erste Frau, als Elle sich neben sie setzte. Ada nickte und öffnete den Mund, aber da sie auf Elles anderer Seite Platz genommen hatte, sah Elle es nicht.

»Eigentlich wollten wir uns nur das Zimmer anschauen«, meinte sie. Sie klopfte nervös mit den Fingern auf ihrem Schoß.

»Eh-eh!«, sagte die Frau neben Elle. »Einfach rein und wieder raus? Wie die Deutschen?«

»Wir haben einen Folgetermin …«

»Hmm. Wie die Deutschen.«

Elle presste ihre Lippen fest zusammen, sie verschwanden fast. Die Spitze ihrer Nase errötete.

»Vielleicht«, murmelte sie, »weil ich auch Deutsche bin?«

Die Frau neben ihr lehnte sich näher Elle entgegen und legte ihre Hand hinter das Ohr.

»Gịnị ka o kwuru?«

Die andere Frau brauchte einige Anläufe, bevor sie den Satz beenden konnte.

»O kwuru na«, kicherte sie, »O kwuru na ọ bụ onye …«, und schüttelte den Kopf, »… ọ bụ onye German!«

Beim einzigen Wort, das alle vier verstanden, warfen beide Frauen ihre Köpfe zurück und lachten laut auf.

»My dear, o«, seufzte die, die neben Elle saß, während sie ihre Augen wischte. »Unsereins. Wir werden nie Deutsch sein. Nie.«

Elle verschränkte die Arme und starrte aus dem Fenster. Selbst ich spürte die Glut ihres Zorns, obwohl ich tief in Adas Tasche lag. Auch in Ada brannte es, aber aus anderen Gründen. Sie schaute mehrmals von Elle zurück zu der Frau, die ihr gegenübersaß, und zitterte ein wenig.

»Entschuldigung«, sagte sie endlich. »Aber haben Sie beide gerade Igbo gesprochen?«

Die Frau neben Elle klatschte in die Hände, lehnte sich zurück und machte eine Handbewegung, die so viel hieß wie:

»Siehst du? Habe ich doch gesagt!«

Aus dem Fernseher war ein großes Raunen zu hören. Die Frau auf dem Stuhl rückte näher zum Sofa heran, beugte sich nach vorne und schielte auf Ada. Sekunden vergingen, die sich wie Stunden anfühlten. So lange schielte sie, dass Ada irgendwann überlegte, ob die Frau Antwort auf eine Frage erwartete, die Ada nicht mitbekommen hatte. Die Frau mit den gelben Pupillen machte anerkennende Geräusche.

»Ich muss dich so anstarren«, sagte sie schließlich. »Von uns beiden bin ich die, die am schlechtesten sieht.«

Nach weiteren stundenlangen Sekunden sagte sie: »Augusta?«

»Nur auf dem Papier«, war die zögerliche Antwort. »Eigentlich nennen mich alle Ada.«

Die Frau ihr gegenüber nickte, als wüsste sie das schon längst. Die andere Frau – die, die am schlechtesten hörte – rief, wieder mit der Hand hinter dem Ohr:

»Gịnị ka o kwuru?«

»Ada. Aaa-daa!«

»Eh-eh!«

Elle tippte Ada auf die Schulter.

»Was passiert gerade?«

Aber bevor Ada reagieren konnte, wackelte die Frau, die neben Elle saß, mit dem Zeigefinger in Adas Richtung.

»Du bist die Tochter von Ijemma. Habe ich recht?«

Alles in Ada zog sich zusammen. Nie hatte sie ernsthaft geglaubt, dass sie je diesen Satz hören würde. Sie holte tief Luft.

»Sie kannten meine Mutter?«, flüsterte Ada.

»Nein.«

»Nein?«

Ada blickte von einer Frau zur nächsten. Sie lächelten beide.

»Wir waren einmal in London, um unsere Schwester zu besuchen«, sagte die Frau ihr gegenüber. Die, die am schlechtesten sah. Sie verengte ihre Augen und nickte gedankenverloren. Und dann redeten beide Frauen gleichzeitig. Von null auf hundert. Es sprudelte:

»Da haben wir Ijemma nur zwei oder drei Mal getroffen.«

»*Sie* war mit unserer Schwester befreundet.«

»Eh, eh!«

»Ijemma, o!«

Aus dem Fernsehen kam Applaus. Socke drehte Purzelbäume. Elle schnappte Adas Hand und drückte sie fest. Zu fest. Es gelang Ada nicht, zu lächeln. Ihr Mund war so trocken geworden, dass die Innenseite ihrer Wangen an den Zähnen klebte. Und ihre Hand schmerzte.

»Kennen Sie auch meinen Vater?«, quiekte sie.

»Nein.« »Nein, o!«

Die Frauen redeten immer noch gleichzeitig. Trotzdem waren ihre Worte einfach zu verstehen. Es war sogar, als könnten sie nur simultan verstanden werden.

»Das war vor seiner Zeit.«

»Aber wir hörten, dass sie geheiratet hat. War das sechs Monate später?«

»Einen Ghanaer!«

»Hmm! These Ghanaians!«

»Und wir wussten auch, dass Ijemma ein Kind bekam.«

»Eine Tochter!«

»Eh, eh!«

»Ijemma, o!«

»Das darf nicht wahr sein!«, flüsterte Ada. »Mein ganzes Leben lang träumte ich davon, Menschen zu treffen, die meine Mutter gekannt haben. Aber ich hätte nie gedacht, dass es hier in Deutschland passieren würde.«

»Was hat das mit Deutschland zu tun?«, sagte die Frau ihr gegenüber.

»Sie müssen zugeben«, antwortete Elle, »ein seltsamer Zufall ist es schon.«

»Das finde ich nicht.«

Die Frau, die am schlechtesten sah, musterte Elle einige Momente lang. Es jubelte wieder aus dem Fernseher.

»Habt ihr wirklich keinen Durst?«

Die Frau neben Elle kämpfte sich vom Sofa hoch. »Ich hole uns etwas zu trinken.«

Die Frau auf dem Stuhl klatschte in die Hände. »Bring doch die kpótomenui. Wir feiern!«

»Was ist das?«, fragte Ada, als die Frau, die am schlechtesten hörte, das Zimmer verließ.

»Du kennst es bestimmt«, nickte die andere Frau. »Die Flasche, die wir haben, kommt aus Ghana.«

Sie fasste sich an den Kopf und knotete ihr Tuch etwas fester zusammen.

»Nein«, sagte Ada, nachdem auch Elle mit den Schultern gezuckt hatte. »Ich habe keine Ahnung.«

»Keine Ahnung?«, stammelte die alte Frau. »Eh-eh! Ist dein Vater ein Pfarrer?«

Inzwischen kam die erste Frau mit einem Tablett wieder herein. Vier Gläser und eine kleine unscheinbare, nicht etikettierte Flasche standen darauf.

»Wahrscheinlich nennt sie es Akpeteshie«, sagte sie, als sie das Tablett auf den Beistelltisch stellte.

»Akpeteshie?!«, exklamierte Elle. »Dieses Gift? Das trinke ich nie wieder!« Sie winkte mit dem Zeigefinger vor Adas Gesicht. »Und Socke braucht es auch nicht!«

»Quatsch!«, rief die erste Frau. Sie saß inzwischen wieder neben Elle. »Kpótomenui ist gesund! Es bringt das Blut zum Fließen!«

»Warum nennen Sie es kpótomenui?«, grinste Ada.

»Weil das sein *richtiger* Name ist …!«

Während sie sprach, machte die andere Frau zustimmende Geräusche.

»… Als die Weißen nach Westafrika kamen, verboten sie uns, unseren eigenen traditionellen Alkohol zu machen. Ja!«

»Die Weißen!«

Ada sah, wie die Frau ihr gegenüber die Arme vor ihrer Brust verschränkte und den Kopf schüttelte.

»Nur damit sie uns ihren Gin oder Schnaps oder wie immer das heißt andrehen konnten.«

»Eh-eh!«

»Aber wir haben trotzdem unseren eigenen gemacht. Wir gaben ihm einfach einen neuen Namen. Akpe-te-shie heißt so viel wie: Sie verstecken sich. Aber das tun wir ja nicht mehr.«

Sie öffnete die Flasche.

»Hey Madame Ijemma!«, jubelte sie. »Deine Ada ist hier, o!«

Die andere Frau lehnte sich zurück und schloss die Augen. Ein Grinsen zog sich über ihre Lippen, Grübchen erschienen in ihren Wangen. Ihr warmes Gesicht wurde von dem grellen Lichtschein des Fernsehers beleuchtet.

»Augusta Adanne Lamptey«, seufzte sie. »Deine Mutter war eine wunderschöne Frau …«

Und zum ersten Mal, seitdem sie die Wohnung betreten hatte, lachte Ada. Ein schüchternes Lachen, aber dennoch von Herzen.

»… Irgendwie komisch, dass ihr euch überhaupt nicht ähnlich seht.«

Und zum ersten Mal, seitdem sie die Wohnung betreten hatte, lachte Elle. Das ging allerdings so schnell in ein Husten über, dass Ada es bestimmt nicht gemerkt hat.

»Wir hatten das Baby nie gesehen«, sprach die alte Frau weiter. »Nur auf Fotos. Aber wir wussten, dass Frank …«

Ihre Augen waren weiterhin geschlossen. Eine Falte zog sich über ihre Stirn.

»Frank oder?«

»Francis«, antwortete Ada.

»Francis. Of course. Wir wussten, dass er einen englischen Vornamen für sein Kind haben wollte …«

Sie schüttelte den Kopf und erzählte weiter.

»… und wir wussten, dass er *Augusta* schick fand. Das hatte unsere Schwester erzählt.«

»Warum Augusta?«, fragte Elle.

Sie öffnete ihre Augen.

»Schrecklich oder? Ich weiß es auch nicht. Aber der Name *Augusta* begegnet einem nicht so oft. Wir sind bei deiner Bewerbung sofort an die Londoner Zeit erinnert worden. Und mit dem zweiten Namen Adanne bestand gar kein Zweifel mehr.«

»Weißt du, was dein Name bedeutet?«

Die Frau neben Elle sprach, als sie den Alkohol in die vier Gläser einschenkte. Ihre Hand zitterte dabei so sehr, dass Ada sich wunderte, dass nichts verschüttet wurde. Ada nickte, ihre Augen waren allerdings noch auf die Flasche fixiert.

»Erzähl es doch deiner Schwester.«

»Ich weiß, was Ada bedeutet! Die *erste Tochter* natürlich!«

»Nicht Ada. *Adanne*.«

»Die Tochter der Mutter! Ich bin nicht komplett ahnungslos.«

Beide Frauen lachten wieder. Zum Glück waren die vier Gläser schon voll, und die Flasche stand wieder auf dem Tablett.

»Siehst du!?«, zeigte die Frau mit den gelben Pupillen auf Elle. Darum wirst du nie deutsch sein. Wer von denen hat schon Ahnung?«

Sie nahm sich eines der Gläser und schielte zu Ada.

»Wie geht es Frank?«

»Mein Papa? Francis.«

»Ja … Francis. Wie geht es ihm? Wie geht es seinem Bein?«

»Seinem Bein?«

Ada schaute zu Elle, die einfach wieder mit den Schultern zuckte. Ada war es nicht gewöhnt, dass Elle keine Antworten hatte.

»Wir haben gehört«, sagte die Frau, »zwei oder drei Jahre nach dem Brandanschlag …«

»Welcher Brandanschlag?«

Die Frage gehörte nicht eigentlich in eine Wohnungsbesichtigung. Schon bevor das Schweigen einsetzte, war die Antwort klar. Und selbst die Frau, die am schlechtesten hörte, verstand sofort, was geschehen war.

Elle fasste wieder nach Adas Hand. Aber diesmal so, als wäre sie aus zerbrechlichem Glas.

»Es tut mir so, so leid«, flüsterte sie.

Ada blieb gefasst, als ginge es um eine völlig unwichtige Person. Als hätte sie nicht ihr Leben lang gehofft, mehr über den Tod ihre Mutter zu erfahren.

»Wer hat es getan?«, fragte sie.

Die Frau, die am schlechtesten sah, schüttelte den Kopf.

»Wer macht denn so was?«

Ada schloss ihre Augen. Ja, was nun, fragte sie sich. Wie hatte sie sich's denn vorgestellt? Das Wort »Hausbrand« hatte mit ihr nicht so viel gemacht wie das Wort »Brandanschlag«. Ijemma starb in Flammen, die *absichtlich* gelegt worden waren. Aber warum war sie allein? Wo war Ada gewesen? Wo war Papa gewesen?

»Sie wurden nie gefunden.«

»Was?«

Ada öffnete ihre Augen. Die Frau, die ihr gegenübersaß, lehnte sich nach vorne.

»Die Menschen, die das Feuer gelegt haben.«

»Und …«, Ada suchte nach Worten. Satzfetzen. Worum ging es vorher? »Und der Fuß? Von meinem Vater, meine ich.«

»Das Bein. Wir haben gehört, er hatte ein paar Jahre danach einen schweren Arbeitsunfall.«

»Beinahe hätte er sein Bein verloren!«

Ada starrte die beiden Frauen an. In der ganzen Zeit, seit er in Ghana war, hatte er diese Geschichte nicht einmal erwähnt.

»Er war in Deutschland, als es passierte. Eigentlich waren wir verabredet. Meine Schwester hatte gesagt, er sollte uns besuchen. Aber er musste nach dem Unfall sofort zurück nach London.«

»Was war passiert?«

»Das wissen wir auch nicht. Ein Arbeitsunfall.«

»Was hat er denn gearbeitet?«

»Alles, was ich weiß, ist, dass er Maschinenbau studieren wollte. Und bei BMW angefangen hatte.«

Inzwischen hielten beide Frauen jeweils ein Glas. Die Frau gegenüber Ada redete weiter:

»Wir haben gehört, er würde nie wieder laufen können.«

»Er läuft«, sagte Ada schließlich. »Immer mit einem Stock. Aber er läuft.«

Elle räusperte sich. Alle schauten sie an und warteten. Elle musste ein paarmal schlucken, bevor sie ihre Frage stellen konnte.

»War das so um 1999?«

Die Frau, die neben ihr saß, gab ihr und Ada jeweils ein Glas.

»Ja, ich glaube schon«, antworte sie.

»Dann hatte er in der Zeit doch meine Mutter kennengelernt.«

Elles Stimme war so leise, dass sie vom Fernsehapplaus fast übertönt wurde.

»Du bist auch Franks Kind?«, sagte die Frau ihr gegenüber.

»Ja. Aber wir kennen uns erst seit zwei Jahren.«

»Frank hat *zwei* Kinder?«, sagte die Frau neben Elle.

»Von denen er weiß, ja.«

Die Frau, die neben Elle saß, erhob ihr Glas.

»Na dann!«, jubelte sie. »Auf Frank!«

Es war unglaublich, wie schnell diese beiden alten Frauen ihre Gläser austrinken konnten, Ada und Elle konnten nur staunen. Sie stellten ihre vollen Gläser wieder auf den Beistelltisch. Die Frau mit den gelben Pupillen fixierte Ada erneut.

»Wie lange, bis es bei dir so weit ist?«

»Zwei oder drei Wochen?«

»Und wo ist der Papa? Wieso sucht ihr nicht eine Wohnung zusammen?«

Ada kratzte sich an der Stirn und wunderte sich, dass sie während der gesamten Wohnungssuche bisher zwar immer gebeten worden war, alle möglichen Informationen preiszugeben, aber sich nie einer nach Cash erkundigt hatte.

»Gute Frage«, sagte sie.

»Wo ist er?«

Ada schluckte. Es war gerade so eine schöne Stimmung gewesen. Aus dem Fernsehen ertönte ein Werbespot für ein Waschmittel.

»Ich weiß nicht, wo er ist«, murmelte sie und schaute aus dem Fenster. »Er ist weg. Er meldet sich nicht. Und das ist gut so.«

Elke wedelte mit dem Kopf.

»Na ja …«

Ada schaute sie an und runzelte die Stirn.

»Er hat es schon versucht …«, sie sprach, als würde sie ein Minenfeld betreten, »… das musst du ihm lassen.«

»Ich habe *Mitte Oktober* das letzte Mal von ihm gehört!«

»Ja, uncool, aber du hast auch nicht mehr auf seine Nachrichten reagiert.«

»Er weiß auch genau warum!«

Mit dem rechten Zeigefinger wischte Ada über ihre Augen. Die alte Frau lehnte sich zu ihr herüber.

»Meine Tochter«, sagte sie und wartete. Und wartete.

Bis Ada genug von »porentief sauberer Wäsche« und »strahlenden Farben« gehört hatte, und bis sie das Muster auf den Teppich im Schlaf hätte zeichnen können, und bis sie die alte Frau wieder anschauen konnte.

Die Stimme der Frau wurde so sanft und tief wie ihre gelblichen Augen. »Eine Sache möchte ich dir sagen«, nickte sie. »Ich weiß nicht, was zwischen euch gelaufen ist. Ich sehe aber, dass er dich verletzt hat …«

»Und wie …«

»Verzeih ihm.«

Im ersten Moment bekam Ada keinen Laut aus ihrer Kehle. Wer war sie, um so was sagen zu können? Was wusste sie über ihre Beziehung zu Cash? Gar nichts! Warum sollte Ada ihm verzeihen? Wenn sie nur wüsste, was er alles verbockt hatte!

»Ich kann das nicht«, stammelte Ada. Ihre Unterlippe bebte, dennoch schaffte sie es, ihre Stimme ruhig zu halten.

»Verzeih ihm«, erwiderte die Frau.

»Warum *ich*?«

»Weil du es kannst.«

»Ha!«

Ada schaute wieder aus dem Fenster. Die Tränen strömten ihre Wangen hinab, während sie schluckte. Elle nahm wieder ihre Hand. Die Frau wartete, bis Ada sie wieder ansah:

»Meine Tochter«, nickte sie. »Hör gut zu. Das, was er dir angetan hat – ich weiß, dass es nicht von ihm kommt. Er hat es nur weitergegeben. Verzeih ihm.«

Ada streichelte ihren Bauch und flüsterte:

»Ich schaffe es nicht.«

»Wir müssen den Schmerz loslassen, meine Tochter. Egal ob du ihn jemals wieder siehst oder nicht. Verzeih ihm.«

»Gịnị ka o kwuru?«, sagte die Frau, die am schlechtesten hörte. Elle antwortete, als sie Ada ein Taschentuch reichte:

»Sie sagte, sie schafft es nicht.«

Die Frau nahm ihre Hand vom Ohr weg.

»Weißt du, was du bist?«, fragte sie Ada.

»… *was* ich bin?«

»Du bist Adanne. Du bist die Tochter deiner Mutter. Du schaffst es.«

Und dann wurde ganz lange gar nichts gesagt. Im Hintergrund lief der Abspann der Sendung.

»Können wir das Zimmer sehen?«, fragte Elle schließlich.

»Of course!«, antwortete die Frau, die am schlechtesten sah. »Komm, ich zeige es euch.«

Sie bemühte sich, allein vom Stuhl aufzustehen. Ada war nicht schnell genug, um ihr zu helfen. Doch bevor sie etwas sagen konnte, stand Elle bereits an ihrer Seite.

»Ist das ok?«

Die alte Frau nickte, als Elle sie unter dem Arm griff.

»Vielen Dank, my dear«, lächelte sie.

Sie gingen zusammen zum Zimmer, während es aus dem Fernsehen klatschte und jubelte.

Das Zimmer war direkt gegenüber. Die Frau forderte Ada und Elle auf, es zuerst zu betreten.

»Wie ihr seht, haben wir nicht erst seit gestern ein Baby im Haus haben wollen.«

Ada blickte auf die hölzerne Wiege, die bunten Vorhänge, die Hunderte von Kuscheltieren, die Häschen und Bärchen und Entchen.

»Wow«, lachte sie, und streichelte über die Babydecke. Sie roch nach Lavendel.

»Was für ein wunderschönes Zimmer! Wie toll!«

Ada nahm einen Strickfrosch in die Hand.

»Wie viele Kinder haben Sie?«

Die Frau lehnte sich gegen den Türrahmen. Sie lächelte zurück, doch nicht so strahlend wie vorher.

»Leider gar keine. Auch keine Nichten oder Neffen oder sonstige Bonuskinder. Ich habe mir lange, lange Zeit nichts sehnlicher als ein Baby gewünscht. Aber nichts funktionierte. Hätte ich damals die Fruchtbarkeitsperlen gehabt!«

»Fruchtbarkeitsperlen?«

Elle schaute zu Ada, Ada griff in ihre Tasche. Ich freute mich augenblicklich, da ich dachte, sie würde mich endlich auch herausnehmen, doch sie holte nur die Broschüre. »Wie diese hier?«

Die Frau nahm Ada die Broschüre aus der Hand und hielt sie so nah an ihr Gesicht, dass die Seiten ihre Nasenspitze berührten.

»Eh-eh! Das ist diese Ausstellung!«

»Ja, genau!«, nickte Elle. »Haben Sie sie gesehen? Oder gehen Sie dahin?«

»Wer, ich? Nein! Ich zahle doch nicht, um mein eigenes Eigentum anzuschauen.«

»Das Armband gehört Ihnen?«

»Nicht mir, *uns*. Dir und mir. Und meinen Schwestern. Und Müttern. Und Vormüttern.«

Inzwischen hatte sich die Frau, die am schlechtesten hörte, zu ihnen gesellt und sah sich auch die Katalogseite an.

»Wusstet ihr«, sagte sie, »dass das Armband ursprünglich aus Kuntanase kommt?«

»Kuntanase?«, staunte Ada. »Aus der Gegend von Obuasi?«

»Gịnị ka o kwuru?«

»Obuasi«, wiederholte Ada.

»Ganz genau«, antworte die Frau. Sie hielt ihre Hand noch immer hinters Ohr.

»Aber warum liegt es dann hier?«, fragte Elle.

»My dear. Was soll ich sagen? Wir wurden betrogen.«

Die Frau, die am schlechtesten sah, nickte und breitete ihre Arme aus: »Sie haben versucht, uns zu zerstören. Aber hier sind wir!«

»Aber wie lange noch?«, bebte Elle. »Unsere Welt ist zerstört. Eigentlich müssten wir ganz anders leben. Aber wir tun es nicht!«

»Viele versuchen das Beste …«

»Wirklich?« Elle runzelte die Stirn. »Das ganze Autofahren, Fleisch essen, Babys schlüpfen …«

Ada starrte Elle an, und Elle verstummte. Die alte Frau, die noch immer ihre Hand hinters Ohr hielt, fixierte Elle mit ihren Augen.

»Dir ist klar, dass du auch Mutter wirst, oder?«

»Wer, ich?« Elle schüttelte ihren Kopf vehement. »Nie.«

»Sag das nicht. Das Kind deiner Schwester ist auch dein Kind.«

Sie standen da zu viert, während diese letzten Worte durch das Zimmer sanken.

»Es ist schön«, sagte Ada schließlich. »Wirklich sehr schön. Aber leider zu klein für uns auf Dauer.«

Beide Frauen nickten. Elle schaute Ada an und räusperte sich.

»Wir müssen wirklich los zur nächsten Besichtigung«, sagte sie.

»O nein!«

»Wir kommen viel zu spät …«

Die Frau, die am schlechtesten sah, berührte Adas Arm.

»Komm einfach wieder«, lächelte sie. »Das Zimmer ist immer für dich da.«

Ada nickte und zwang sich ein Lächeln auf die Lippen. Aber wie bitter es schmeckte. Sie hatte so viele Fragen. Gleichzeitig war die nächste Besichtigung vielleicht die letzte Chance, vor Jahresende eine

Wohnung zu finden. Elle hatte – wie eigentlich immer – leider recht.

»Vielen, vielen Dank …«, stammelte Ada.

»Und bring Zeit mit!«, ergänzte die andere Frau. »Wir können dir Geschichten erzählen. Und Bilder zeigen.«

Ada konnte nur nicken. Sie hätte gern »bitte ja!« gerufen, oder »das wäre schön!«, aber ihre Stimme machte nicht mit. Sie blieb tief in ihrer Kehle und hielt die Explosion so lange wie möglich in Schach.

Die Schwestern verließen wortlos das Haus, aber als Elle versuchte, über die Ampel zu eilen, blieb Ada an der Straßenecke stehen.

»Was hast du eben mit ›schlüpfen‹ gemeint?«

Elle schüttelte den Kopf.

»Bitte Ada, vergiss es«, sagte sie. »Ist mir einfach rausgerutscht.«

»Was willst du mir sagen?«

»Nichts, Ada. Bitte. Wir sind spät dran.«

Ada ließ nicht locker.

»Meinst du, ich hätte nicht schwanger werden sollen, oder was?«

Ada konnte sehen, wie Elle mit der Antwort rang. Wie die Falten auf der Stirn immer tiefer wurden.

»Ich wollte nur sagen … es gibt immer … es gibt fast immer eine Wahl.«

Ada verengte ihre Augen.

»Was weißt du darüber, wieso ich schwanger geworden bin?«

Elle schüttelte wieder den Kopf.

»Ich habe nicht behauptet, dass ich etwas …«

»Das ist echt krass, Elle.«

»Ich habe Angst, Ada. Ok? Die Welt ist am Ende. Alles passiert *jetzt*. Es tut mir leid, dass ich dich …«

»… tut es nicht!«

»… Ich wollte nur sagen, dass ich, solange *ich* die Wahl habe, keine Kinder in diese Welt setzen werde. Das ist alles, was ich sagen wollte. Bitte vergiss es.«

Elle wischte sich mit beiden Händen übers Gesicht und zuckte schließlich mit den Schulten.

»Also hätte ich nicht schwanger werden sollen?«

»Das habe ich nicht gesagt!«

»… oder schwanger *bleiben* sollen?«

»Ada …«

»Lass mich in Ruhe!«

In ihrem Kopf hörte Ada, wie ihre Mütter in Accra riefen:

»Eh-eh!«

»Ada! Vorsicht, o!«

Aber Ada war es egal. Alles war ihr egal. Ihr Herz hämmerte gegen ihren Brustkorb. Ein Junge, der eigentlich hatte über die Straße gehen wollen, starrte Ada auch mit offenem Mund an. Und normalerweise hätte sie ihn ignoriert. Denn er war gewiss nicht das erste Kind, das sie anstarrte, und würde wohl auch nicht das letzte sein. Und so viele Menschen hatten ihr gesagt, sie solle mit weißen Kindern verständnisvoll umgehen. Sie seien einfach nur neugierig. Oder interessiert. Vielleicht überrascht. Möglicherweise doch verängstigt. Aber alles nur, weil sie bestimmt noch nicht so viele echte Schwarze gesehen hatten. Ada solle es nicht persönlich nehmen. Es wäre nicht ihre Schuld. Und auch wenn sie klammheimlich hin und wieder die Lippen zusammenpresste, würde sie in einem solchen Fall immer wieder leise schlucken. Aber heute wurde bereits genug geschluckt. Jetzt war es Zeit zu kotzen.

Ada lehnte sich so weit nach vorne, bis sich ihre Nasen fast berührten. Die Augen des Jungen sprangen ihm fast aus dem Kopf.

»Hau ab!«, zischte sie.

Das musste nicht zweimal gesagt werden. Er rannte schreiend weg.

Und Elle lief an Ada vorbei.

Ada rief ihr nicht nach.

Unter den Zahnlosen

07:45 Uhr

Nie wieder möchte ich ein KZ-Zimmer sein. Ich weiß, die Worte »nie wieder« gehen vielen Lebenden leicht über die Lippen. Ich meine es aber bitterernst. Ich habe gesehen, wie –

Oder besser. Ich kann bezeugen, dass –

Ähh.

Ok, ich will es so sagen. Jedes Mal, wenn Ada ihren Körper von ihrem Selbst trennte, war es desaströs. Jedes Mal. Und nicht nur für sie. Dass sie sich gezwungen sah, dies überhaupt zu tun, war –

Ihr wisst schon.

Und jedes Mal, nachdem es vorbei war, wurde es noch ein Stück schwerer, ihre abgesplitterten Teile wieder zusammenzusuchen. Jedes Mal klebten sie etwas schwächer aneinander.

Und.

Und ihre Zersplitterung sprengte ein Loch in die Würde all ihrer Folterer – einschließlich der sprichwörtlichen Guten, die nichts getan haben wollten.

Und.

Und da auch ich nichts verhindert habe, fühlte ich mich mit bezichtigt. Ich beschwerte mich darüber, selbstverständlich. Ihr wisst ja, wie es zwischen Gott und mir ist. Mit Gerechtigkeit, sagte ich, hat das nichts zu tun. Ich bin komplett unschuldig, ich habe nicht einmal meine damalige Form ausgewählt – wer macht denn so was? Gott grinste, es sah wie ein Lichtblitz aus, und ich wurde von einem Rausch erfüllt, für den ich noch keinen Namen hatte.

Was hätte ich tun können?!, donnerte ich. Ich hätte doch nichts tun können?! Wenigstens habe ich als Türklopfer Geräusche machen können! 1945 war ich bloß ein Zimmer!

Gottes Antwort blitzte weißgestreift über den Himmel: Dings schützt vor Strafe nicht.

Dings?!

Soll heißen, es gibt immer eine Wahl.

Ich polterte daraufhin so laut, dass der Himmel zu zerspringen drohte.

Der Spruch, brüllte ich, heißt: Unwissenheit schützt vor Strafe nicht!

Stimmt.

UNWISSENHEIT!

Danke.

Unwissenheit war aber nicht mein Problem!

Sondern?

Ich war *ein Zimmer*. Was hätte ich tun können?

Alleine? Nicht viel. Zugegeben.

Die drahtigen Lichtrisse, die die Antworten Gottes begleiteten, verschwanden fast so schnell, wie sie erschienen, und ließen mich immer wieder im Dunkeln.

Das möchte ich meinen, grummelte ich.

Trotzdem, sagte er.

Trotzdem?

Es gibt immer eine Wahl.

Gott verschwand daraufhin, und ich ließ mich lustlos durch die Weltgeschichte treiben, auf der Suche nach einer neuen Aufgabe. Abgesehen von der kurzen Episode als ein Frühstücksei, das sich weigerte, hart zu werden, blieb mein Dasein weitestgehend ereignislos. Bis ich selbstbestimmt die Form des Reisepasses annahm. Eine Form, auf die ich immer noch stolz bin. Aber der Grund, warum es richtig und wichtig war, dass ich auch eine Schleife als KZ-Zimmer durchgemacht habe, wurde mir erst klar, als Ada sich ihrer Geschichte endlich stellte.

Mir fiel erst spät auf, dass der Tag ein Freitag der dreizehnte war. Aber besser so. Sonst hätte ich der Versuchung nicht widerstehen können, etwas zu tun, worüber ich mich sicherlich amüsiert, das ich aber später doch wahrscheinlich bereut hätte. An jenem Morgen schwammen Adas Erinnerungen an Cash ineinander; mal mehr, mal weniger greifbar. Vor wenigen Wochen hätte sie ein Abbild seines Gesichts perfekt aus dem Gedächtnis zeichnen können. Jede Locke hätte gesessen, die Wölbung seiner Augenbrauen, die leichte Vertiefung seiner Wangen, die Hektik seines Bartes, sie hätte alles mit wenigen, sorgfältig gewählten Strichen eines Bleistifts verewigen können. Jene Zeiten waren längst vorbei und Ada eine gänzlich andere Person geworden – so redete sie es sich zumindest ein.

Adas erster Gedanke, als Elle ihn heute Morgen erwähnte, war wunderschön und entsetzlich zugleich: *Kommt er?* Wie könnte es sein, dass *das* ihre erste Reaktion war? Immer noch? Sie wollte nicht an Cash denken müssen. Aber. Elles Hang, Dinge so gut zu verstauen, dass sie nicht mehr zu finden waren, war auch sein größtes Talent. Viel zu viel wertvolle Lebenszeit ging bei der Suche nach seinen Schlüsseln verloren. Oder seinem Geldbeutel. Oder seinem Smartphone.

Beinahe alles erinnerte an ihn – ihr Strickzeug sowieso. Aber auch Teelichter, Erdbeerschaum, Unterhemden, sogar ein unschuldiges Kopfschütteln. Bei den ersten vier Noten von »Redemption Song« tippte ihr Daumen automatisch auf die »Weiter«-Taste. Sie vermied den Geruch von verbranntem Brot, denn Cash – der Esel – besaß weder Toaster noch Zeitempfinden.

Selbst ich habe Ada fast zum Weinen bringen können – und das will was heißen, denn Ada heult nicht einfach so. Gestern Abend aber – es war am Ende eines langen, anstrengenden Tages, sie hatte eine weitere Runde sinnloser Wohnungsbesichtigungen hinter sich, und ihr Bauch spannte, und ihre Schläfen pochten, und es waren noch viele Stunden bis zur Verkündung der Ergebnisse der britischen Wahlen – gestern Abend, hatte sie neue Bewerbungsunterlagen zusammengestellt und mich in die Hand genommen. Aus Versehen machte sie die Passfotoseite auf.

Egal wie lange Ada das Bild anstarrte, es wurde ihr nicht klar, was Cash daran so schön gefunden hatte. Sie grübelte über ihre Frisur, zählte die Pickel und nahm ihre Gesichtszüge so lange auseinander, bis sie mich irgendwann weglegte. Cash, nahm sie an, muss sie glatt angelogen haben. Und dann ärgerte sie sich darüber, dass ihr Selbstwertgefühl so sehr von diesem Scheißkerl abhängig war.

Meist konnte Ada sich gut ablenken: Blutuntersuchungen und Banküberweisungen machen auch vor gebrochenen Herzen nicht halt. Doch falls sie unvermittelt an ihn denken musste, zählte sie gedanklich bis zehn. Oder sie schrieb sich kleine Notizen auf pinkfarbene Zettelchen: »Weinen ist doch keine Schande!« oder »diese Kerze brennt noch« und klebte sie auf Hefte und Ordner und in ihren Mutterpass. Sie zitterte nicht mehr beim Einschlafen. Sie lackierte ihre Fingernägel rot. An ihre Zehennägel kam sie nicht heran, aber mit dem letzten Geld auf ihrem Konto kaufte sie sich die neuesten Abzocker-Sportschuhe, die sie in ihrer Schachtel bewunderte und im neuen Jahr zurückbringen würde.

Ada bereitete sich auf eine strahlende Zukunft vor, eine, in der es nur Yogakurse für junge Mütter, frisch gepresste Bio-Säfte und lustige Instagram-Storys geben würde. (Nicht, dass sie das so genau festgehalten hatte, aber) sie hatte sich jeden der siebenundfünfzig Tage seit der letzten Mail irgendwie ohne ihn durchgehangelt, immer in dem Wissen, der Schmerz würde bald weg sein. Heute hätte sie es auch geschafft. Es wäre gar kein Problem gewesen. Gäbe es Elle nicht.

Über die Schleifen habe ich gelernt, dass viele Lebende entweder einen beschwerlichen oder gar keinen Bezug zu ihrer Vergangenheit haben. Ich wundere mich darüber, denn ich kann mir immer noch nichts Schöneres vorstellen, als irgendwann eine eigene Geschichte haben zu dürfen. Wie gerne würde ich mit meinen spielenden Enkeltöchtern den Kecak in Bali tanzen. Wie schön wäre es, alles, was ich weiß, alles, was meine Großmütter wussten, an sie weiterzugeben, durch rhythmische Körperbewegungen, durch Sprechgesang.

Wie ich es lieben würde, in Kilkelly als kleiner fiebernder Junge im Krankenbett zu liegen. Wie beruhigend es wäre, meiner sich um mich sorgenden Mutter beim Singen zuzuhören:

»*… your brothers have all gone to find work in England*

the house is so empty and sad
the crop of potatoes is sorely infected
a third to a half of them bad …«

Zur Not könnte ich allerdings gänzlich auf so etwas verzichten. Ich würde auch gut in Orten leben können, in denen Jahrestage gefeiert werden, die die dort Herrschenden großmütig aussehen lassen. Commonwealth Day? Columbus Day? Kein Problem! Tag der deutschen Einheit? Her damit! Besser eine aufgehübschte Geschichtserzählung, sage ich, als gar keine. Aber in Berlin wollten die wenigsten an ihre Vergangenheit erinnert werden – bei Ada war es nicht anders. Als Elle den Fehler machte, Cash zu erwähnen, stürzte in unaufhaltbaren Wellen jede Menge Verdrängtes über Ada ein. Die erste Welle ließ sie schwitzend hinter dem Tresen eines Cafés in der Nähe des Oranienplatzes stehen.

War das noch im März oder bereits April? Auf jeden Fall hatte Ada schon ihre Sprachprüfung abgeschlossen, und sie wartete noch auf Semesteranfang. Sie hatte großes Glück gehabt. Gerade als sie ihren Lebenslauf hatte einreichen wollen, erfuhr sie von der Chefin, dass sie direkt eine Probeschicht machen könnte.

»Mazeltov!«, hatte die Chefin gerufen, als sie Ada eine Schürze zuwarf. »Binde sie dir um!«

Später, als das Mittagschaos vorbei war, streckte sie Ada ihre Hand hin und sagte:

»Friede.«

»Und auch mit dir«, hatte Ada geantwortet. Und Friede hatte gelacht und gelacht, bis sie Seitenstechen bekam. Sie kicherte noch immer, als die nächste Person das Café betrat. Er war unverkennbar deutsch. Die Ledersandalen verrieten es am deutlichsten. Er trug sie sogar mit Stolz. Und mit Strümpfen. Seit Papa in den späten 1980er Jahren nach England gezogen war, hatte das gewiss kein junger Ghanaer mehr getan. Und schon damals waren sie aus der Mode gekommen.

Der junge Mann ging direkt auf den Kühlschrank am Eingang des Cafés zu. Durch das Tragen eines bunten T-Shirts versuchte er wohl, sein Deutschsein zu kompensieren. Doch Ada konnte klar erkennen, dass der Stoff kein echter Kente war. Das Teil hatte er wahrscheinlich nicht einmal in Ghana gekauft. Seine Frisur war auch eher Boney M als Burna Boy. Niemals hätte sie ihn auf Englisch angesprochen.

»Cash«, hatte Friede aber von hinter der Kaffeemaschine gerufen. Er hatte versucht, einen Club Mate mit der Karte zu zahlen. Der Name blieb hängen.

Ihre Arme verschränkt, musterte Ada ihn langsam von oben bis unten, während er in seiner Bauchtasche wühlte. Schließlich legte er drei Euro auf die Theke.

»Mehr habe ich leider nicht«, grinste er. Seine Augen riefen eine schwache, warme Erinnerung in ihr hervor, die sie nicht einordnen konnte. Der Ärger, den sie gleichzeitig spürte, war deutlicher und passte besser zum Geschehen. Also hatte sie den Kopf geschüttelt und ihre Zähne geküsst. Die übrigen fünfzig Cent nahm sie dennoch aus eigener Tasche. Einfach so.

Nachdem die zweite Welle sie verschlungen hatte, wurde sie neben Cash zurückgelassen – auf dem Weg zur U-Bahn. Es war am Ende ihres fünften Arbeitstages, da hing die Sonne tief im Himmel, satt und müde hinter den Linden. Die jungen Blätter zischelten in der Brise, froh über die Wärme, die der Fast-Frühling mitgebracht hatte. Cash schob sein Fahrrad mit der linken Hand und gestikulierte mit der rechten. Sein Kopf zuckte gelegentlich, und immer, wenn es passierte, musste Ada kurz wegschauen. Ein stumpfes Gefühl der Scham drang zwischen einer leichten Traurigkeit hervor, sie wusste selber nicht warum. Er redete jedenfalls zu schnell. Ada konnte ihm nur halb folgen. Aber seine Lippen sahen samtig aus. Und dann schaute er sie an, als warte er auf eine Antwort. Wie schön, seine Augen.

»Sorry.« Sie schüttelte den Kopf, aber etwas zu schnell. »Bitte noch mal?«

»Ich sagte, magst du was essen?«

Sie runzelte die Stirn. Hatte er ihr Magenknurren gehört?

»Ich will nicht Brot«, sagte sie.

»Eigentlich heißt es: Ich will *kein* Brot.«

Ada rollte mit den Augen. Er merkte es nicht, weil er in dem Moment nach seinem Portemonnaie suchte.

»Ich will kein Brot«, wiederholte sie.

»Was erzählst du, das ist nicht alles Brot!«

»Hier«, Ada zeigte auf einen Dönerladen. »Fladenbrot. Und nebenan haben sie, wie nennen sie das? Fokahschiah? Und schau hier – Naan, oder? Und sonst überall nur Sandwiches, Wraps oder Hotdogs.«

Sie blieben kurz stehen. Ada schielte auf die Cafés und die Imbisse und die Restaurants, die beide Seiten der Oranienstraße mit ihrem unnützen Essen flankierten.

»Ich will das alles nicht. Ich will etwas Richtiges.«

»Und was ist mit Pasta?«

»Meinst du Spaghetti?«, schnaubte Ada. »Dieses Brot, das kleingeschnitten und in die Länge gezogen ist? Etwas *Richtiges*, sagte ich.«

Ada zog ihre Jacke enger um sich und ignorierte Cashs Grinsen. Sie liefen einige Schritte wortlos nebeneinander her.

»Was würdest du dann gerne essen?«, fragte er, als sie bei einer Ampel noch einmal stehen blieben. »Was ist dein Leibgericht?«

»Leib?!«

»Das heißt einfach dein Lieblingsessen«, lachte er. »Nicht erschrecken!«

Dennoch blieben Adas Augenbrauen hochgezogen, ihre Mundwinkel zeigten nach unten.

»Was ist mein Leibgericht?«, wiederholte sie, als sie gemeinsam die Straße überquerten.

»Ich meine, was vermisst du am meisten aus Ghana? Wahrscheinlich alles …«

»Nein, nicht alles. Nur das Essen.«

»Im Ernst?«

Sie zuckte mit den Schultern.

»Was denn sonst? Für Musik habe ich Spotify und YouTube. Alles was ich für meine Haare brauche, habe ich von Zuhause mitgebracht. Kleider brauche ich auch nicht.«

»Was ist mit deinem Vater?«

Ada verstummte. Sie vermisste ihn, aber nicht so, dass es geholfen hätte, wenn sie wieder in Ghana leben würde.

»Nein«, sagte sie schließlich. »Meine Mütter schon. Aber wir haben ja unsere WhatsApp-Gruppe. Ich sehe sie oft genug.«

»Mütter?«

»… Ja?«

»Du hast mehr als eine?«

»Aber das sind die Frauen, die mich erzogen haben. Wie soll ich sie sonst nennen?«

Selbstverständlich wusste sie, dass die Schwestern ihres Vaters ihre Tanten waren. So was hatte sie im ersten Monat des Deutschunterrichts gelernt. Sie wusste auch, dass die korrekte Bezeichnung für Elle eigentlich »Halbschwester« war. Aber sie hatte keine Geduld für diese Konstruktionen.

»Warum Halbschwester?«, fragte sie ihre damalige Lehrerin. »Elle ist eine ganze Person. Sie ist meine ganze Schwester!«

Ada ließ nicht locker, auch wenn sie deswegen immer wieder Punktabzug bekam. Die Schwestern ihres Vaters waren ihre Mütter. Und wenn Ada differenzieren musste, zum Beispiel wenn sie eine von ihnen rufen wollte, dann benutzte sie ihren Vornamen. Aber immer zusammen mit der Anrede »Auntie«. Aus Respekt.

Cash strich sich mit seiner freien Hand über den Kopf und hatte keine Antwort. Sehr schöne Hände hatte er auch.

»Weißt du«, erzählte Ada weiter, »was ich am meisten vermisse? Den Duft von kochender Palm nut soup.«

Ihre Augen wurden glasig.

»Und der Geschmack von frisch gestampftem Fufu. Und das Gefühl von einem Bauch, vollgestopft mit Red Red und kross gebratenen Kochbananen.«

»Ich kenne das alles nicht«, lachte Cash.

»Das überrascht mich nicht. In Deutschland schmeckt alles langwierig …«

»… *langweilig?*«

»Das auch«, nickte Ada.

Einmal hatte Elle Pommes für Ada mit nach Hause gebracht. Eigentlich um ihr eine besondere Freude zu machen. Das war noch in den ersten Wochen, als Ada das mit dem Pokerface noch nicht gelernt hatte. Frittierte Kartoffelstücke. Mit Salz. Mehr nicht. Nicht einmal eine vernünftige scharfe Soße dazu.

»Ich meine: Gewürze. Ist das überhaupt ein Konzept hier?«

»Salz. Ja«, grinste Cash. »Pfeffer, manchmal.«

»GEWÜRZE habe ich gesagt!«

Sie lachten beide, als sie die U-Bahn-Station Moritzplatz erreichten. Ada knöpfte am Treppeneingang ihre Jacke rasch zu und merkte erst, als sie fertig war, dass die Jacke schief saß.

»Warte«, sagte Cash. Er stellte sein Fahrrad gegen eine Straßenlaterne, und kurz bevor er die Jacke anfasste, fragte er: »Darf ich?«

Und so wie er fragte, und so wie der Abendsonnenschein auf sein Gesicht fiel, so dass er seine Augen etwas zusammenkneifen musste, und so wie er roch, eine Mischung aus starkem Kaffee und Kaugummi-Minze, da konnte sie nicht anders, als verlegen zu nicken.

Ada schaute ihn an, während seine schlanken Finger ihre Jackenknöpfe umkreisten. Als er sie einen nach dem anderen wieder zuknöpfte, küsste er sie auf die Wange und dann auf die Stirn.

»Ich koche etwas für dich«, sagte er. »Aber nur wenn du magst.«

»Mit Gewürzen?«

»Klar.«

»Und ohne Brot?«

»Versprochen.«

Ada nickte ein letztes Mal.

»Ich mag.«

Die dritte Welle stieg rasant an, überschlug sich knapp über ihrem Kopf und schleuderte sie atemlos in eine Galerie, wo sie seit Stunden auf Cashs Auftritt wartete. Ada schaute sich um. Es war ein kleiner, muffiger Raum, doch groß genug für dreißig Stühle, die gerade in drei Zehnerreihen aufgestellt worden waren. Die Bühne, die direkt vor ihr lag, war bis auf das im Scheinwerferlicht stehende Mikrophon komplett leer. Links von ihr ein klappriger Holztisch – wahrscheinlich galt er als antik – mit einer Handvoll Bücher, die lieblos neben einem handgekritzelten Schild gestapelt waren. Zu ihrer Rechten klopfte Cash mit den Füßen und bewegte seine Lippen, während er mit dem Kopf wippte.

Inzwischen waren sie seit drei Wochen ein Paar, und Ada hatte immer etwas dabei, wenn sie mit ihm unterwegs war. Aufs Lesen konnte sie sich nicht so gut konzentrieren, und das Zeichnen hatte vorbeischlendernde Hobbykunstkritiker immer angezogen. Deswegen nutzte sie Cashs zahlreiche Soundchecks, um sich selbst das Stricken beizubringen. So knüpfte sie sich das, was sie für ihn empfand, aus alter Wolle zusammen. Wolle, weil es Anfang des Jahres so elendig kalt gewesen war. Aber auch, weil Elle einmal mit einem bedeutungsschweren Blick zu Ada meinte, Cash *wolle* so schnell wie nur möglich aus Deutschland heraus.

Inspiriert von Bob Marley nannte er es hier »Babylon«. Die meisten seiner Texte waren wütend und – im doppelten Sinne des Wortes – kritisch. Ada fragte nicht, warum er immer noch in Deutschland lebte. Sie machte einfach weiter, zählte vorsichtig die Maschen und achtete darauf, keine fallen zu lassen. Die Konzentration war entscheidend. Drei Monate später schenkte sie ihm ihren ersten selbstgestrickten Pullover. Sie wählte Blau, da es zu seiner Stimmung passte, und Grün, um ihm Hoffnung zu geben.

Cash lebte nur wirklich auf, wenn er auf der Bühne stand. Erst da fühlte er sich wirklich frei. Immer kurz bevor es losging, sah Ada, wie zahlreiche Stresswölkchen sich von seinen Schultern lösten, wie sie sich in nichts auflösten. Er räusperte sich, er schloss die Augen und:

Babylon!

Das Wort hallte durch den Raum. Gleichzeitig stach ein spitzer Ton durch die Ohren aller anderen, weil er das Mikrophon zu nah an den Mund hielt. Er ließ sich nicht von den Zwischenrufen stören:

Ein Land, ohne Aussicht.
Eine Straße.
Einbahn – Geisterfahrer überall!

Ada strickte weiter und ignorierte das Flüstern, das aus der Ecke kam.

Ein Gestank – Vogelschiss!
Der dritte Weg gehört verboten?
Der zweite Weg ist ausschließlich für Bildung?
Dann halt ein Weg. Ohne Pfand.

Cash öffnete seine Augen und nickte bedeutungsschwer in die Runde. Auf diese Zeile war er besonders stolz, das wusste Ada. Die drei Poetry-Slammer in der Ecke hörten zwar auf zu flüstern, lasen allerdings alle in ihren Phones.

Plastikflaschen, aber keine Fische. Wir können
davon nicht leben – auch nicht einen Tag.

Eine andere Person, die am Mischpult stand, schüttelte den Kopf. Ada hoffte, dass ihre Skepsis einfach auf die Tonqualität zurückzuführen war. Eine stricken, eine fallen lassen.

Bringt den Leuten lieber Toleranz *bei.*
Mensch, Kinners! Kopf oder Zahl?
Diskutieren wir ernsthaft über ein Stück Tuch,
während unsere Schwestern immer noch
schreien:
Gleiches Geld für gleiche Arbeit?!

Es folgte ein gut gemeinter Vers über die Wissenschaftlerin, die das Schwarze Loch »fotografierte«, und die Sportlerin, die angeblich zu viel Testosteron »produzierte«:

Vielleicht sollte sie ein Gebäude in Paris sein?
Wir nennen sie »unsere Frau«, aber wir lassen sie verbrennen!

Ada hatte angefangen, leise zu summen. Das Lied von Bob Marley – wie hieß es noch mal –, es war ein Ohrwurm. »Redemption Song«! Cash spielte es ununterbrochen, immer wenn sie bei ihm waren. Aber jetzt wurde seine Stimme immer lauter, immer dringlicher. Er störte die feine Melodie:

Und Kolonialismus ist so ein schmutziges Wort,
früher war alles besser und irgendwas mit Autobahn.
Warum können wir einfach nicht zum Platz an der Sonne zurück? Dir fehlt es? #MeToo!

Die Soundfrau schüttelte den Kopf noch einmal. Ada lächelte Cash zu und hoffte, er merkte nicht, wie steif ihre Wangen waren.

Die Frauen waren auch glücklicher ohne diesen Feminismus.
Alles Böse endet in -mus.
Außer vielleicht Apfelmus …

Die Poetry-Slammer in der Ecke kicherten. Ada konzentrierte sich auf ihre Hände. Eine stricken, eine fallen lassen.

Das Ende der Performance kriegte sie zu spät mit, und die anderen anscheinend auch. Weil es davor so viele lange Pausen im Text gegeben hatte, blieb Cash gut zehn Sekunden wortlos am Mikro stehen, bevor die Soundfrau zu klatschen anfing.

Das war in der Zeit, als die Tage noch aneinanderklebten und nur mit großer Mühe auseinandergezogen werden konnten.

»Super«, hatte Ada genickt.

»Superscheiße, vielleicht«, hatte Cash gelacht. »Aber ein geiles Gefühl war es trotzdem!«

Nachher erzählte Cash, er hätte kein Verständnis dafür, dass Ada nach Berlin gezogen war. Damals glaubte Ada noch, ihr Deutsch wäre nicht so gut, und darum würde sie Cash ständig missverstehen. Er saß neben ihr in jenem kleinen Raum und sah sie an, als wäre er schwer enttäuscht. Ada wartete auf die Auflösung, »Spaß!« oder »Verzeihung« oder so ähnlich.

»Es sitzen gerade Nazis in der Regierung!«, schimpfte er.

Und es stimmte. Nur Ada wusste nicht, wo sie sonst hätte hinziehen können.

»Du weißt schon, was in England los ist?«, hatte sie erwidert.

Das Wollknäuel fiel zu Boden. Trotz ihrer Versuche, es zu retten, rollte es in eine staubige Ecke. Aus Blau wurde Grau. Cash zuliebe hob Ada es auf und entfernte so viel von dem Schmutz wie möglich.

»Ach, das verstehst du nicht«, sagte er.

Aber verstanden hatte Ada schon damals eine Menge. Viel mehr, als Cash vermutete. Nur weil sie noch nicht über das Vokabular verfügte, um die Zeichen zu benennen, hieß es nicht, dass sie sie nicht schon längst gedeutet hatte …

Und dann stürzte die bisher größte Welle auf sie und ließ sie zitternd auf seinem Bett liegen. Anfang Mai.

»Es wird nicht weh tun«, hatte er ihr versichert. »Nur etwas Druck. Eine Minute oder so. Dann wird es durch sein.«

Eigentlich, hatte sie gesagt, will ich das nicht. Ich habe Angst.

»Brauchst keine Angst zu haben.«

Habe ich aber, dachte sie. Er küsste sie auf die Wange und dann auf die Stirn.

Bis dahin hatte er das immer so gemacht.

Bis dahin hatte sie sich dabei immer sicher gefühlt. Diesmal war es anders. Hatte er gesagt, es wird wie eine kleine OP?

Sie lag auf ihrem Rücken und beobachtete ihn, als wäre sie nicht mit ihm in seinem Zimmer, in seinem Bett, unter seiner Decke, sondern ganz weit weg. Zurück in Osu? Oder bei Elle? Sogar einfach hier vor der Tür wäre besser gewesen.

Er war aufgestanden und hatte die Vorhänge zugezogen, und um das Gefühl des langsam Eingeschlossen-Werdens zu überspielen, dachte sie an ein Kino. Er hatte nicht vor dem Fenster gestanden, sondern auf einer Leinwand. Sie beobachtete ihn, wie er sein T-Shirt auszog. Es war gelb. Er hatte sonst nichts angehabt. Das hatte sie überrascht. Sie hatte sich nicht daran erinnern können, dass er seine Hose ausgezogen hatte.

Er hatte sich auf sie gelegt. Sie hatte sich auf die Leinwand konzentriert.

»Brauchst keine Angst zu haben.«

Aber Ada hörte ihn nicht. Sie fokussierte die Kurve seines Rückens, wie er sich auf und ab bewegte, sie roch den Schweiß auf seiner Haut, sie war fort. Sie legte ihre Hände auf seine Hüften. Ihre Hoffnung war, dass wenn sie ihm beim Stoßen helfen würde, es schneller vorbei sein würde. Er musste fast fertig sein? Er stöhnte, und sie drehte den Soundtrack im Hinterkopf auf. Aber so laut, wie die Musik wurde, konnte sie die kleine Stimme nicht übertönen. Die einzelnen Worte drangen durch den Nebel an Bewegungen [Es.], und das Schaukeln [Geschieht.] und das Quetschen [Dir.] und das Drücken [Recht.].

Zunächst war es ein Punkt gewesen, ein Pünktchen. Winzig und rot wie ein frischer Pieks. Das Pünktchen, gerade Mal so groß wie ein Nadelstich, gähnte und breitete sich aus. Eine Schusswunde wurde es, und dann noch breiter. Ein Bach bildete sich. Dünn wie ein Stück Faden, der sich an der Innenseite ihres Beines herunterschlängelte; an ihrem

Knie vorbei und sich an ihrer Ferse sammelte. Aus dem Bach wurde eine nicht zu übersehende Pfütze. Wie schnell sich die Lache gebildet hatte, konnte Ada nicht einschätzen, sie hatte kein Gespür mehr für Zeit. Über das Blut an sich hatte sie sich nicht gewundert, denn Blut war ihr vertraut. Es war die schiere Menge, die sie verunsicherte. Das Stück Faden wurde immer tiefer, dunkler, breiter, bald war ihr ganzes Bein bedeckt, wie von einem weinroten Strumpf. Kurioserweise nur ein Bein. Vielleicht, weil ihr anderer Fuß den Boden nicht berührte.

Sie war im Badezimmer gewesen, und es hörte einfach nicht auf. Ada hatte geweint, aber leise genug, dass Cash es nicht mitbekommen würde. Sie hatte ihn nicht wecken wollen. Also weinte Ada und wischte den Boden. Sie weinte und seifte sich unter der Dusche ein. Sie weinte, und sie wusch ihre Unterwäsche. Und nachdem alles wieder sauber war und nachdem sie ein weißes T-Shirt und einen frischen Slip angezogen hatte, legte sie sich neben ihn. Sie beobachtete sein Atmen. Sie bewunderte seinen Frieden.

März 1945 habe ich als KZ-Zimmer nichts verhindern können, aber ich habe alles gesehen. Adas Wahrheit war in meine Wände eingebrannt. Und alle anderen, die anwesend waren, hatten es auch gesehen. Die Aufnahmen, die Tagebücher, sonstige Gegenstände, ganze Museen und Gedenkstätten – das alles gehörte nachher zum deutschen Raum. Und ich trug dazu bei. Im Mai 2019 waren es nur Ada und Cash. Ihr Wort und seins. Ich lag in irgendeiner Tasche, lediglich ein paar zusammengeklebte Blätter, die bald ihre Bedeutung zu verlieren drohten. Diesmal habe ich nicht einmal sehen können. Trotzdem lege ich Zeugnis ab. Und das ist vielleicht der größte Liebesbeweis von allen …

Ada war es kalt, nicht nur, aber vor allem körperlich. Elles Stimme riss sie aus ihren Gedanken.

»Ada?«

»Was?«

Inzwischen stand Ada neben der Balkontür und hatte nicht einmal mitbekommen, dass sie aufgestanden war. Elle saß weiterhin auf dem Sofa. Ihrem Sofa.

19:45 Uhr

Gegen Ende meiner Zeit als Reisepass sah ich etwas, was ich zunächst nur schwer deuten konnte. Ich erkannte eine gekrümmte Hand, einen aufgerissenen Mund, eine gerunzelte Stirn. Ob die Figur sich nach vorne bückte? Ob sie fiel? Weder noch. Sie rannte – die Beine in Orange, in Gelb, in glühendes Weiß und in tobendes Schwarz drapiert, der rechte Fuß bereit für den Sprung, der linke Fuß wie verankert auf dem Boden. Ich rückte näher heran und sah. Das rauchende Haar. Die tränenden Augen. Würde sie nur schneller laufen, dachte ich, würde sie jenen brutalen Wellen entkommen, die ihren Oberkörper umschlossen, die an ihrem Hals schelmisch leckten. Lauf, lauf, dachte ich. Es war nicht auszuhalten. Das Bild verschwand.

*

Es wurde kalt, aber Ada konnte ihren Körper nicht dazu bewegen, sich schneller zu bewegen. Jeder Zentimeter schmerzte. Sie setzte einen Fuß beharrlich vor den anderen und vertraute darauf, dass sie sich wirklich vorwärtsbewegte. In einem Moment ruhte ihr linker Fuß auf einem Riss im Steinpflaster, im nächsten Moment streiften ihre linken Zehen gegen streunendes Unkraut.

»Nur noch ein kleines bisschen …«, murmelte sie. Zum Glück war die letzte Wohnungsbesichtigung nicht so weit weg. Zu Fuß nur zehn Minuten oder so. »Nur noch ein kleines bisschen.«

Aber gerade als sie in die Ulmenallee einbog, entdeckte sie zu ihrer Rechten eine Parkbank am Rande eines Kinderspielplatzes. Alles in ihrem Körper schrie: »Pause!«

»Nur ein bisschen«, murmelte sie, als sie sich auf die Bank niederließ. Erinnerungen an das Gespräch mit Papa schwirrten ungehemmt durch ihren Kopf. Mit so viel Wut hatte sie nicht gerechnet. Ja, die Familie zählte auf sie. Doch ruiniert war ihr Leben noch lange nicht. Ada würde nicht die erste Informatikerin mit Kind sein. Was war bloß in ihn gefahren? Sie schloss die Augen.

Hinter ihren Augenlidern konnte sie noch die Umrisse der blattlosen Äste sehen, die über ihr fächelten. Kahl waren die Bäume, aber sie weinten nicht. Wenn Bäume weinen, werden ihre Tränen nicht nach außen getragen, wie bei den Wolken. Ihre Tränen fließen unter der Oberfläche der Rinde. Sie atmen, sie wachsen und gedeihen – und dann kommt ein Mensch, und sie sind vollkommen ausgeliefert.

Und tatsächlich hörte Ada Schritte. Und Keuchen. Und fließendes Wasser. Sie öffnete ihre Augen und sah, wie ein älterer Mann einen Baum bewässerte. Er hatte nur eine kleine Gießkanne dabei. Als sie leer war, stellte er sie ab, legte die Hände auf den Rücken und streckte sich. Er blickte so liebevoll auf den Baum, dass Ada sich fragte, ob ein Tierbaby, das sie nicht sehen konnte, in den Ästen steckte.

Ein Windstoß schickte verdorrte Blätter über den Spielplatz, wirbelte eine alte Einkaufstüte umher und stahl die Perücke vom Kopf des alten Mannes. Leuchtend seine Wangen und ausgefranst seine Finger, als er ihr hinterhereilte, da er die Haare immer wieder um Millimeter verfehlte.

»Nu' is' aba jut«, sagte eine Stimme in ihrem Kopf. »Jib ihm dit Ding zurück.«

Ada staunte. Und noch mehr, als die Brise umgehend aufhörte, mit dem Toupet zu spielen. Die anschließende Stille ruhte über dem Spielplatz; sie nistete sich zwischen den leeren Bierflaschen und dem Karussell ein; sie wickelte sich um die quietschenden Schaukeln; sie lag behutsam auf jedem einzelnen Sandkorn, das nicht durch Plastikeimer oder Mini-Schaufeln belästigt wurde. Der alte Mann nutzte die Gelegenheit, um sich niederzubeugen. Als er seine Perücke aufhob und abstaubte, ließ sein unfreiwilliges Kopfschütteln zackige Schwarzweißbilder in Adas Gedächtnis aufflackern.

»Weißt du, was du bist?«

Ada schaute nach links. Außer dem Mann, der die Haare auf dem Kopf richtete und vom Spielplatz flüchtete, war keine andere Person zu sehen. Die tiefe, klangvolle Stimme war aber so klar und so deutlich, als würde die Person direkt neben Ada sitzen. Ada kratzte sich am rechten Handgelenk. Einige Ameisen schlängelten sich an ihren Füßen vorbei.

»Ada, warum, o?«, rief die Stimme in ihrem Kopf. »Warum weißt du es nicht mehr? Warum hast du dich vergessen?«

*

Ada hatte vergessen, was passiert, wenn auch nur ein einziges Wesen sich weigert, die Hausaufgaben zu machen. Wir wären sonst alle so weit. Fast alle. Nur Wilhelm nicht. Er war der Schurke, der nicht die Bedeutung seines irdischen Auftrages verstanden haben wollte.

Als er seine Karten zwischen den Fingern hielt, färbten sie ab. Er las und leckte. Bäh! Dieser Zuckerwattegeruch! Möglichst viel davon versuchte er, eins nach dem anderen, von seinen Fingerkuppen zu entfernen. Die rosa Farbe schmeckte ihm gar nicht, die Botschaft noch weniger. Seine Haut wurde vor seinen Augen faltig und trocken. Die Venen schlängelten sich wie Bäche über die Länge seines Handrückens. Hier und da erblühte ein Leberfleck.

Lesebrille bitte!, sagte er.

Ich legte mich über seine Nase und beobachtete, wie er las und leckte.

Bitter, hatte er immer wieder gestammelt. Es fiel ihm schwer, angesichts der Tragweite der an ihn gestellten Anforderung, ruhig zu bleiben. Und es ging nicht nur ihm so. 2019 redeten auffällig viele, die in Deutschland lebten, immer wieder von der Vergangenheit, auch nach dem Anschlag in Halle, als wäre es etwas, was schnellstmöglich bewältigt werden könnte. Dabei bot Wilhelms Vergangenheit ausgiebig Raum für gemeinsames Trauern.

In der Schleife davor hatte seine Begegnung mit

Ada beiläufig gewirkt. Von seinem frischpolierten Mercedes Benz aus war er dabei, den Zustand der zahlreichen Bäume zu begutachten. Stolze Rotbuchen, die über den Horizont ragten, die er höchstpersönlich vorm Abholzen bewahrt hatte. Rätselhaft bleibt es mir bis heute, dass die uniformierten Männer sich damals mehr für den Schutz der Landschaft als für den Schutz von Menschenleben eingesetzt hatten. Wie dem auch sei.

SS-Obersturmbannführer Helmut Wilhelm, Oberregierungsrat, Leiter diverser Staatspolizeistellen, Führer des Einsatzkommandos 1 der Einsatzgruppe IV im deutsch besetzten Polen und Abwehrbeauftragter beim Bau von V2-Raketen im Konzentrationslager Mittelbau-Dora hatte sich zunächst nicht für die Mädchen interessiert. Er war ein Mann, der Bäume bewunderte. Doch kurz bevor die Inspektion seines Autos zu Ende war, fiel ihm die Farbe des Armbandes ins Auge. Es stach wie ein Hoffnungsfunke aus der Trostlosigkeit heraus; es hielt ihn in seinem Bann.

Und weil es ihm Stunden später immer noch keine Ruhe ließ, beschloss er, die Untersuchung des Diebstahls nicht an einen rangniedrigeren Offizier zu delegieren, sondern nahm es selbst auf sich, herauszufinden, wie ein so exquisites Schmuckstück in einem Dreckloch wie Dora landen konnte.

Nachdem er etliche Gefangene »interviewt« hatte, nahm er das Armband mit nach Hause. Er hätte es genauer untersuchen lassen wollen, doch die Ereignisse holten ihn ein. So schnell konnte er nicht gucken, schon lag das glorreiche Dritte Reich in Schutt und Asche. Gestern trug er voller Stolz seine SS-Abzeichen, heute stopfte er sie hastig in eine unauffällige Kiste und verstaute sie hinter seinem Werkzeug. Helmut Wilhelm starb kurz vor Ende des Krieges. Er erfuhr nie, dass seine Frau schwanger war. Und sie erfuhr nie, dass sie mit dem Kistchen eine Leiche im Keller hatte.

So wird das nichts, hatte Gott daraufhin geschimpft.

Ich schaute betreten zur Seite, während die Karten wieder eingesammelt wurden.

Wir müssen noch einmal ran! In welchen Raum soll es als Nächstes gehen?

Die Stimme des Wesens, das der Sohn von Obersturmbannführer Helmut Wilhelm werden sollte, wurde tiefer, und seine Beine spreizten sich entschieden auseinander.

Egal!, sagte er, Hauptsache umgeben von Männern!

Von Männern?, fragte Gott.

Ja.

Von *richtigen Kerlen*?

Ja!

Prompt wurden auf den Karten diverse männliche Figuren eingeblendet: mit Bart und ohne, mit Turban und ohne; einige mit dicken Muskeln und so groß wie Tannen; andere, die mit lackierten Fingernägeln herumstolzierten, dürr wie Heuschrecken. Männer mit dicker Haut, Männer mit dünner Haut. In westlichen Anzügen, in Schneeanzügen, in Badeanzügen, in anzüglichen Anzügen. Männer mit Penis, Männer mit Vagina –

Okay, okay.

Bitte?

Ich möchte – ausschließlich – von Männern *wie meinesgleichen* umgeben sein.

Von Abrotsiri-Männern?, fragte Gott.

Was?

Da konnte ich nicht mehr ruhig bleiben.

Sag mal, spottete ich. Wie soll das gehen? Ausschließlich mit Menschen wie dir zusammen zu sein, wenn du nicht weißt, was für ein Mensch du bist?

Wilhelm erstarrte. Lediglich seine Augen rollten hin und her, von mir zu Gott und zurück.

Du weißt nicht einmal, ob mit Abrotsiri etwas Positives oder Negatives gemeint ist, oder?

Ich fiel, vor lauter Empörung, von seiner Nase.

Wilhelm bekam jedenfalls unter anderem die Karten »keine Kinder« und »keine Haustiere« ausgehändigt. Die Liebe zu Bäumen erbte er von seinem Vater. Darüber hinaus sollte die zugewiesene Ehefrau ihn nicht unnötig überfordern. Er nahm alles dankbar entgegen und führte damit ein zum größten

Teil ehrenhaftes Leben. Ihm wurden sogar hin und wieder weitere Perlen vor die Füße geworfen: günstige Steuerklasse, Autobahnen ohne Tempolimit und eine mühelose Beherrschung der deutschen Leitkultur. Alles für die Katz. Seine Vergangenheit landete diesmal im Museum.

Er sah sogar stolz aus, als er Gott davon erzählte.

Ich hatte diese Kiste voller Objekte aus der Nazi-Zeit im Keller gefunden. Das wollte ich selbstverständlich direkt entsorgen –

Versteigern, korrigierte ich.

Aber zum Glück brachte mich ein Kollege auf die Idee, den Wert des Armbands schätzen zu lassen, da es eindeutig viel älter war –

Viel wertvoller war, korrigierte ich.

Und da dieses prächtige Schmuckstück Teil unseres kulturellen Erbes ist, willigte ich ein, es ausstellen zu lassen –

Gegen eine bescheidene Gebühr?, fragte ich.

Der Öffentlichkeit zugänglich, hatte er genickt. Kurz danach warf Gott buchstäblich das Spielzeug aus dem Kinderwagen. Der Holzwagen verfehlte Wilhelms Kopf um Millimeter.

Du verstehst die Aufgabe *absichtlich* falsch!

Aber nein!, kauerte er.

Der Öffentlichkeit zugänglich?! Was weißt du über Öffentlichkeitsarbeit? Weißt du wenigstens, um *welches* Publikum es denn gehen soll?

Na, alle Menschen doch!

Aus Spandau? Aus ganz Deutschland?

Aus Asien, aus Afrika, Wilhelm streckte die Arme aus. Aus der ganzen Welt!

Menschen! Denen! Die! Einreise! Nach! Europa! Verweigert! Wird!

Hinter der Sonne grollte es.

Sollen sie mal eben eine Stippvisite nach Berlin machen? Oder was?

Bis dahin hatte sich Wilhelm nicht in Kreisen bewegt, in denen Stippvisiten in Berlin nicht möglich gewesen wären. Nun, während Gott weiter herumwütete, errötete die Spitze von Wilhelms Nase. Bis auf seine Augen, die in den Augenhöhlen nach links und rechts schwenkten, bewegte er sich überhaupt nicht. Also wurde Ada über Umwege von Ghana nach Deutschland zu ihm geschickt.

*

Fünfzehn Minuten. So spät war sie nicht, als sie Nummer 37 erreichte. Die Straßenlaternen spendeten punktuell leuchtende Spots entlang des Steinpflasters der Ulmenallee. Sie wirkten einladend, beruhigend, im Gegensatz zu der Stimme, die über die Lautsprecher knisterte.

»Wer ist da?«

»Ada Lamptey«, keuchte sie.

»Wer?«

»Ich bin die Schwester von Elle Hückel.«

»Na endlich.«

Die Tür knackste auf. Ich spürte, dass wir hier richtig waren. Eine Wärme strömte durch mich, ich sollte später lernen, dass das Gefühl »Freude« heißt. Und Ada war auch glücklich. Zu ihrer großen Erleichterung war die Wohnung im Hochparterre.

Der ältere Herr vom Spielplatz stand an der Wohnungstür.

»Sie kommen zu spät.«

Er spielte mit seiner rechten Hand am Oberschenkel Klavier, als Ada die Wohnung betrat. In seiner linken Hand hielt er ein Klemmbrett.

»Ist die Wohnung schon weg?«, keuchte sie.

»Ich rede von der Uhrzeit.«

Ada fand die Art und Weise, wie er sein »R« rollte, beeindruckend, aber irgendwie auch ein bisschen bedrohlich.

»Ach so«, nickte sie. »Das stimmt. Und ich habe gelernt, in Deutschland gibt es so etwas wie das akademische Viertel?«

Es war gewagt, ohne Frage. Sie wollte die Stimmung etwas auflockern und dachte, der Witz wäre harmlos.

»Nicht. Bei. Mir«, war die stramme Antwort.

Ada nickte noch einmal.

»Ich entschuldige mich.«

»Wenn überhaupt«, rollte er wieder, »können Sie nur bei mir um eine Entschuldigung bitten!«

Sein Schnurrbart zuckte, sonst bewegte sich nichts. Ada würde »Die Gute Ausländerin« auffahren müssen, wenn sie nicht direkt aus der Wohnung fliegen wollte. Sie faltete ihre Hände zusammen und lächelte. Ihre Augen flatterten leicht.

»Sie haben recht…«

»Das ist mir vollkommen klar!«

»… Ich bitte Sie förmlich um Entschuldigung.«

Die Fältchen auf seiner Stirn verblassten ein wenig. Er knurrte etwas, das wie »angenommen« klang, und drehte sich auf der Ferse. Ada folgte ihm in die Wohnung und schloss die Haustür hinter sich. Er winkte ihr mit dem Klemmbrett zu.

»Schauen Sie sich um«, sagte er. »Hier Bad, Küche. Alles frisch gestrichen. Saniert. Tipptopp.«

Ada nickte.

»Und hier«, er schob eine Tür auf, die gegenüber vom Bad war. »Das Zimmer. Treten Sie ein, treten Sie ein. Ich warte solange im Flur.«

Ada steckte ihren Kopf in die Tür. Bis auf eine brennende Kerze, die in der hinteren linken Ecke stand, war das Zimmer leer. Die Flamme flackerte in ihrer eigenen stillen Logik, warf Schatten auf die Wände und begleitete Ada, während sie den Raum betrat. Nimm Platz, nimm Platz, krächzte der Boden. Ich bin hier für dich.

Wie sehr ich mich freute, als Ada sich tatsächlich hinkniete. Hier kann ich sein, dachte sie. Hier bin ich richtig.

Ihr Körper war steif und wund, es dauerte, bis sie auf den Boden gelangte. Die Dielen glänzten im Kerzenlicht. Magst du dich hinlegen, sang das Fenster, denn der Himmel ist wunderschön, indigoblau bestickt mit Diamanten. Bezaubernd.

Von ihrem Platz aus sah Ada ein wenig Mondlicht, das von der Fensterbank abprallte. Drehte sie ihren Kopf im richtigen Winkel, blickte sie auch auf die Spitzen der grauen Wolken, aber nur gerade noch. Sie legte sich auf den Boden, erst auf die Seite, dann rollte sie auf den Rücken, damit sie die Sterne bewundern konnte. Der Boden hielt sie, er hatte nicht zu viel versprochen. Fest und sicher fühlte er sich an, ein Boden für alle Zeiten. Vertieft in ihre Gedanken, merkte sie nicht, dass sie nicht mehr alleine war.

»Was machen Sie da?«

Ada schaute hoch. Der alte Mann stand im Türrahmen und schielte auf Ada. Begeistert war er nicht.

»Es tut mir leid«, grinste Ada. »Ich weiß, es sieht seltsam aus. Aber ich musste mich hinlegen.«

»*Was* mussten Sie tun?«

»Nur einen Moment. Ich bin so erschöpft.«

Der alte Mann brummte. Sein Schnurrbart zuckte ununterbrochen.

»Hören Sie. Sie entbinden nicht jetzt sofort, oder? Sonst müssen *Sie* die Reinigung bezahlen.«

Ada lachte. Von ganzem Herzen. Es platzte aus ihr heraus und tat so gut.

»Ich … bitte um Entschuldigung«, kicherte sie. »Es ist alles gut. Ich möchte die Wohnung haben.«

»Ja?«

Mit Mühe setzte sich Ada wieder hin. »Ja. Wo muss ich unterschreiben, Herr …?«

»Wilhelm ist der Name. Sie haben die nötigen Unterlagen dabei?«

Ada entleerte den Inhalt ihrer Tasche auf den Boden. Wie sie die Miete stemmen würde, wusste sie noch nicht. Morgen, dachte sie, vertrage ich mich wieder mit Elle. Sie wird mir helfen. Wir finden eine Lösung. Die eine Seite ihres Passes war trotz Schutzhülle irgendwie geknickt, aber sie ließ es sich nicht anmerken.

»Hier mein Pass … und meine Kontoauszüge … Was habe ich vergessen?«

Er antwortete nicht. Ada schaute ihn an. Die Broschüre lag aufgeschlagen neben ihrer Tasche. Er blickte wortlos das Bild des Armbandes an und schien nicht mehr zu wissen, dass sie mitten in einem Gespräch gewesen waren. Als Ada seinen Namen ein drittes Mal sagte, schaute er nur zögerlich zurück auf sie. Augenblicklich verschwand die ganze Farbe aus dem Gesicht. Er fiel … wie in Zeitlupe …

»Herr Wilhelm!«

Zum Glück landete er nicht auf Ada. Er drückte sich mit den Händen auf dem Boden ab, aber weil es ihm nicht gelang, sich hinzusetzen, fiel er wieder auf den Rücken. Der dumpfe Aufprall hatte sogar mich erschreckt. In dem Moment merkte ich, dass ich nichts mehr sah …

»Vorsicht, Herr Wilhelm!«, sagte Ada.

Ich erkannte ihre Stimme, aber es klang, als sei ein großes Wasser zwischen uns.

»Ich war doch immer vorsichtig«, murmelte er.

»Was?«

»Er rannte!«

»Was erzählen Sie?«

»Und wie er rannte! Weil der Nächste schon in der Tür stand. Ein großer Mann, sein Gesicht misslungen und der Blick hart. Er dachte offenbar nur an eine Sache: schnell rein!«

»Und dann?«, sagte sie.

Was macht sie, dachte ich. Und im nächsten Moment – warum weiß ich nicht, was sie macht? Und warum sehe ich nichts?

»Und dann?«, sagte sie noch mal.

»Beinahe kam es zu einer Kollision«, erzählte er weiter. ›Der Nächste kam rein. Gerade noch rechtzeitig, wich Neun-Null-Acht-Punkt-Punkt-Punkt zur Seite aus. Raus aus Siebenunddreißig, schnell die Treppen herunter, geschwind aus dessen Sichtweite. Weiter. Obschon ihm schwarz vor Augen war. Weiter. Seine Hosen färbten sich knapp über seiner Hüfte rot. Weiter. Mitten auf dem Appellplatz blieb er stehen und übergab sich. Weiter. Die goldene Spucke lief seinen Körper entlang, hing von seinen Lippen in Fäden, klebte am Handrücken. Weiter. Weiter! WEITER! Der Nächste, die Nutte und das Nichts.«

Er stolperte über seine Worte.

»Kanntest du sie?«, fragte Ada.

»Ich habe sie nie gesehen! Ich habe sie nie gesehen!«

»Stimmt das?«

»Ich bin SS-Obersturmbannführer Helmut Wilhelm. Ich lüge nie!«

»Nie?«

»Sie. Verschwanden. Mit dem Armband.«

»Stimmt das, Helmut?«

»Ich habe es nicht mehr.«

»Stimmt das?«

»JAWOHL!«

»Wie kamst du denn zu dem Armband?«

»Zu dem Armband?«, stotterte er.

»*Wie?*«

»Sie wollten es zur Effektenkammer bringen. Wenn ich es nicht genommen hätte, hätte jemand anderes es getan. Die Schweine!«

»Was?«

»Die Schweine! Viel schlimmer als ich waren die. *Viel* schlimmer. Ich habe nur das Armband genommen.«

Aufrecht setzte er sich hin, wie ein Schachtelteufel. Seine Augen waren weit aufgerissen, er nahm Adas Gesicht in seine Hände.

»Ich war vorsichtig«, hauchte er und streichelte ihr über beide Wangen. »Glaubst du mir?«

Ada schwieg. Ich hörte, wie ihr Herz donnerte, doch der Klang war anders. Gedämpft und hallend.

»Glaubst du mir?«, forderte er.

»Selbstverständlich …«

»Trotzdem. Das Baby ist ins Wasser gefallen.«

»Das Baby?«

»Tot war es schon! Ein totes Baby braucht kein Armband mehr, oder? Ich hatte es ihm fast abgenommen, da kamst du. Du! Du wolltest mir das Armband wegnehmen!«

»Wer bist du jetzt?«

»Guilherme. Fernandes. Zarco.«

»Warum hatte ein Baby das Armband?«

»Verschwendung! Ihr habt keine Ahnung! In Europa wissen wir, was Kunst ist!«

»Wo ist es jetzt?«

»Das Baby? Ist ins Wasser gefallen.«

»Das Armband.«

»Oh. Ich habe dich umgebracht. Ich bitte um Verzeihung.«

»Keine Ursache.«

Ihre Stimme war ruhig.

»Sie haben versucht, dich zu retten. Deine Leute. Da bin ich untergetaucht. Ich suchte die Babyleiche. Vergeblich. Sie war weg.«

»Und wo ist das Armband jetzt?«

Er schwieg.

»Guilherme?«

»Nenhuma idéia. Ich bin seit über fünfhundert Jahren tot, was willst du von mir?«

»Das Armband.«

»Ich habe es nicht mehr.«

»Aber du *hattest* es?«

»Ja. Die Jungs haben das Baby gefunden. Sie waren im Meer, auf dem Weg zum Schiff, und das Baby trieb an ihnen vorbei. Sie haben ihm das Armband abgenommen. Sobald ich das erfuhr, verprügelte ich sie alle. Mit links! Ich hatte es ja zuerst gesehen.«

»Das gehörte dir nicht!«

»Wie gewonnen, so zerronnen!«

Adas Herzschlag beschleunigte sich, doch ihre Stimme blieb gefasst: »Und danach?«

»Danach verkaufte ich es.«

»Wo?«

»In Lissabon. Ich konnte alle Schulden abbezahlen und musste nie wieder nach Afrika.«

»Wer hat das Armband gekauft?«

»Nie wieder!«, lachte er.

»*Wer?*«

»Ein King. Ich weiß nicht mehr, wie er mit Vornamen hieß.«

»Ein König? Von welchem Land?«

»Nein. Ein Mann. Namens King.«

Er suchte wohl seine über die Jahrhunderte verstreuten Scherben seiner Konzentration zusammen.

»King … König …«

»Wie bitte?«

»König«, keuchte er. »Er hatte das letzte Bankett untersagt.«

»Was erzählst du …?«

»Bankett. Bankett! Große Tafelrunde. Du weißt doch, was Essen ist? Vier Francs für ein Stück hartes Brot, etwas Stockfisch und einen lächerlichen Schluck Rotwein. Wirklich lächerlich.«

»Warum wurde es untersagt?«

»Eben! Der Lump!« Er fuchtelte mit den Händen. »Hätte er das Bankett einfach geschehen lassen, hätten zumindest die Proteste verhindert werden können. Ganz Paris dicht. Nur weil er nicht zuhören konnte.«

»Wer? King?«

»König. Louis Philippe. Roi des Français. Louis, habe ich gesagt. Louis, Louis, Louis. Ein wenig Sozialreform – sogar der bloße Anschein davon – das hat in London bereits Wunder bewirkt! Das habe ich ihm gesagt. William, hatte er gesagt, sie wollen mich weghaben. Trotz Versammlungsverbot treffen sie sich beim Festessen. Die ganze Zeit, William! Er machte sich wirklich Sorgen. Die Campagne des Banquets? Lass sie doch laufen, habe ich gesagt. Es gibt keinen Grund, beunruhigt zu sein. *Pas besoin!* Darum bin ich überhaupt nach Frankreich eingeladen worden. Um den König zu beraten.«

»Wie lange warst du weg?«

»Warum? Hast du dir Sorgen gemacht?«

»Vielleicht …?«

Er grunzte. »Von wegen!«

»William …«

»Lügen steht dir nicht, meine Liebe.«

»Eben. Also warum sollte ich jetzt damit anfangen?«

»Ich wollte dir nicht weh tun, Ada. Ich war nur so müde. Die lange Kutschfahrt aus Paris, weißt du? Und ich habe mit der linken Hand geschossen.«

Ada starrte ihn an.

»Oh?«, sagte sie schließlich.

»Ich hatte meine rechte Faust blutig geschlagen. Ich wollte dir nicht weh tun. Nur warnen.«

»Aber warum zum Himmel wollten Sie mich mit einem Schuss warnen?«

»Das weiß ich nicht mehr.«

»Wo ist das Armband?«

»Das weiß ich nicht mehr.«

Ada nickte langsam, als würde sie überlegen, was sie als Nächstes sagen wollte.

»Wir wollen das Armband zurück«, sagte sie schließlich. Ihre Stimme war ruhig, ihre Hände streichelten ihren Bauch.

»Bekommt ihr nicht. Das gehört jetzt uns.«

»Aber Sie wissen, wir werden das Armband zurückbekommen. Es dauert nicht mehr lange«.

»Bekommt ihr nicht. Ich habe keine Angst vor euch. Ihr seid zahnlos.«

»Wir sind vieles«, erwiderte sie. »Aber niemals zahnlos. Niemals.«

Ada

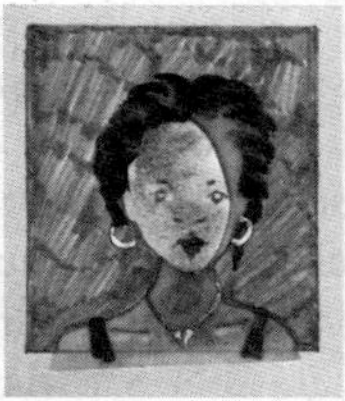

20:19 Uhr

»Hier!«

Dafür, dass sich der Krampf in Herrn Wilhelms Brust immer weiter ausdehnte, war meine Stimme, obwohl dringlich und laut, erstaunlich gefasst. Ich war ganz bei mir, ein ungewohntes Gefühl. Im Gegensatz dazu waren die am Eingang zur Wohnung deutlich nervöser. Hellere und tiefere Stimmen vermengten sich miteinander und drifteten nur zögerlich in meine Richtung. Ich blieb neben Herrn Wilhelm am Boden sitzen und rief sie alle noch einmal zu mir: »Hier!«

Ich legte meine Hand auf seine.

»Sehen Sie, Herr Wilhelm, meine Schwester hat recht gehabt. Wie immer …«

Stumpfe Schritte hallten im Flur.

»… sie hatte doch gesagt, es würde nicht so lange dauern, richtig? Hören Sie? Hier sind sie schon, die Rettungsmenschen …«

Eine Person klang heiser, räusperte sich immer wieder, bevor sie sprach. Ich blieb am Boden.

»Hier!«, rief ich noch mal.

Die Lippen von Herrn Wilhelm hatten eine gräuliche Farbe angenommen. Als ich Elle das erste Mal angerufen hatte, war das noch nicht so. Aber die gelegentlichen Zuckungen waren da. Sie sagte mir, ich solle mir keine Sorgen machen. Sie habe gute Erfahrungen mit dem Notdienst gemacht.

»Dauert nicht mehr lange, inschallah«, schrieb sie mir, nachdem ich ihn alarmiert hatte. Ihre Nachricht leuchtete noch auf meinem Bildschirm.

»Hier sind sie, Herr Wilhelm«, flüsterte ich.

Und schon bewegten sich Gestalten um uns herum, die ich kaum beachtete – mein Blick blieb auf ihn gerichtet. Bis sein Mund mit einer Plastikhaube bedeckt wurde, hatten sich seine Lippen einen Hauch auseinanderzogen. Ich meinte, ein Lächeln erkannt zu haben. Und dann ging alles ganz schnell.

Immer wieder wurde ich gefragt:

»Was war passiert?«, oder:

»Was ist passiert?«, manchmal sagten sie:

»Wie kam es dazu?«, oder manchmal auch nur:

»Sicher?«, aber stets

l a n g s a m und *b e t o n t*.

Die Sätze dehnten sich wie Kaugummi in meinen Ohren, sie schwirrten in meinem Kopf umher. Allmählich brachte ich die Uhrzeiten durcheinander. Ich wusste nicht mehr so genau, wie lange es gedauert hatte, bis er auch in das Zimmer hineingekommen war. Ich meinte, dass er anfangs keine Schmerzen gehabt hatte, sicher war ich aber nicht. Meine Zunge klebte am Gaumen, ich schwitzte, und mir war leicht schwindelig. Ich traute mich nicht, denen das zu sagen. Bis auf die Fragen redeten sie kaum mit mir, und falls doch, klangen sie schroff und verärgert. Ich machte ein »o« und atmete langsam aus.

Im Rettungswagen wurden weitere Fragen gestellt, es wurden Notizen gemacht, es wurde geseufzt. Im Krankenhaus angekommen, wurde zudem auf Tastaturen getippt und auf Bildschirme geschielt und mit Köpfen geschüttelt. Ich durfte immer wieder die gesamte Geschichte von vorne aufrollen.

»Nenhuma idéia«, murmelte ich und rieb mir die Augen, als es mir zu viel wurde. Die Worte fühlten sich schön in meinem Mund an.

Ich vergaß, mit wem ich bereits gesprochen hatte, achtete nicht mehr auf Namensschilder, auch nicht auf Uniformen. Es waren zu viele. Im Flur war es grell und laut. Die vertrocknete Laugenstange neben mir war wohl zum Essen gedacht. Ich ließ sie auf dem Pappteller und hoffte, niemand würde es persönlich nehmen. Der Plastikbecher hingegen war längst genauso leer, wie ich mich fühlte.

»Gibt es 'ne Person, die abholen kommt?«

Mal eine neue Frage. Ich schaute vom Becher hoch, als eine Gruppe von weißen Kitteln an mir vorbeischwebte. Die Stimme, die nach dem Abholen fragte, war bereits am Verklingen.

Hatte ich geantwortet? Ging die Frage überhaupt an mich? Seltsame Menschen, dachte ich. Mein Blick fiel wieder auf mein Phone.

Doch, klar hatte ich geantwortet. Ich hatte ein leises »Ja« von mir gegeben, da Elle Sekunden vorher geschrieben hatte, dass sie laut Google nur noch sieben Minuten brauchen würde, und wo war ich genau? Ich hatte hochgeschaut, »ja« gesagt, und hatte eigentlich ein Komma angehängt, weil ich fragen wollte – aber da war die Person schon weg.

Ich ließ meinen Kopf nach hinten fallen. Die Flurwand schien mich nicht willkommen heißen zu wollen. Sie war weiß und kalt. Und hart. Vor allem hart. Vielleicht, dachte ich, vielleicht kann ich … wenigstens meine Augen zumachen … Da summte mein Phone noch einmal:

»Zimmernummer? Station?«

Ich ließ die Nachricht ungelesen und legte mein Phone auf den Schoß. Zu meiner Linken sah ich weiße Menschen, die am weißen Tresen animiert miteinander diskutierten. Die Unterlagen waren weiß, die Strümpfe auch, sogar die Schuhe. Ich sah einen weißen Eimer und den passenden Wischmopp, sie standen beide verlassen im weißen Flur. Ein schmaler Wagen mit mehreren weißen Schubladen voller winziger Flaschen war auch dabei. Eigentlich war es ein sehr kleiner Wagen. Ich wischte Elles Nachricht vom Bildschirm. Mit wenigen Klicks entdeckte ich das Wort »Wägelchen«. Viele Betten sah ich, der Wand entlang aufgereiht. Sie waren frisch bezogen, weiß und leer. Das alles hätte aber auch in jedem Krankenhausflur der Erde so sein können. Also wendete ich meinen Blick nach rechts.

Außer einem seltsamen, zoomenden Geräusch hörte ich plötzlich nichts mehr. Mein Kopf driftete frei durch den Raum, wie ein Luftballon. Ich griff mit der freien Hand nach der Lehne des Stuhls und konzentrierte mich auf meine Atmung. Ich hätte heute mehr essen sollen. Entweder war ich kurz davor, mich zu übergeben, oder war bereits eingeschlafen oder Cash lief wirklich durch den strahlenden Flur auf mich zu.

Er grinste, als wäre es selbstverständlich, dass ich zurückgrinsen würde. Was ich dann auch tat. Ich Esel. Eine Million Mal hatte ich diesen Moment in Gedanken geprobt. Und jetzt war er hier, und ich tat so, als sei gar nichts passiert. Was wäre gewesen, wenn ich *nicht* nach rechts geschaut hätte?

Er zupfte an seiner Jacke herum. Sie war geschlossen, aber darunter konnte ich den blau-grünen Saum des Pullovers sehen, den ich ihm geschenkt hatte. Irgendetwas vibrierte mehrmals. Bestimmt mein Phone.

»Ich habe dich gesucht«, sagte er.

Hatte sich seine Stimme verändert? Oder hatte ich nur vergessen, wie sie klang? Ich schaute weg. Also hatte Elle ihn doch angerufen. Dabei hatte sie mir versprochen … Nur im Notfall, hatte ich gesagt. Sie hatte es mir versprochen. Und mit mir war doch nichts. Bestimmt hatte Cash irgendwas mit den Worten »Krankenhaus« und »Notaufnahme« gehört und sich sofort auf den Weg gemacht. Ich stellte mir vor, wie oft er angesetzt hatte, mich anzurufen – und die Idee doch verworfen hatte. Jetzt stand er vor mir. Ich hasste es, wie ich mich fühlte, wenn er mich ansah.

»Was ist passiert?«, fragte er.

Den Platz neben mir habe ich ihm nicht angeboten, er setzte sich trotzdem hin. Wenigstens war sein nerviges Grinsen verblasst. Was hatte ich überhaupt je in ihm gesehen? Er war doch gar nicht mein Typ. Papa würde ihn toll finden, denn er arbeitete irgendetwas mit Fahrzeugtechnik. Und meine Mütter würden ihn toll finden, einfach weil er ein Auto hatte. Darum habe ich ihnen allen nie von Cash erzählt. Wäre er ein Christ gewesen, hätte Auntie Henry die Hochzeit direkt unter Dach und Fach gebracht. Ihre Messlatte war so niedrig. Ich gähnte.

»Ein alter Mann …«

Mehr, Ada. Mehr Wörter. Setze sie in einen Zusammenhang zueinander, am besten in einem vollständigen Satz. Wenn schon, denn schon.

»Ich war bei einer Wohnungsbesichtigung. Der Vermieter ist gestürzt.«

Cash nickte, sein Kopf geneigt, sein Blick auf den Boden gerichtet. Er hatte seine wunderschönen Hände zusammengelegt, sie ruhten auf seinen Knien.

»Und du bist mit ihm hier, weil …?«

»Ich war die einzig andere Person da.«

»Ach so.«

Er nickte wieder. Ich sah die sanfte Kurve seines Nackens aus dem Augenwinkel. Vor hundert Jahren hatte ich ihn dort geküsst.

»Es war seine Wohnung«, ergänzte ich. »Er hat sich am Kopf verletzt. Jetzt redet er nur noch wirres Zeug.«

»Wirres Zeug?«

»Er erzählte von Banketten und ertrunkenen Babys und … Ich weiß nicht. Ich habe Angst bekommen.«

Ich gähnte noch einmal. Langsam taumelten die Beulchen wieder über meinen Bauch, sie breiteten sich aus und fühlten sich wohl. Immerhin, dachte ich, ging es Socke gut. Ich konzentrierte mich wieder auf mein »o«.

»Ist bei dir alles ok?«

Ich nickte, wieder ohne Cash anzusehen.

»Wirklich?«

Ich biss mir auf die Lippen. Ich wollte nur noch zurück zu meinem Sofa. Zu Elles Sofa. Meine Arme um eine Wärmflasche wickeln. Der Tag war zu lang gewesen.

»Meldest du mich bitte bei den Stationsleuten ab?«, antwortete ich. »Sie wissen wirklich alles, was ich auch weiß.«

Aber Cash blieb sitzen. Als ich ihn doch endlich ansah, starrte er auf seine Füße. Am liebsten hätte ich ihn gar nicht angesprochen.

»Was denn?«, fragte ich.

Er rieb sich mit beiden Händen über das Gesicht.

»Es tut mir leid«, sagte er.

Ich machte eine flüchtige Handbewegung. Ich wusste nicht, wofür er sich entschuldigen wollte. Ich wollte es auch nicht so genau wissen.

»Ich … äh … ich wusste nicht, dass du nicht so weit warst.«

Lange war es still. Es fühlte sich an wie eine halbe Ewigkeit. Der Plastikbecher knisterte zwischen meinen eisernen Fingern. Ich blinzelte mehrmals. Vor ihm würde ich nicht weinen. Seinetwegen hatte ich schon mehr als genug Tränen vergossen.

»Doch«, flüsterte ich schließlich. »Doch, du wusstest es. Ich habe es dir gesagt. Ich habe gesagt: Ich habe Angst.«

»Ja, ich habe es nur nicht gehört …«

»Du hast es gehört.«

»Nein. Ich habe es nicht *gehört*.«

Weg. Ich stand auf, mein Phone fiel vom Schoß.

Der Schlag hallte den ganzen Flur entlang. Cash sprang auch auf. Am liebsten hätte ich den lebensleeren Plastikbecher geschmissen, ich hätte ihn treten sollen oder zerdrücken, was ich alles mit ihm hätte machen wollen. Wollen? Müssen! Stattdessen ließ ich ihn in einen Eimer fallen. Er verschwand unter dem restlichen Müll. Socke war wach, und ich erst recht.

Weg. Egal wohin, Hauptsache weg. So wie er es gemacht hatte, ich wollte einfach verschwinden. Aber dann stand er vor mir, mein Phone in seiner Hand. Als ob der Tag noch nicht hart genug gewesen wäre, verhöhnte mich der zerbrochene Bildschirm.

»Warum hast du nicht …?«

»Was? Dich geschlagen?«

»Ja. Oder vielleicht … Ich weiß nicht …«

Ich lachte auf.

»Willst du jetzt die Schuld auf mich abschieben?«

Ich presste mir die Finger auf die Augen. Der Druck und die Wärme und das Farbenspiel hinter meinen Augenlidern schien meine Stimme zu beruhigen. Ich hasste es, dass mir keine bessere Antwort auf seine Frage einfiel. Warum hatte ich ihn damals nicht geschlagen oder getreten? Das wüsste ich selber gerne. Warum habe ich ihn nicht einmal angeschrien? Warum hatte ich ihn nicht sofort verlassen?

Eine Ader pulsierte in seiner Schläfe.

»Ada«, sagte er. »Die Schuldfrage wäre doch geklärt. Oder?«

Geklärt? Er verstand es immer noch nicht. Ob er dachte, mit einer Floskel wäre es getan? Und überhaupt. Warum machte ich mir so viele fucking Gedanken über ihn?

»Was soll ich sagen?«, flüsterte er.

Die Leute um uns herum versuchten, sich nicht anmerken zu lassen, dass sie unserem Streit lauschten.

»Wie wäre es, du würdest erst mal eine Runde gar nichts sagen?«, zischte ich zurück.

Cash nickte. Seine Haare waren länger geworden. Seine Locken fielen ihm ins Gesicht.

»Ich hätte nicht kommen sollen …«

Ich schaute zur Decke und biss mir wieder auf die Lippen. Gut, dass wir an einem öffentlichen Ort waren.

»Wie kann ich es richtig machen, Ada?«

Ich hatte doch gesagt, er solle gar nichts sagen.

»Es ist nicht wiedergutzumachen.«

»Klar, aber ich meine – wie soll ich mich jetzt verhalten, damit …«

Er lehnte sich nach vorne, aber ich machte einen Schritt zurück. Mich anfassen? Um sich Trost bei mir zu holen? So weit kommt's noch. Er schaute wieder auf seine Füße.

»Es wird kein Happy End geben«, sagte ich

schließlich. »Du hast mir weh getan. Ich muss es ausbaden. Mit deinem Nettsein kommst du hier nicht weiter.«

Ich atmete langsam wieder aus, während er nickte. Vielleicht, vielleicht hatte er es endlich begriffen. Ich konnte seine Augen nicht sehen. Zumindest erweckte er keinen Anschein, als wolle er gehen.

»Wenn du also doch bleiben willst«, fügte ich nach einigen Momenten hinzu, »zieh dich warm an!«

Eine junge Pflegerin näherte sich uns. Sie hatte leuchtend rosa Haare, die an den Schläfen rasiert waren. Ich dachte, sie wollte vorbei, und machte Platz, doch sie sprach mich an.

»Entschuldigen Sie. Sind Sie die Angehörigen von Herrn Wilhelm?«

Die Klangfarbe ihrer Stimme überraschte mich. Vielleicht war diese Person gar keine sie? Außerdem: Wer war dieser Herr Wilhelm? Der Name kam mir doch bekannt vor …

Eine Durchsage holte mich zurück ins Krankenhaus, zurück auf den Flur, zurück zum Freitagabend. Cash war wieder da, aber davor hatte es eine ganz andere dramatische Situation gegeben. Mehrere sogar.

»Ach so, Herr Wilhelm«, antwortete ich. »Nein, ich bin nur mit ihm hergefahren. Ich kenne ihn sonst nicht. Seine Familie wird von der Polizei gesucht. Soviel ich weiß.«

»Er fragt nämlich nach seiner Tochter …«

Ich zuckte mit den Schultern.

»Ich wusste nicht einmal, dass er eine hat.«

Cash hatte sich hingesetzt. Er schaute zu mir auf und klopfte mit der Hand auf den Sitz neben ihm. Ich schüttelte meinen Kopf.

»Er sagte«, sprach die Pflegerin … die Pflegeperson … weiter, »sie würde im Flur auf ihn warten.«

»Oh?« Ich zog die Mundwinkel nach unten und hob meine Augenbrauen. »Ich habe gar keine andere Person für ihn hier gesehen.«

»Er sagte, sie heißt Ada.«

*

Ich wollte nicht dort sein. Es reichte mir alles. Ob der faltige Opa, der im Bett lag, mich ignorierte oder wirklich nicht gecheckt hatte, dass ich da war, spielte für mich keine Rolle. Jacke wie Hose, sagen doch die Deutschen dazu? Ich wollte nicht dort sein, o!

Ich brauchte mich nicht umschauen. Hinter mir saß Cash, der auf eine Ansage wartete; vor mir lag Herr Wilhelm – keine Ahnung, was er von mir wollte. Schon wieder war ich zwischen die Bedürfnisse zweier Männer geraten. Ich dachte: Wie schaffen sie das immer? Obwohl ich wusste, die richtigere Frage war: Wie schaffe *ich* das immer? Meine Augen rollten so stark, dass es mir im Hinterkopf weh tat.

Ich räusperte mich und sagte: »Herr Wilhelm«, in dem Versuch, seinen Namen mit der Botschaft »ich will nicht hier sein« zu prägen.

Das Licht reichte nicht, um seine Augen zu sehen, vielleicht schlief er bereits? Oder vielleicht war er vertieft in seine Beobachtung, wie die einzelnen Regentropfen an der Fensterscheibe funkelten? Er drehte seinen kahlen Kopf nur langsam zu mir. Mit dem Verband auf seiner Stirn sah er verletzlich aus, fast wie ein verlorenes Kind. Ein Teil von mir hätte ihn gerne getröstet. Ein anderer Teil, ein stärkerer Teil, presste die Lippen zusammen. Er lächelte, und ich nickte. Er blieb beim Lächeln, aber die Freude erreichte seine Augen nicht.

»Schön ist es draußen«, sagte er.

In welchem Sinne schön? Der Regen fiel immer heftiger, ich hörte ihn kaum. Bis auf die verschwommenen Lichter vom gegenüberliegenden Bürogebäude war auch draußen nichts zu erkennen. Ich schielte – aber seine Sprechpause reichte nicht für mehr als mein Einatmen. Er redete zwar, aber nicht unbedingt, um eine Antwort von mir zu hören.

»Betonwüste weit und breit. Dennoch ansehnlich, wie ich finde …«

Sein Lächeln schwächelte, als wäre er unsicher, ob das nächste Wort passte.

»Urban …?«

Er lag im Bett versunken, ohne Farbe, ohne Wärme. Ich konzentrierte mich auf den Blick aus dem Fenster, denn ein Sturm tobte und toste, schmiss alles durcheinander. Mal hörte ich Elles Abscheu in den Worten: »Babys schlüpfen« – schlüpfen, hatte sie gesagt! Als wäre ich irgendeine Art Ungeziefer! Als hätte sie mich in den Bauch geschlagen, o! Aber dann fauchte Papa in mein Ohr, so unmittelbar, so eisig, als stünde er direkt neben mir: »Ich habe so viel für dich geopfert und du? Du spuckst mir ins Gesicht. Deine Mutter hätte sich für dich geschämt.« Geschämt, hatte er gesagt! Ich habe nicht einmal aufgelegt. Ich hatte mich an das Phone geklammert und darum gebetet, dass ich ihn falsch verstanden hatte – auch nachdem er das Gespräch schon längst beendet hatte. Mal drohten meine feuchten Augen überzulaufen, sie brannten und sie bebten; mal bildete ich eine Faust und war kurz davor, ein Loch in die Wand zu schlagen – beides, weil Cash sich augenblicklich von seiner Schuld freiheulen wollte.

»Herr Wilhelm«, sagte ich.

Meine Stimme verriet nichts. Herr Wilhelm sah mich an, zwei winzige Fragezeichen tanzten in seinen Pupillen.

»Herr Wilhelm, was wollen Sie von mir?«

Das Donnern direkt über dem Krankenhausgebäude erschreckte ihn, oder zumindest interpretierte ich die folgenden wortlosen Sekunden so. Darum wartete ich. Wieder auf einen Mann. Als hätte ich nichts Besseres zu tun. Mein Mund machte ein »o«.

Das letzte Mal, dass ich einen Regensturm wie diesen gehört hatte, war an dem Tag, als ich meine Mütter verließ. Es war so heftig, sogar die Straßenhunde hatten gejault. Als er dann endlich sprach, musste ich mich sehr anstrengen, um Herrn Wilhelm zu verstehen. Seine Stimme war kaum mehr als ein Murmeln.

»Eigentlich möchte ich nach draußen gehen … Vor die Tür …« Mit seinen Zeige- und Mittelfingern machte er eine Schrittbewegung. »Spazieren gehen. Die Luft ist heute Abend besonders. Nicht wahr?«

Er streckte seine rechte Hand nach mir aus.

»Möchtest du mitkommen?«

Seine Augenlider hingen an den äußeren Ecken herunter, und sein Kopf wippte leicht auf und ab. Wo waren seine Haare? Er sah ohne sie so nackt aus. Ich richtete meinen Blick auf seine Hand, als ich antwortete.

»Nein.«

»Nein?«

»Nein.«

»Warum?«

Seine Unterlippe ragte ein wenig hervor.

»Herr Wilhelm«, sagte ich. Ich klang forscher, als ich wollte. Auch nicht schlecht. »Sie haben der

Pflegerin … der Pflegeperson erzählt, ich wäre Ihre Tochter. Wissen Sie, ich bin nicht Ihr Kind.«

Seine Hand war noch immer ausgestreckt.

»Es hat dreiunddreißig Goldperlen«, erwiderte er. »Dreiunddreißig! Bis Fünfundvierzig!«

Meine Bauchmuskeln zogen sich zusammen, doch seine Augenbrauen hüpften vor lauter Begeisterung.

»Ich schenke es dir!«

»Nein.«

»Nein?«

»Nein.«

»Warum?«

Ich betrat endlich das Zimmer und ließ die Tür hinter mir ins Schloss fallen. Ich hätte ihm sagen sollen, dass ich meinen Mantel holen wollte. Wahrscheinlich würde er es nicht einmal merken, wenn ich nicht zurückkäme. Aber seine Unterlippe bebte, und seine Wangen glänzten.

Ich atmete tief, während ich meine Worte hin und her schob, um sie an die richtige Stelle zu bringen. Inzwischen tat mir mein Rücken weh, mein Becken sowieso, und meine Füße brüllten. Aber mir ging es immer noch viel besser als ihm, dachte ich. Ich schaute auf ihn hinunter. Wie seine immer noch ausgestreckte Hand zitterte, wie seine Augen rotunterlaufen waren, wie seine Stimme brach, als er mich noch einmal fragte.

»Herr Wilhelm«, antwortete ich. Meine Stimme war wieder sanft, Gott sei Dank. »Wie wollen Sie mir etwas schenken, das Ihnen gar nicht gehört?«

So ein flammendes Gesicht hatte ich noch nie gesehen, und die Verwandlung von kreidebleich zu feuerrot ging so schnell, dass ich unwillkürlich auf die Notrufleine geschaut hatte.

»Ohne mich bekommst du das Armband doch gar nicht!«

Weg war das verlorene Kind, an seiner Stelle ein Ungeheuer, das mit den Zähnen fletschte und mit ausgefahrenen Krallen zum Sprung bereit war. Sein Brüllen weckte Socke. Ich rieb mir über meinen tanzenden Bauch und flüsterte, gerade noch laut genug, dass er mich auch hören konnte:

»Wir finden einen Weg …«

Er öffnete und schloss mehrmals den Mund. Wie ein gestrandeter Fisch sah er aus. Ich arrangierte, so gut ich konnte, einen neutralen Ausdruck auf meinem Gesicht, doch so verwirrt, wie er war, nahm er dennoch ein gewisses Etwas an meinen Lippenwinkeln wahr. Ich war noch nie gut darin gewesen, meine Gefühle zu verbergen. Schließlich schüttelte er den Kopf und richtete seinen Blick aus dem Fenster. Er schwieg, als ein Blitz über den Himmel zog. Für einen wundersamen Augenblick durchflutete das Licht das ganze Zimmer.

»Mir wurde gesagt«, seufzte er wenige Sekunden

später, »wenn wir herausgehen, unsere Jacken, wir sollen anziehen.«

»Wer sagt das?«, fragte ich.

Herr Wilhelm machte die Augen zu.

»Ada«, hauchte er. Aber so wie er es aussprach, klang er wie das englische »AY-da«. Und dann lächelte er wieder. Diesmal auch mit den Augen. »Sie sagte, es regnet gleich.«

Die Tropfen schlugen noch schneller, noch härter gegen die Fensterscheibe. Ich blieb eine Weile an der Tür stehen. Bis seine rechte Hand, die wieder auf dem Bett lag, nicht mehr zitterte. Bis die Lichter im Gebäude gegenüber ausgingen. Bis ich merkte, dass mir warmes Wasser die Beine hinunterlief.

Epilog

Mir. Wir.

In der längsten Nacht des Jahres klebte Blut an meiner Stirn, und mein Baby atmete. Endlich! Meine kleine Prinzessin, meine Zukunft! Sie blinzelte und schielte. Die Gestalten und Konturen vor ihren Augen nahmen nur zögerlich Formen an. Sämtliche Farben verwandelten sich von einem Einheitsgrau durch diverse dunklere und hellere Schatten hin zu einem Kaleidoskop irisierender Sternchen. Das Rauschen in ihren Ohren klang wie ein endloses Shhh… Ob es sich um Sekunden oder Jahre handeln würde? Das fragte ich nicht. Sicher war, dass es ihr schleichend dämmern würde, dass sie nicht mehr im Raum der unaufhörlichen Zeit schwebte. So war es auch jedes Mal bei mir gewesen.

Ein Kind!

Das Zeichen, dass ich ein Leben zur Welt begleiten konnte, erschien wieder und schlummerte direkt neben mir. Als wäre es nie weggewesen. Oder als hätte meine Gebärmutter mir die ganze Zeit über einen Streich gespielt: »Da biste baff, wa?!«

Ich lachte mich wach. Schmerzen erblühten überall: zwischen, in, um, sogar *auf* allen Muskeln – und nicht nur da, wo ich damit gerechnet hatte. Ein zerrendes, platzendes Pochen zog sich durch meinen Unterleib, und eine Prellung breitete sich über meinem Kreuz aus. Meine Kehle war wund, meine Fingergelenke ächzten, und selbst hinter meinen Ohren hatte ich Muskelkater. Alles unwichtig.

Sie lag auf dem Rücken, ihre winzigen Hände über dem Kopf, ihre perfekten Fingernägel, so weich, so zart. Und sie schnüffelte. Ich war gleichzeitig erleichtert und enttäuscht, dass sie nicht wach wurde, als ich eine ihrer Fäuste anfasste. Meine Nase hatte sie und ganz klar das Kinn von Cash, aber die geschwungenen Wimpern, die ruhige Stirn, die herzförmigen Lippen – die hat sie alle selbst mitgebracht. Zwei ihrer Fingerchen wickelte sie um meinen Zeigefinger. Keine Ahnung, wie lange ich neben ihr lag. Irgendwann merkte ich, dass ich vergessen hatte zu atmen, meine Lungen beschwerten sich schon. Verzeihung, dachte ich, ich habe meine Tochter nicht wecken wollen.

Meine Lungen füllten sich mit abgestandener Luft, angereichert mit einem Hauch von Desinfektionsmittel, Gladiolen und Milchreis. Ganz schön irdische Gerüche, dachte ich, dafür, dass ein Wesen gerade die Wand zwischen Asamando und Wiase durchbrochen hat. Asamando? Ich kratzte mich an der Stirn. Warum fielen mir auf einmal nur die Twi-Begriffe ein? Eh, eh! Das Wort für Wiase war komplett weg! Zu lange hatte ich kein Ga mehr geredet. Meine Sprache war beleidigt. Se wo were fi na wosan kofa a yennkyi!

Ein leises, beständiges Piepsen drang durch das Schnarchen zweier (vielleicht doch dreier?) weiterer Personen. An der Silhouette vor dem Fenster erkannte ich die Form meiner Zimmernachbarin. Sie schlief mit dem Rücken zu mir. Ich drehte meinen Kopf, immer ein Stückchen mehr, durch die Nackenschmerzen hindurch, um zu sehen, was links von mir war. Das Piepsen kam von einem alten Monitor, über dessen Bildschirm grüne und blaue Linien entspannt schlenderten. Und noch ein Stück weiter.

Elle! Auf einem Stuhl neben der Tür, ihr Kopf auf ihrer Brust, der Katalog auf ihrem Schoß. Cashs Pullover lag wie eine Decke auf ihr.

»Elle!«, rief ich.

Zu spät merkte ich, dass sie Kopfhörer in den Ohren hatte. Meine Zimmernachbarin murmelte im Schlaf und richtete sich wieder im Bett ein. Ich erstarrte – doch Momente später war alles wieder still. Elle bewegte sich kaum. Nur ihre Brust hob und senkte sich in einem sanften, versöhnten Rhythmus. Die Blau- und Grüntöne des Pullovers stiegen und fielen wie Wellen. Sie hatte mich gefunden. Und sie ist bei mir geblieben. Trotz allem.

»Danke«, flüsterte ich.

Denn endlich hatte ich verstanden, wer ich bin. Und als das weiche Schnarchen von allen Schlafenden die stillen, schattigen Ecken füllte, die unsere Träume noch nicht erreicht hatten, drehte ich den Kopf und richtete meinen Blick auf unseren Schatz. Und ich schloss meine Augen. Und driftete wieder weg.

Das Motto auf Seite 7 nach:
Kwami, M. et al (1993): Adinkra. Symbolsprache der Ashanti / Symbolic language of the Ashanti (Berlin: Haus der Kulturen der Welt).

Danksagung

Aischa Ahmed, Wazi Apoh, Hans Jürgen Balmes, Manuela Bauche, Barbara Benbenek, Ewelina Benbenek, Willi Bischof, John Boachie Bonnah, Olenka Bordo Benavides, Clementine Ewokolo Burnley, Ricky Charway, Jamile da Silva e Silva, Dietmar Dath, Tahir Della, Elisa Diallo, Julia Eichhorn, Elena Ficara, Yosime Flood, Karin Graf, Svenja Gräfen, David J. Gramling, Petra Gropp, Viktorie Hanišová, Tania Hensen, Marcel Inhoff, Catherine Johnson, Sandra Kegel, Hans Koch, Grace Chioma Kupka, Mahret Ifeoma Kupka, Svealena Kutschke, Daniel Lankai Lawson, Stephen Hugh Lawson, Stephen Nii Lankwei Lawson, Victoria Naa Lamiokor Lawson, Svenja Leiber, Dirk Ludwig, Leon Ludwig, Wamilika Mawakha, Jeannine Mayani, Marcin Michalski, Charlotte Milsch, Andrés Nader, Bona Ngoumou, Gonza Ngoumou, Sita Ngoumou, Nana Nketsia V, Valentine Chike Nnamani, Mirjam Nuenning, Dion Otoo, Elijah Otoo, Lewis Otoo, Tyrell Otoo, Anthony Owosekun, Mary Owusu, Nele Pollatschek, Hanno Rinke, Jayrôme C. Robinet, Pasquale Virginie Rotter, Charlott Schönwetter, Joachim Schulz, Asad Schwarz-Msesilamba, Ulla Schweitzer, Irène Servant, Ralf Steinberger, Paul Teschner, Raphael Urweider, Silke van der Velden, Leoní Weber Bordo, Melissa Wessel und Adjo Zorn. Euch allen gilt mein tiefster Dank. Ihr habt unverkennbare Spuren in und auf diesem Roman hinterlassen. Von ganzem Herzen –

Asante ~ Daalụ ~ Danke ~ Děkuju ~ Dziękuję ~ Gracias ~ Grazie ~ Medaase ~ Merci ~ Obrigado ~ Oyiwala doŋ ~ Shukran ~ Thank you

Sharon Dodua Otoo
Herr Gröttrup setzt sich hin
Drei Texte

Die Texte der Ingeborg-Bachmann-Preisträgerin Sharon Dodua Otoo in einem Band

Über »Herr Gröttrup setzt sich hin« urteilte die Jury »Ein cooler Text«, als die Autorin mit ihrer ersten auf Deutsch geschriebenen Erzählung 2016 den Bachmann-Preis gewann. Vier Jahre später hielt Otoo dort selbst die Eröffnungsrede: »Dürfen Schwarze Blumen Malen?«. Ihre Mischung aus Polemik und Humor, Gesellschaftskritik und Empathie sorgte wieder für Furore. Dieser Band vereinigt beide Texte mit einem weiteren, bisher unveröffentlichtem, einer imaginären Reise mit den Eltern nach Klagenfurt.

64 Seiten, gebunden

Weitere Informationen finden Sie auf
www.fischerverlage.de